法学专业民商法学方向课程与技能课程系列教材

【总主编　高在敏　李少伟】

公司法理论与实务

主　编　车　辉

撰稿人　（以撰写专题先后为序）

车　辉　　肖新喜　　张晓飞　　程淑娟

杨汝轩　　党海娟　　费　煊　　杨春平

中国政法大学出版社

出版说明

民商法是市场经济的基本法。民法学、商法学和民事诉讼法学是高等学校法学专业的核心课程。西北政法大学民商法学院根据教育部《全国高等学校法学专业核心课程教学基本要求》,先后编写并出版了《民法学》、《商法》和《民事诉讼法学》等教材。在此基础上,根据我院课程设置的需要和教材建设规划,在总结多年课程教学经验、吸收教学改革成果的基础上,组织学术水平较高、教学经验丰富的教师编写并推出"法学专业民商法学方向课程与技能课程系列教材"。编写此"系列教材"的目的在于:其一,深化民商事实体法学和程序法学的教学内容,扩展和丰富课程类型;其二,体现理论与实务的结合,培养学生的法律专业技能或实务操作能力。

首批编写和出版的教材有:《侵权责任法理论与实务》、《民事案例评析》、《商事案例评析》、《证券法理论与实务》、《票据法理论与实务》、《破产法理论与实务》、《亲属法学》、《民事强制执行法》、《仲裁法学》。

这套系列教材的出版既是我院教学改革阶段性成果的体现,更是一种新的尝试,其中难免有欠妥之处,诚望同仁和读者不吝指正。

编　者
2009 年 8 月

编写说明

为了进一步深化教育教学改革,为国家及西部地区培养经济社会发展所需要的各类高素质创新人才,构建教学研究型大学本科人才培养体系,西北政法大学于 2005 年制定了新的本科教学计划,特别强调增设专业选修课,其中民商法学院开设了《公司法理论与实务》的选修课,学时为 34 课时。通过几年的教学实践,该课程取得了较好的成绩,深受学生们的欢迎,同时,我们还积累了许多经验。目前学校已对 2005 本科人才培养方案进行了修订,制定出新的 2009 本科人才培养方案,其中《公司法理论与实务》这门专业选修课将继续开设。为此,我们在总结已有的教学经验的基础上,结合本科教学的特点和本科生的需求,理论结合实际,专门组织有经验的一线教师编写了《公司法理论与实务》这本教材。

本书的写作体例密切结合这门选修课的特点,强调理论与实务的结合,并打破了传统教材的模式,不再涉及系统的基本理论部分的内容(因为在商法必修课中已学过公司法的基本理论,本书不再重复),而是密切结合现有公司法等相关立法和司法实践中的突出问题进行编写,以扩展学生的视野,增强学生发现问题、分析问题及解决问题的能力。该书主要由应用指南、理论拓展、法律链接、思考案例等几个板块组成,共分 19 个专题。其中的法律链接部分,由于篇幅所限,只能附《公司法》法条的出处并标明条数,未引出具体内容,只能请大家自己查阅。

本书的撰稿人及分工情况以撰写专题先后为序:

车　辉　专题一

肖新喜　专题二、四、五

张晓飞　专题三、十七、十八

程淑娟　专题六、七、八

杨汝轩　专题九、十、十一、十九

党海娟　专题十二

费　煊　专题十三、十四

杨春平　专题十五、十六

最终由车辉负责统改定稿。

　　我们的教材内容也还有许多有待商榷之处,加之由于时间仓促,其中的错误、纰漏之处在所难免,敬请学界同仁和各位师生批评、指正。

编　者

2009 年 8 月

|目　录|

专题一

公司的设立

【应用指南】

一、公司设立协议与公司成立的关系

公司设立协议也即合同，因此公司的设立过程实质上是对合同的履行，公司的成立伴随着设立协议的终止与设立过程的结束。但是公司成立时，设立协议并不一定履行完毕。例如，关于公司合并、分立、清算等事项的约定，由于公司独立人格的确立，这些协议中没有履行的部分也随之终止履行。需要明确的一点是，对于相同的法律事项，设立协议与公司章程有不同规定的，设立协议应当让位于公司章程。但是，如果设立协议中有公司章程未涉及但又属公司存续或解散之后可能遇到的事项，相应的条款可继续有效，但效力仅限于签约的发起人。公司成立后股东之间的关系由合同关系转化为法定关系，他们之间的权利义务已上升到法定层面了。股东与股东、股东与公司之间的争议也多为侵权之争。在实务中，因股东相互之间侵犯权利、股东侵犯公司权利或公司侵犯股东权利而产生争议的案件，应作为公司纠纷受理，而不应当做违约纠纷受理。解决这种争议的依据当然为公司法和公司章程，而非设立协议。但是，设立协议的终止并不代表其不具有任何法律意义。对协议有效期内发生的涉及签约当事人利益的问题，该协议仍是处理争议的根据。该争议应是公司设立期间产生的，争议所涉及的利益应是签约发起人的个别利益。对于违反出资义务的行为，即使公司已整体遭受损害，也只有在其他发起人同时遭受个别损害的情况下，才可依据设立协议就发起人自身的损害提起违约之诉。

二、营业执照的吊销

在我国的营业执照制度下，吊销营业执照在行政执法和司法审判中表现出

不同的法律后果。最高人民法院法《关于企业法人营业执照被吊销后，其民事诉讼地位如何确定的复函》中明确指出："企业法人被吊销营业执照后，应当依法进行清算，清算程序结束并办理工商注销登记后，该企业法人才归于消灭。因此，企业法人被吊销营业执照后至被注销登记前，该企业法人仍应视为存续，可以以自己的名义进行诉讼活动。"行政部门从工商管理角度将营业执照吊销等同于注销登记，而司法部门则从审判实践出发肯定吊销营业执照后企业法人的主体地位，以便解决诉讼主体和债权债务问题。[1] 新《公司法》回避了公司不申请注销登记如何处理的问题，但"公司营业执照签发日期为公司成立日期"的规定仍然将营业执照看作公司人格存续的标志。在营业执照与注册登记并存，且强化营业执照的双重功能而忽视注册登记的独立作用的情况下，吊销营业执照后的主体资格问题不可能得到彻底的解决。另外，营业执照的纸面化形式使吊销后的收缴极为困难。国家工商行政管理局《关于企业登记管理若干问题的执行意见》第14条规定："无法收缴的，由登记机关公告作废。"但现实中已被吊销的营业执照仍然在市场上流转，在公告效力有限的情况下，仅一句"利用应缴回的营业执照从事经营活动的，按无照经营论处"的规定，能否很好地解决问题仍值得怀疑。

三、对《公司法》第59条第2款的评析

相对于普通有限责任公司而言，一人有限责任公司在法人治理结构或权力制衡机理方面存在着先天的不足。如果允许一个自然人投资设立多个一人有限责任公司，则极易发生虚假出资、抽逃出资、自我交易、关联交易、连环担保等现象，从而不利于交易安全。新《公司法》第59条第2款规定："一个自然人只能投资设立一个一人有限责任公司。该一人有限责任公司不能投资设立新的一人有限责任公司。"然而，该条却不能在现实中得到很好的执行，主要体现在以下几个方面：

1. 投资人极易规避该规定，使其徒具空名。规避的途径有很多，[2] 例如：①可以设立一个形式上的一人有限责任公司和另一个或另多个实质上的一人有限责任公司；②可以设立两个或两个以上实质上的一人公司；③可以以他人名

---

[1] 张辉："营业执照制度的检讨"，载《汉江大学学报》（社会科学版）2006年第3期。
[2] 殷洁："我国一人有限责任公司设立制度评析"，载《法学论坛》2007年第6期。

义另行注册设立若干个一人有限责任公司等。

2. 既然有限责任公司的出资额具有可转让性，那么两个或两个以上有限责任公司的股权通过转让集中于一人手中是完全可能的。对于这种事实上形成的多个一人有限责任公司涉及继续让其存续，还是保留其中一个，解散其他，抑或是解散全部等问题。

3. 由于《中华人民共和国外资企业法》对于外商独资设立有限责任公司未作数量限制，因此对于《公司法》中的"自然人"是否包括外国人、无国籍人以及港澳台地区的人，司法实践面临两难选择。如果将其理解为包括所有的自然人，这有违"特别法优于一般法"的原则，并且不利于继续鼓励外商投资；反之，则必然造成内外投资者之间新的不平等待遇，由此势必又会出现一些"曲线救国"的假外商。

4. 当今社会人口流动性大，许多人可能在异地注册多个一人有限责任公司。出于监管成本和地方经济利益的驱动，当地公司登记管理机关（即工商行政管理机关）对于一个人注册多个一人有限责任公司可能心有余而力不足。因此，从工商行政监管的角度来看，限制一个自然人只能设立一个一人有限责任公司，现实意义不大。

5. 没有法律责任的义务相当于没有义务。我国《公司法》仅仅规定一个自然人只能投资设立一个一人有限责任公司，该一人有限责任公司不能投资设立新的一人有限责任公司，但是并未对违反该规定的法律责任或处理办法作出相应的规定，这无疑会影响执法的实际效果。

【理论拓展】

一、设立行为的性质

（一）对设立公司的不同态度

通说认为，对公司设立行为的立法态度经过了以下五个阶段，每个阶段的立法者采取的不同态度都与社会经济水平的发展有密不可分的关系：

1. 自由主义，又称为放任主义，即公司是否设立完全听凭当事人自由，法律不加任何干涉。此种公司设立主义流行于欧洲中世纪。公司设立的放任主义理论流行于我国台湾地区商事法学界，著名商事法学家张国键教授对此作了明确的说明。他认为，公司设立的立法主义之一是所谓的放任主义，"放任主义，亦称自由主义，即公司之设立，全任当事人之自由，法律不加干涉，一经成立，即享有法律上之人格，无须经过任何手续之谓也。此种主义之流行，每至于任意滥设，在欧洲中世纪自由贸易时代，颇为盛行，近世各国，则鲜有采之"[1]也有学者认为根本不存在什么自由主义，因为欧洲中世纪存在的是合伙而非公司。[2]

2. 特许主义，是指公司的设立必须经过有关机关的特别许可，经颁发特许文书后方可成立的制度，如国王或国会的许可。该主义流行于英美国家的早期立法。这一原则带有浓厚的政治色彩和垄断效果，曾在17~19世纪被英国、荷兰等国家采用。美国受英国法的影响，在公司的设立上，直到19世纪初仍采取特许主义，由州立法机关签发特许状以成立公司。虽然这种做法杜绝了滥设公司的现象，但公司设立过于严格。

3. 核准主义，又称许可主义，即公司设立除符合有关法律规定外，还须经有关行政机关审查批准。依此原则，公司的设立能够得到有效的控制，但由于其设立程序的严格，有碍于公司的发展。因此，采取此种设立原则的国家亦不普遍。

4. 单纯准则主义，是指公司设立的必要条件由法律作出统一的规定，凡是公司创办人认为符合法定条件的，不需经任何行政机关的审批，公司即可设立。然而这种单纯的准则主义一经实行，即造成滥设公司现象的严重后果。为此，各国开始寻找一种新的公司设立方式，以利于公司的发展和社会经济秩序的稳定。

5. 严格准则主义，是指在严格规范公司设立条件、加重公司设立责任的同时，增加法院判定设立或行政机关设立登记的监督公司设立的程序。按照这种原则设立公司，既不像特许主义与核准主义那样繁琐严格、限制公司发展，又不像自由主义和单纯准则主义那样放任自由，造成滥设公司。所以自19世纪末，大多数国家均采用这种原则设立公司。

我国针对不同的公司采取了准则主义与核准主义，其中有限责任公司与股份有限公司奉行准则主义，国有独资公司与外资企业奉行核准主义。

---

[1] 张国键：《商事法论》，台湾三民书局1981年版，转引自张民安："公司设立制度研究"，载中国民商法律网，访问日期：2007年7月22日。
[2] 张民安："公司设立制度研究"，载中国民商法律网，访问日期：2007年7月22日。

（二）设立行为的性质

关于公司设立的法律性质，传统公司法理论认为其属于法律行为，并且主要是民事法律行为。对该法律行为的性质，通常有以下三种学说（其中多以公司章程的订立为例进行分析说明）：[1]

1. 合伙契约说。这种理论认为，公司发起人协议、公司章程都是建立在当事人合意基础之上，并对当事人有约束力，是当事人彼此之间达成的合伙契约。该学说忽视了公司设立与合伙契约的区别：①二者主体地位不同。公司的设立是创立公司的团体行为、集体行为，发起人仅是设立中公司的组织分子，是设立中公司的一员，未经选任、聘任为董事或委托为代表人，不能代表设立中公司从事法律行为，若为之，则系个人行为，法律后果自然归属于个人；合伙关系中的合伙人则是合伙的主体，每个合伙人都有权代表合伙企业从事经营业务，故在合伙中，每个合伙人的经营对全体合伙人都发生法律效力。②二者目标内容不同。公司的设立以创设新的权利主体为目标内容，而合伙契约以成立债权债务关系为目标内容。③二者形成过程不同。章程的订立并不经过对立的要约和承诺两个阶段，它是发起人平行一致的意思表示过程；合伙契约的成立，需经过要约和承诺两个阶段。

2. 单独行为说。这种理论认为，应将公司设立分为两个阶段，即公司设立行为之预约阶段与实现此预约阶段之设立行为，公司设立是发起人以组织设立公司为目的所作出的单独行为。在单独行为说中，因对各个发起人的结合方式的理解不同，又形成了偶合的单独行为说和联合的单独行为说两种理论。偶合的单独行为说认为，各个公司发起人有不同的设立公司的目的，他们之间在没有共同目的的情况下，以各自独立的行为偶然凑合到一起而成立公司。联合的单独行为说认为，起初各个不同的公司发起人的意思表示并不一致，但是在设立公司的共同目的下，通过共同的意思表示而联合设立公司。

3. 共同行为说。这种理论认为，公司设立行为是公司发起人在同一目的的驱使下，以多数发起人的意思表示，共同一致作出的行为。

在上述三种理论中，以共同行为说为通说。

---

[1] 施智谋：《公司法》，台湾三民书局1991年版，第24～25页。

二、设立中公司的法律地位

所谓设立中公司的法律地位，是指设立中公司能否在法律上作为一个独立的民商事主体，从而享有特定的权利，承担特定的义务的资格。对于这个问题，公司法理论和立法实践至今尚无明确统一的认识。通过考察各种学说理论及各国立法实践，现归纳出有以下几种观点：

1. 无权利能力社团说。这是一种传统大陆法理论，其直接渊源于《德国民法典》第22条的规定。该条明确："以营利为目的的社团，如帝国法律无特别规定时，得因邦（州）的许可而取得权利能力。"通过此条法律可推知，营利性社团如设立中公司未取得邦（州）的许可，则可解释为无权利能力社团。后来的联邦德国《股份法》第41条第1款作出了明确规定："登记前公司不具有独立人格，只能是无权利能力社团，谁登记前以公司名义进行活动，谁就个人承担责任，如果几个人进行活动，那么他们则作为连带债务人承担责任。"[1] 又如，台湾学者柯芳枝认为："按公司为社团法人而享有人格，则设立中公司因尚未取得人格，论其性质，应属无权利能力社团，而以发起人为其执行事务及代表之机关"。[2]

2. 普通组织之商号说。该说认为，公司经设立登记，始取得法人资格。若公司未经核准登记设立，即不能认为有独立人格，只应视为普通组织之商号，其所负债务，应视为合伙债务，由各合伙人负连带之债。[3]

3. 非法人团体说。该说为英美法国家一些学者的观点，认为设立中的公司是一种非法人团体，即为了某种合法目的而联合为一体的，非按法人的立法规则设立的人之集合体，它可以享有一定的权利和承担一定的义务，其财产受法律保护。我国江平教授、孔祥俊先生亦持上述观点，认为设立中公司的法律性质相当于法理学上的非法人团体。[4]

4. 具有自身特性的非法人团体说。该说认为，设立中的公司不是完全独立的民商事主体，但在设立公司的活动中享有相对独立性，具有有限的法律人格，

---

[1] 蔡立东："公司人格否认论"，载梁慧星主编：《民商法论丛》（第2卷），法律出版社1994年版，第330~331页。

[2] 柯芳枝：《公司法论》，台湾三民书局1991年版，第161页。

[3] 蔡阴恩：《商事法概要》，台湾三民书局1980年版，第28~29页。

[4] 江平、孔祥俊："论股权"，载《中国法学》1993年第5期。

可以以自己的名义从事设立公司的活动，在设立公司过程中是享有权利，并在一定范围内承担义务和责任的主体。[1]

我国法人分类中没有"社团法人"，只有"企业法人、机关法人、事业单位法人、社会团体法人"，所以不能把"设立中公司"视为"无权利能力社团"。另外"一人公司"的出现使得大陆法系传统的观点：公司是社团法人的观念也受到冲击。

发起人作为一个整体是设立中公司的决策机关和代表机关。发起人为公司成立而实施的行为视为设立中公司的行为。在德国、日本及我国台湾地区，在设立公司中产生的权利义务及责任主要由发起人或设立时的董事（是设立中公司的机关，被赋予一定的职权和义务、责任）承担。我国没有"设立时的董事"的概念，所以仅由发起人承担。

三、公司设立的效力

（一）公司设立与公司成立的辨析

公司成立是指公司具备法定的实体要件，完成了设立程序，由主管机关颁发营业执照并取得法人资格的一种法律状态。公司设立与公司成立容易混淆，以致不能正确地认识公司设立的法律性质、公司设立过程中责任的特殊性和设立中公司特殊的法律地位。公司设立与公司成立存在以下区别：

（1）发生阶段不同。设立是一种创建活动，是一个过程，发生在成立之前；成立则标志着公司取得法人资格，享有权利能力和行为能力。

（2）行为性质不同。设立是设立人的意思表示行为，是民事行为；成立则是登记机关核发营业执照的结果，是行政行为。[2]

（3）二者与公司登记的关系不同。所谓公司登记，是指公司登记机关对公司法人团体资格确认的一种法律宣告，是一种公示和监督的法律行为。公司登记在本质上仍属公司设立行为，是公司设立这一系列行为的最后一个阶段；公司成立则是公司设立和公司登记的法律后果。

（4）效力不同。公司在成立后，才能取得公司法人人格和公司名称的排他

---

〔1〕 范健："设立中公司及其法律责任研究"，载王保树主编：《商事法论集》（第2卷），法律出版社1997年版，第150~151页。

〔2〕 有学者对此有不同的看法，详见杨联明："公司设立的法律性质同设立中公司的法律地位"，载《探索》2002年第1期。

使用权等，而公司设立则无上述人格和权利。

（二）公司设立瑕疵之探讨

公司设立瑕疵是指当公司因为不完全具备公司法所规定的实质要件而仍然取得公司设立证书时所存在的问题，它实际上是指公司在设立时不具备公司法所规定的实质要件。各国对公司设立瑕疵的法律态度有三种，即瑕疵设立对公司有效、瑕疵设立无效和公司设立可撤销。

1. 公司瑕疵设立有效理论认为，即便公司设立存在瑕疵，所设立的公司也是完全有效的，无论是公司股东还是公司债权人都不得以公司设立存在瑕疵为由向法院提起诉讼，要求法院宣告公司设立行为无效，此种原则为日本和英美法系国家的公司法所实行。

2. 公司瑕疵设立无效理论认为，如果公司设立存在瑕疵，则公司的设立行为是无效的行为，公司股东或董事等可以提起公司设立无效之诉，此种规则为大陆法系国家的公司法所实行。欧洲共同体在 1968 年 3 月 9 日所颁发的有关公司方面的指令中明确要求欧洲共同体成员国在他们的公司法中规定公司设立无效制度。该指令认为，如果在公司设立的某些方面和程序方面存在瑕疵，则公司可以被人提起无效的诉讼。

3. 瑕疵设立可撤销理论认为，公司设立如果存在瑕疵，则公司的设立行为不应当是无效行为而仅仅是可撤销行为，此种原则为我国台湾地区"公司法"所采取。根据我国台湾地区"公司法"第 9 条的规定，如果公司负责人在进行设立登记时有违法的问题，如果公司股东没有实际缴付股款，而公司负责人以申请文件表明已经缴付，则有关公司登记部门可以撤销公司登记，从而使公司消灭。

（三）设立无效是否有溯及力

根据现代流行的公司契约理论，公司无效具有溯及既往的法律效力，设立无效使公司已经完成或正在进行的所有交易或经营行为均归于无效，公司股东和债权人的利益便遭受巨大的威胁。英美法系对公司成立无效的法律效力一般未作明确规定，往往由各国司法判例给予认定。英国公司法也未明确规定公司成立无效不溯及既往。但欧共体第一号《公司法指令》规定在六种情况下公司将被宣布无效，无效令只对未来有约束力，[1] 成员国必须采取措施执行上述规

---

〔1〕 刘俊海：《欧盟公司法指令全译》，法律出版社 2000 年版，第 12~13 页。

定。作为欧盟成员国的英国必须修改本国法律以符合这一规定。美国瑕疵设立公司被否定将导致公司解散，但各州公司法规定，公司解散之后还将继续存在一段时间内，在这段时间内，公众可因公司解散之前遗留下来的责任对公司起诉。故英美公司成立无效不溯及既往。在大陆法系国家中，公司无效和撤销的判决具有以下效力：①对公司的效力。公司一旦被认定无效，在形式上即视同解散，进入清算程序。②对第三人的效力。规定公司设立无效的判决具有对世性，对第三人有拘束力。③判决的溯及力。无效或撤销判决不溯及既往，法院作出无效或撤销判决之前，公司与第三人所为的法律行为依然有效。

我国《公司法》采用的是折中主义立法模式，即无效事由发生后，首先采取弥补性措施，由公司登记机关责令改正，处以罚款，情节严重的，予以撤销。虽然我国《公司法》并未明确规定禁止提起公司设立无效之诉，但公司设立无效之诉的可操作性差。不少学者提议，我国应仿照大陆法系的做法建立公司设立无效制度。也有学者认为，为维护大多数人的利益，只要公司已获得营业执照，就不应允许国家有关机关以外的任何人向法院提起无效之诉，以体现公司维持原则。我国《公司法》应采取何种公司成立无效制度，不仅是制度选择问题，而且关系到公司法的立法价值取向以及发展的趋势，值得探究。

四、公司登记的法律效力

各国关于公司登记效力有两种立法例，即登记生效主义与登记对抗主义。登记生效主义把公司登记作为公司实体设立、变更、终止及公司重要事项变更的生效要件，即公司登记具有生效效力；登记对抗主义不以公司登记作为公司上述事项的生效要件，而把公司登记作为公司上述事项得以对抗第三人的对抗要件，不进行相应的公司登记，并不影响公司实体的设立、变更、终止及公司重要事项变更在当事人之间的效力，只不过效力不能及于第三人，只有经过公司登记程序，公司的上述事项才能产生对抗第三人的效力，即公司登记具有对抗效力。

生效主义又称为要件主义，和对抗主义相对立，实际上反映了强制登记主义与任意登记主义的分野。强制登记主义下对公司自治的干预较强，意图通过公司登记对公司市场准入和市场行为予以控制，与现代市场经济条件下公司登记的公示目的不相符合。而任意登记主义在尊重公司自治的前提下，鉴于公司实体设立、变更、终止及公司重要事项的变更对公司第三人的利益相关，应对其公示以使利害关系人知晓，若不为公示，将不能产生对抗第三人的效力。任意登记主义鲜明地体现了公司登记的公示目的，较好地平衡了公司自治与交易安全之间的利益冲突。

五、公司营业执照的存废

公司营业执照具有确定性效力。它是指公司一旦获得设立证书（营业执照），即不允许国家机关以外的任何人提起无效诉讼。该制度源于英国 1862 年《公司法》，该法第 18 条规定："由公司注册登记机关所颁发的任何公司设立证书都具有这样的确定性的证明作用，即该法就有关注册登记方面所规定的要件均得到满足。"此后，英国司法法对该条中的"有关注册登记方面所规定的要件"作出广义的解释，认为它是指"公司注册之前的条件或要求或与注册有附属关系的条件"。因此，只要公司注册机关颁发了公司设立证书，则该公司即被认为是适当设立的，是有效设立的，法律不再允许人们就公司设立之前的问题提起诉讼。该项法律规则得到确立以后，即得到英国司法的适用。英国 1948 年《公司法》第 15 （1） 条对此原则也作出了明确的规定。[1]

营业执照在我国承载着营业能力和主体资格双重确认的功能，因而成为市场准入监管的手段之一，可以说特殊的国情使营业执照具有浓重的管制色彩。但在放松市场准入监管的政策驱动下，在吊销营业执照的实务困惑中，营业执照通过确认主体资格而实现的监管功能逐渐消退，而在营业自由得到尊重的环境下，在经营范围的限制作用逐渐削弱的趋势下，通过行政手段确认营业能力的必要性和可行性也遭到质疑。由此，营业执照的存废成为商事登记立法的焦点。[2] 营业自由是一种主体资格定位的价值取向，即营业自由是民事主体应具有的一种应然性商事主体资格。[3] 德国、俄罗斯以及韩国等甚至将营业自由确认为公民的基本权利而载入宪法，这足以说明营业自由的基本权利属性和不可剥夺性。而营业执照作为营业能力的普遍性和一般性的证明机制，构成了营业自由的限制。基于我国国情的特殊性，对营业执照制度是否应取缔仍需审慎而行。

---

〔1〕 张民安："公司设立制度研究"，载民商法律网，访问日期：2007 年 6 月 22 日。
〔2〕 张辉："营业执照制度的检讨"，载《汉江大学学报》（社会科学版）2006 年第 3 期。
〔3〕 范健：《商事法律报告》（第 1 卷），中信出版社 2004 年版，第 52 页。

专题一

六、一人公司的设立

(一) 应否设立一人公司的辨析

一人公司有形式上的一人公司和实质上的一人公司、设立时的一人公司和设立后的一人公司、一人有限责任公司和一人股份有限公司之分。早期大多数国家（地区）对于一人公司作了禁止性的规定或加以严格的限制。[1] 一人公司制度自 1925 年 11 月 5 日由列支敦士登（Liechtenstein）率先立法明文承认，[2] 迄今为止，世界各国中有相当多国家（地区）由认识该制度、排斥该制度、默许该制度到正式立法接受该制度，确实经历过相当长远之历程。[3] 从各国和地区公司立法来看，就数量而言，承认设立后一人公司的较多；但是从时间上看，新修订的公司法大都承认了设立时的一人公司，反映了各国和地区的立法趋势。就可设立公司的种类而言，大部分国家和地区认为两种公司类型都可以设立；只承认一种公司类型的国家和地区中，承认股份有限公司较多，多以有英美背景的国家和地区为代表，它们不承认设立时的一人公司；只承认有限责任公司的，只有两个国家和地区。承认一人公司的国家和地区，其公司法大部分承认自然人与法人均可设立一人公司，有些国家和地区禁止一人公司设立新的一人公司。各国和地区大多未对一人公司的机构设置作出特别规定，因此，一人公司的机构设置适用普通公司的规定。只有个别国家和地区有特别规定。[4]

反对设立一人公司的主要理由有：①公司是社团法人，而一人公司欠缺社团性；②认可一人公司，无法设置股东会，极易造成法律适用上的障碍；③认可一人公司，极易导致一人公司的滥设，使一人公司成为债务人借以规避债务的一种合法形式。还有学者认为设立一人公司还将导致以下弊端：混淆公司与个人独资企业的法律责任；公司治理结构的弊端更加突出；易造成股东与公司在人格和财产上的混同，因为我国的保障制度不全。[5] 而支持者则认为一人公司有其存在的必然性和合理性，主要理由是：①股份有限公司的股份和有限责任公司的出资额具有可转让性，这就使得股权集中于一人之手成为可能；②只

---

〔1〕 石少侠：《公司法》，吉林人民出版社 1994 年版，第 8 ~ 9 页。

〔2〕 柯菊："一人公司"，载《台大法学论丛》1993 年第 22 卷。

〔3〕 赵德枢：《一人公司详论》，中国人民大学出版社 2004 年版，第 22 页。

〔4〕 详见赵旭东主编：《境外公司法专题概览》，人民法院出版社 2005 年版，第 61 ~ 75 页。

〔5〕 详见蔡福华："增设一人公司有四个弊端"，载《检察日报》2005 年 3 月 4 日。

要公司资本充实，股东人数并不影响公司的信用；③允许创办一人公司有利于分散投资风险；④虽然法律禁止创办一人公司，但是在现实中大量实质意义上的一人公司客观存在；⑤认可一人公司已成为国外公司立法的普遍趋势。新《公司法》增加了"一人有限责任公司的特别规定"，正式确认了一人有限责任公司在我国的合法地位。至此，关于一人有限责任公司法律地位的争论告一段落。

（二）对一人公司设立主体的探讨

新《公司法》规定，无论是自然人还是法人，只能投资设立一个一人有限责任公司，该一人有限责任公司不能投资设立新的一人有限责任公司。然而却未明确该一人公司是否包括实质意义上的一人公司。立法拟限制一人公司再行设立一人公司，就不应忽略实质一人公司的存在，即单个出资人实际拥有数家一人公司。故应禁止实质一人公司再行设立一人公司，而且新设一人公司也应该包括实质一人公司。问题在于新公司法未给出实质一人公司的判断标准。

关于一个法人只能设立一个一人公司的问题，在国外立法中有类似规定。法国于1985年7月11日，颁布一人有限责任公司的修改法案，明确规定可设立一人公司并承认一人公司的存续。这次公司法修改中最具特色的是，为了防止个人企业通过对个人财产无限细分，减少对公司债权人的担保财产，滥用公司独立人格和有限责任，该法第36条第2款明文规定："同一自然人仅得为一家有限责任公司的唯一持股人，有限责任公司不得以另一仅由一人组成的有限责任公司为其唯一持股人"。即禁止单个自然人主体设立复数的一人公司，也禁止一人公司再行设立另一个一人公司，而没有禁止法人设立复数一人公司。

（三）对禁止设立一人股份有限公司的探讨

传统的公司法不允许设立一人公司，但随着时代的发展，不少国家已经确认了一人公司的合法地位。在一人公司的形式上，大多数国家和地区仅允许一人有限责任公司的设立，而不承认一人股份有限公司，如法国、我国澳门地区；只有少数国家同时允许一人股份有限公司的设立，如日本、德国。1938年日本商法典在修改中将股东未满7人构成股份有限公司的解散事由的规定删除，设立后的一人股份有限公司被承认；德国于1994年认可了由唯一股东设立的股份有限公司。

禁止设立一人股份有限公司，主要是由股份有限公司自身的特点决定的。以公司的信用基础为标准，公司一般可以分为人合公司、资合公司和人合兼资合公司。股份有限公司是典型的资合公司。股份有限公司具有很强的集资功能，能聚集社会大量的分散资金以形成规模效应。投资者可通过股份有限公司这个平台，控制远远大于其自有资本的公众资本，从而解决资金不足的难题。任何投资者都可以通过购买股票成为股份有限公司的股东，又使得股份有限公司具有了最广泛的社会性。股份有限公司股东一旦单一，就不再具备上述特点。我国股份有限公司相对有限责任公司股本更大，如被不良用心者利用，将会给社会带来诸多不稳定因素。我国立法虽然也禁止一人股份有限公司的设立，却忽视了对存续中的一人股份有限公司作出明确规定。

七、股份有限公司的设立方式

对于股份有限公司的设立，各国和地区立法中规定了两种方式：一是可以发起设立或者募集设立，由发起人或认股人做选择；二是只能发起设立而不能募集设立。但对于允许募集设立的国家和地区，还可分为公开募集设立和不公开募集设立两种。还有的国家和地区对发起设立和募集设立未作区分。[1] 我国《公司法》第 78 条第 1 款规定："股份有限公司的设立，可采取发起设立或者募集设立的方式。"可见，我国允许股份有限公司采取公开募集设立和不公开募集设立两种方式。

各国和地区对股份有限公司发起人的人数及其资格规定不同。对于自然人为发起人的，人数从 1 ~ 7 人不等，但有的规定了无行为能力人或限制行为能力人、丧失管理和经营公司权利的人或被禁止行使管理或经营公司职责的人不得为发起人。对于法人能否作为发起人，有的没有规定，有的规定政府或法人均得为发起人，但法人为发起人者以公司为限。[2]

【法律链接】

1. 《公司法》第 23 ~ 36、58 ~ 62、65 ~ 71、77 ~ 98、121 ~ 125 条。

2. 其他关于公司设立的规定。

（1）《关于发布〈证券公司设立子公司试行规定〉的通知》（中国证券监督管理委员会，证监机构字〔2007〕345 号）。

---

〔1〕 赵旭东主编：《境外公司法专题概览》，人民法院出版社 2005 年版，第 43 页。
〔2〕 赵旭东主编：《境外公司法专题概览》，人民法院出版社 2005 年版，第 47 页。

专题一

（2）《外资参股证券公司设立规则》（中国证券监督管理委员会，2007 年第 52 号修订）。

（3）《再保险公司设立规定》（中国保险监督管理委员会，2002 年第 4 号）。

（4）《关于期货经纪公司设立、解散、合并有关问题的通知》（中国证券监督管理委员会，2004 年第 46 号）。

3.《中华人民共和国公司登记管理条例》第 17～25、47～50 条。

【思考案例】

案例 1 [1] 1998 年 10 月 23 日，张忠、张强签署章程，共同出资设立某贸易有限责任公司，注册资本 50 万元，其中张忠认缴 30 万元占 60% 股份，张强认缴出资 20 万元占 40% 股份。同年 11 月 5 日，张忠、张强委托另外一家实业公司出资 50 万元，以注册成立的贸易公司名义办理验资手续。同月 11 日，上述 50 万元从实业公司账户汇入会计师事务所用于验资后，该 50 万元却未汇入张忠、张强名下的贸易公司账户。1998 年 11 月 16 日。贸易公司经工商部门核准设立。

2005 年 12 月 6 日，天行健公司与张忠、张强名下的贸易公司因债务纠纷，经法院审理调解达成应归还天行健公司运费、违约金总计 66.9 万余元。随后法院在执行中，发现贸易公司无财产可供执行，执行案件被中止。

2008 年 4 月 24 日，天行健公司因这笔债务又将张忠、张强告上法院，称贸易公司的股东张忠、张强在公司设立时虚假出资，导致贸易公司无法偿还债务，遂要求贸易公司两股东张忠、张强对贸易公司 66.9 万余元的债务承担连带责任。[2]

案例 2 [3] 1994 年 5 月，飞腾商业公司与另外 6 家企业达成协议，决定共同投资，成立一家具有限责任公司，在确定成立新公司后，飞腾商业公司草拟了公司章程，新企业定名为"明光家具有限责任公司"（下称明光公司），此公司章程经七家企业审核后予以认可。章程中确定新公司的注册资本为 200 万元，

---

[1] 本案涉及虚假出资的责任承担。

[2] 李鸿光："50 万投资不见踪影　股东虚假出资对公司债务应担责"，载中国法院网，访问日期：2008 年 8 月 2 日。

[3] 以飞腾商业公司等诉某市工商行政管理局公司登记案为例，本案涉及公司登记的意义以及有限责任公司的设立原则。参见李艳芳主编：《经济法案例分析》，中国人民大学出版社 1999 年版，转引自赵旭东主编：《新公司法案例解读》，人民法院出版社 2005 年版，第 61 页。

其中飞腾商业公司出资 60 万元，其余投资由另外六家企业承担，出资方式有货币、实物、土地使用权等。这些出资中货币出资已存入明光公司筹备处在银行的账户上，实物、土地使用权等也办理了应办理的相关手续。七家企业交足出资后，明光公司筹备处委托某会计师事务所进行验资，会计师事务所验资后出具了验资证明。同年 11 月，明光公司筹备处向市工商管理局申请设立登记，并向其提交了公司登记申请书、公司章程、验资证明等文件。市工商局经审查后认为，明光公司的法定资本和生产经营条件是合格的，但是本地已有 4 家家具厂，市场容量已趋饱和，再设立一家家具公司对本地经济无大的促进作用，因此不予登记。明光公司筹备处把工商局不予登记的通知传达给飞腾商业公司等企业后，这些单位不服，以市工商局为被告，向人民法院提起行政诉讼。

案例 3[1]　2001 年初，重庆市 A 电力有限责任公司到四川省某县勘察了水利资源后，决定以该公司职工集资加公司出资入股的方式新设立 B 电力有限责任公司，在四川境内修建发电站。A 电力公司在募集职工股金后，以其 A 公司名义将电站修建工程发包与重庆市建安公司。建安公司在修建过程中，因对电站地质构造处理不当，造成电站施工段上面的土壁出现不均匀的沉降，导致该地段的岩土滑坡房屋拉裂。农民 C 家住房正好处在滑坡地段，其新建房屋被拉裂遭损坏。随后，A 公司完成了 B 电力有限责任公司的登记注册。

2003 年农民 C 以 B 公司侵权为由，要求其赔偿房屋损失 60 000 元。答辩中，B 公司对 C 房屋损坏原因没有异议，只是认为 C 房屋损害发生时，B 公司尚未成立，B 公司不可能实施侵权行为，因此不应承担责任。C 的房屋系由建安公司施工不当造成的，应由建安公司赔偿。故要求法院将建安公司追加为第三人参加诉讼。[2]

案例 4[3]　中国联合通信有限责任公司（以下简称中国联通）为国有控股的大型企业集团，将部分资产重组（包括原国信寻呼有限责任公司在内的股权）后，设立中国联通股份有限公司（以下简称联通红筹公司，中国联通享有77.47% 的股权）。

---

[1] 本案涉及公司成立前的法律地位。

[2] 冯红："本案 B 公司应否对该公司设立过程中的侵权行为担责"，载中国法院网，访问日期：2004年 6 月 8 日。

[3] 以中国联通 A 股发行案为例，本案涉及股权出资，参见《三联生活周刊》2002 年 3 月 18 日，转引自赵旭东主编：《新公司法案例解读》，人民法院出版社 2005 年版，第 209 页。

中国联通有限责任公司（以下简称联通运营公司）成立于 2000 年 4 月，是中国联通的全资子公司。随后，中国联通将联通运营公司 100% 的股权转让与联通红筹公司，联通运营公司成为联通红筹公司的全资子公司。

为合法规避境外税收，中国联通设立全资子公司中国联通 BVI 有限责任公司（以下简称联通 BVI 公司），其全部资产为中国联通持有的联通红筹公司的股权，而本身并不直接经营任何业务。

2001 年 12 月，中国联通以其全资持有的联通 BIV 公司 51% 的股权作为出资，联合其他四家发起人，在境内发起设立中国联合通信股份有限公司（以下简称中国联通 A 股公司，是国内 A 股市场上第一家基础电信业务运营公司）。联通 A 股公司在 2002 年 10 月首次公开发行股票募集资金，扣除发行费用后全部用于收购中国联通持有的联通 BVI 公司的股权。收购完成后，联通 A 股公司持有联通 BIV 公司的股权比例为 73.83%。

案例 5[1]　吉林省电子集团公司诉高路华集团解除发起人协议案。1998 年 8 月 20 日，吉林省电子集团公司（下称"吉林电子"）与广东省江门市高路华集团有限责任公司（下称"高路华集团"）及黑龙江省电子物资公司、吉林省隆达房地产开发有限责任公司、长春嘉禾经贸有限公司签订了"吉林通海高科技股份有限公司（下称"通海高科"）发起人协议"，该协议约定了各方的出资方式和出资比例。其中，吉林电子投入通化无线电厂；北方液晶研究开发中心 30% 权益；吉林紫晶电子有限责任公司；TFT – LCD 工程所用土地 13.6 万平方米，占股本比例 50.81%。高路华集团投入江门市高路华产品销售有限责任公司 90% 权益，江门市高路华电视机厂、通化三海电视机厂，占股本比例 48.81%。

后来因吉林电子诉高路华集团出资不实，其未办理将高路华产品销售公司 90% 的股权变更为通海高科的手续，导致通海高科无法正常运营，给吉林电子带来巨大损失，因而吉林电子请求法院解除与高路华集团所签订发起人协议。而高路华集团则主张通海高科早已成立，发起人协议已履行完毕，发起人的合同关系已终止，所以解除发起人协议没有实质意义。

---

[1]　本案涉及公司章程与设立协议的法律效力。参见赵旭东主编：《新公司法案例解读》，人民法院出版社 2005 年版，第 200 页。

专题二

公司发起人

【应用指南】

一、发起人的法律地位

（一）发起人的概念

地位是指主体在人与人之间的关系中的相对位置。所谓发起人的法律地位，就是发起人在因发起行为所产生的法律关系中的相对位置。理解发起人的法律地位取决于对发起人概念的准确界定。发起人概念有形式意义与实质意义两种。形式意义上的发起人是指"凡是在公司章程上签名的人即为发起人"[1]，实质发起人是指"实际参与公司设立或者负责筹办组建公司的人"。[2]

我国台湾地区采用形式意义上的发起人概念，并将其范围局限于股份有限公司的设立人。如台湾学者柯芳枝先生，认为股份有限公司之设立人谓之发起人，即"凡在章程签名或盖章之人，即为发起人，至于事实上曾否参与公司之设立，则非所问"。[3] 台湾学者王文宇教授认为："发起人乃订立章程，筹设公司之人。而依台湾地区'公司法'之规定，凡于章程上签名或盖章之人，即为发起人，其是否实际参与公司之成立则非所问。"[4]

大陆公司法学界的通说认为，发起人是指从事设立有限责任公司和股份有限公司之人，并采纳实质意义的发起人概念，即所谓发起人，是指为设立公司，

---

〔1〕　施天涛：《公司法论》，法律出版社 2006 年版，第 98 页。
〔2〕　施天涛：《公司法论》，法律出版社 2006 年版，第 98 页。
〔3〕　柯芳枝：《公司法论》，中国政法大学出版社 2004 年版，第 134 页。
〔4〕　王文宇：《公司法论》，中国政法大学出版社 2004 年版，第 194 页。

缴纳出资，在公司章程上签字盖章，并对公司设立承担相应责任的人。[1]

还有一些大陆学者认为，应该将发起人分为设立人和发起人。所谓设立人是指有限责任公司的发起人，即在公司设立阶段从事创办公司的一系列法律行为并对公司设立承担法定责任的人。[2] 发起人也即股份有限公司的设立人，是指按照法律规定承担包括订立设立协议、制作有关文件并报送有关待批准材料、召开创立大会、提出设立登记申请在内的筹办事务，认购公司股份，并对公司设立承担法定责任的法人或自然人。[3]

就其本质而言，形式意义的发起人概念与实质意义的发起人概念没有区别。实质意义上的发起人概念从发起人的作用和功能的角度对发起人进行界定，即从事发起行为、设立公司之人为发起人。而形式意义的发起人为准确界定实质意义的发起人提供了客观、简便易行的操作标准。

发起人由于其身份的双重性，既可以从事发起行为，也可以从事非发起行为。发起人的发起行为所产生的法律后果由成立后的公司承担。公司不成立时，公司的发起人要对发起行为的法律后果承担连带责任，而发起人的非发起行为由发起人承担个人责任。因此，认定发起人从事的行为是发起行为还是非发起行为，对于保护公司利益以及第三人利益意义重大。因此，要界定发起人的行为是发起行为还是非发起行为，应该确定科学简便的判断依据。实质意义的发起人概念无法为认定发起人的行为是否为发起行为提供客观简便的标准。而形式意义的发起人概念为科学判断发起人的行为是否为发起行为提供了简单客观的标准，即凡是在公司章程上签字或盖章之人推定为发起人，他们以发起人名义所从事的行为是发起行为，其法律后果在公司成立后由公司承担，如果公司不成立，由发起人承担连带责任。

通常情况下，形式意义的发起人和实质意义的发起人的范围完全一致。但是，在特殊情况下，可能存在脱节的情况。例如，从事公司发起行为之人，没有在公司章程上签字，或者在公司章程上签字之人并没有从事发起行为。因此，形式意义的发起人概念和实质意义的发起人概念都不全面。为了保护第三人和公司的利益，应该采取实质意义和形式意义相结合的判断标准，即在公司章程

---

[1] 高再敏：《商法学》，法律出版社 2006 年版，第 208 页。

[2] 周友苏：《新公司法论》，法律出版社 2006 年版，第 123～124 页。

[3] 周友苏：《新公司法论》，法律出版社 2006 年版，第 123～124 页。

上签字之人或实际从事发起行为之人都是公司的发起人。

（二）发起人的法律地位

由公司发起人的概念可知，公司发起人是从事发起行为的人。发起人从事发起行为，必然要与他人产生法律关系。因此，发起人的法律地位是指发起人在因发起行为所产生的法律关系中的主体地位。

1. 发起人在内部关系中的法律地位。所谓发起人的内部关系是指发起人因发起协议所形成的法律关系。发起人在发起设立公司时，一定会签订发起协议，即约定发起人在发起设立公司过程中的权利义务关系的协议。根据发起协议，发起人的法律地位是：他们互为发起协议的当事人，按照发起协议享有权利负担义务，并对违反发起协议的行为承担违约责任。

2. 发起人在外部关系中的法律地位。发起人在外部关系中的法律地位是指发起人与发起行为的相对人以及发起人与公司之间的主体地位。包括以下两点内容：

（1）公司不成立时，发起人作为发起行为当事人，应承担发起行为所产生的权利和义务。发起行为是为了成立后公司的利益而实施的行为。在公司成立后，发起行为的法律后果由公司承担；公司不成立时，发起人是发起行为所产生的法律关系的当事人，其享有因发起行为所产生的权利，负担因发起行为所产生的义务，承担发起行为所产生的责任。

（2）公司成立后，公司与发起人之间产生权利义务承受之法律关系，发起人是该法律关系的当事人之一。发起人从事发起行为是为了成立后公司的利益，公司因发起人的发起行为成立后，公司要承担发起行为所产生的法律后果。因此，发起人和公司之间是权利义务承受的法律关系，公司承受发起行为所产生的权利和义务。

关于公司应该承受发起行为的法律后果的理论根据，有以下几种观点：①无因管理说。此说认为，发起人与公司之间的关系为无因管理关系，公司成立后，发起人因设立公司所产生的权利义务转归公司。②为第三人利益合同说。此说认为，发起人因发起设立公司与他人所缔结的法律关系，是以将来成立的公司为受益人的合同。③设立中公司机关说。此说认为，发起人是设立中公司的机关，其设立行为所产生的权利义务归属于成立后的公司。④承继说。此说认为，发起人的权利义务，在公司成立的同时，依当事人意思或法律规定，当然由公司承继。⑤代理说。此说认为，发起人是未经登记成立的公司的代理人，设立行为所产生的权利义务应移转给公司。[1]

但是，以上学说存在一定的不足之处，具体包括：

首先，无因管理说存在以下不足：①无因管理存在本人和管理人，而在公司设立过程中，公司尚未成立，本人根本不存在。因此无因管理之债缺少一方当事人。②发起人从事发起行为，是根据发起协议的约定以及公司章程的规定，存在法律上的原因。因此发起人与公司之间的关系不符合无因管理之构成要件。

其次，为第三人利益合同说最大的不足之处在于：公司与发起人之间的权利义务承受关系不符合为第三人利益合同的构成条件。根据为第三人利益合同的相关规定，第三人只能够从该合同中获得利益。但是，根据公司法的规定，公司成立后，因发起行为所产生的权利义务都要由公司承担。因此，公司与发起人之间的关系无法用第三人利益的合同理论解释。

再次，承继说的不足：承继说认为公司应该承担因设立行为所产生的权利和义务，但是却不能够说明公司承担设立行为所产生的权利义务的根据，等于没有回答这个问题。

最后，代理说存在以下不足：①代理关系要有代理人和被代理人，公司既然没有成立，就不存在被代理人。②代理人进行代理行为要有代理权限。代理权限的产生有意定和法定两种。公司没有成立，自然不存在意定代理权，而法定代理权要有法律的明确规定。但是，在现行的法律中，还找不出发起人法定代理权产生的根据。因此，代理说无法合理解释发起人的代理权限的来源问题。

总之，设立中公司的机关说是现在的通说。但是，该理论难以解释公司不成立时设立人对设立行为所产生的法律效果承担连带责任的原因。我们认为发起人是设立中公司的机关，其与第三人的发起行为是附条件的法律行为。即发起行为附带以下条件：如果公司成立，发起行为所产生的权利和义务由公司承担；若公司不成立，由发起人承担连带责任。因此，根据附条件的法律行为说，公司成立后，法律行为所附条件成就，由公司承担设立行为所产生的权利义务关系。

二、发起人的义务与责任

要明确发起人的义务与责任，首先应该分析发起人因发起行为产生了哪些

---

[1] 王保树、崔勤之：《中国公司法原理》，社会科学文献出版社 2006 年版，第 150 页。

法律关系。只有确定发起人在这些法律关系中的权利和义务以后，发起人的责任才能确定，这也符合民事法律关系的理论。发起人的义务与责任因其参与的法律关系的不同而不同。

（一）发起人之间的权利义务关系以及责任

在发起人内部，他们因发起协议而成为发起协议的当事人，按照发起协议约定的权利和义务从事发起行为。如果发起人没有按照发起协议的约定履行义务，应该对其他的发起人承担违约责任。

发起人不履行发起义务而承担违约责任的情形主要包括以下几种：①发起人未缴纳出资的违约责任。如果发起人未缴纳出资，应该向其他发起人承担违约责任。②发起人未足额缴纳出资时的违约责任。股份有限公司和有限责任公司成立后，发起人缴纳的作为设立公司出资的非货币财产的实际价额显著低于章程所定价额的，该发起人对其他发起人承担违约责任。③发起人瑕疵出资时的违约责任。发起人的出资瑕疵担保责任是指发起人以现物出资的，该出资不应该存在质量瑕疵或权利瑕疵，该责任的承担来源于买卖合同的瑕疵担保责任。因此，现物出资的出资人应该保证其出资的现物不应该存在质量瑕疵或权利瑕疵。如果出资人违反了瑕疵担保责任，应该向其他出资人承担违约责任。④发起人违反发起协议约定的其他义务的违约责任。发起协议不仅约定发起人之间的出资义务，还约定发起人相互间的其他权利义务关系，发起人如果违反出资义务以外的其他义务时，也应向其他遵守发起协议的发起人承担违约责任。

发起人之间还可能有求偿权。发起人在公司不成立时，对发起行为的相对人承担连带责任；公司成立后，发起人违反对公司负担的义务时，对公司也要承担连带责任。因此，承担责任超出其所应承担份额的发起人，对其他发起人有求偿权。

由此可见，发起人之间的权利义务因发起协议而产生，发起协议主要规定发起人在公司发起过程中的债权债务关系。如果发起人不按发起协议的约定履行义务，应该对其他守约的发起人承担违约责任。

（二）发起人与发起行为相对人之间的权利义务关系以及责任

发起人从事发起行为的目的在于设立公司，如果公司不成立，发起人是发起行为的当事人，其要享有因发起行为所产生的权利，负担发起行为所产生的义务并承担义务不履行时的责任。确定发起人对第三人的权利义务关系以及承担责任的性质，首先应该确定发起协议的性质。根据学者的通说，发起协议是合伙合同，发起人之间互为合伙人。因此，按照合伙的相关规定，发起人在公司不成立时，对第三人承担连带责任。具体内容如下：①发起人根据发起行为的约定对第三人享有权利承担义务。②发起人不履行义务时，应对发起行为的相对人承担连带责任。主要包括以下内容：其一，公司不成立时，对设立行为所产生的债务与费用承担连带责任。其二，公司不成立时，对认股人已缴纳的股款，发起人负返还股款并加算银行同期存款利息的连带责任。其三，若公司发起人出资不实，还应该对公司的债权人在出资不实的范围内承担责任。

（三）发起人对公司的义务以及责任

发起人根据公司章程，负有为成立后公司的利益谨慎从事发起行为的义务以及出资的义务。如果发起人违反其对成立后公司的注意义务以及出资义务，发起人应该承担相应的责任。主要包括以下内容：①损害赔偿责任，在公司设立过程中，由于发起人的过失致使公司利益受到损害的，应当对公司承担赔偿责任。②补缴出资责任。有限责任公司以及股份有限公司成立后，发起人未按照公司章程缴足出资的，应当补缴；其他发起人承担连带责任。③补足出资差额。有限责任公司和股份有限公司成立后，发现作为设立公司出资的非货币财产的实际价额显著低于公司章程所定价额的，应当由交付该出资的发起人补足其差额；其他发起人承担连带责任。

【理论拓展】

公司成立前发起人行为效力的认定

公司成立前发起人行为效力的认定包括两个层面的问题。第一个层面的问题是发起人的发起行为的效力认定。由于发起行为几乎都是法律行为，该行为能否产生当事人所追求的效果，关键在于发起人所从事的发起行为符不符合《民法通则》关于法律行为生效的要件以及《合同法》规定的合同的生效要件。如果发起行为符合《民法通则》以及《合同法》规定的生效要件，即产生法律效力，否则，便无法律效力。第二个层面的问题是发起人所从事的行为的效力归属，即发起人从事的有效行为的法律后果能否由公司承担。因发起人的身份具有多重性，只有发起人从事的发起行为所产生的法律后果才能由成立后的公司承担，发起人从事的非发起行为的法律后果不能由公司承担，而应由发起人自己承担。若将发起人行为的效力归属于公司，首先应准确界定发起人的哪些行为属于发起行为。实践中，发起人从事的行为有以下三种：①发起人以设立中公司的名义从事发起行为；②发起人以自己名义为发起行为；③发起人以拟设立公司的名义为发起行为。下面我们分别论述它们的效力及其归属。

（一）发起人以设立中公司的名义从事发起行为的效力认定以及效力归属

发起人以设立中公司的名义从事发起行为，其行为是否有效？成立后的公司应否承担发起行为所产生的权利义务以及责任？该行为是否有效，涉及设立中公司的主体资格问题。所谓设立中公司是指从开始公司设立至公司设立登记完成前的公司。[1] 设立中公司是否具有主体资格，学者主要有两种不同的看法：独立主体说和非独立主体说。

1. 独立主体说之评析。

（1）独立主体说的概念。独立主体说认为设立中的公司是一种独立的主体。该观点认为，设立中公司作为独立主体在公司设立阶段的意义是非常明显的，若不承认设立中公司的独立主体地位，而视公司设立行为为发起人个人或者发起人合伙从事的行为，那么，在设立过程中发起人为公司取得的财产，首先归到发起人名下，待设立登记完毕后，还需履行由发起人向公司转移的手续。这不仅缺乏经济性，而且向公司出资的财产成为发起人个人债务的责任财产的一部分，就会出现要服从于其债权人强制执行的问题。因此，构造独立的设立中公司对简化公司设立是十分必要的，它体现的是团体的意志，代表的是集体的行为，这种集体交易的方式比个体交易更易于节约成本。[2]

（2）独立主体说的不足。独立主体说有一定的合理性，但是也存在以下不足：①独立主体说与传统的民商法的主体理论不符。按照传统的民商法理论，能够作为主体的只有两种，即法人和自然人。但是，随着社会的发展，人们开始逐渐承认合伙的相对主体地位。如果将设立中公司作为一种独立的主体，其充其量是以上主体中的一个类型而已。②如果承认设立中公司是一个独立的主体类型，其与成立后的公司就是两个主体。以其名义所为的法律行为，所取得的财产也应履行向公司转移的程序，由此可见，即使承认设立中公司具有独立人格，该观点也具有合伙说和无权利能力社团说的不足。③独立主体说所认为其他理论的缺陷在现有理论框架内完全可以解决。作为通说的无能力社团理论认为设立中公司和成立后公司具有同一人格，因此，以设立中公司名义所为的

---

〔1〕 王保树、崔勤之：《中国公司法原理》，社会科学文献出版社 2006 年版，第 147 页。
〔2〕 茅院生："论设立中公司的独立性"，载《中国法学》2006 年第 3 期。

法律行为的后果自动由成立后的公司承担。现有理论能够解决该问题，而创造出一种新的主体实无必要。

2. 非独立主体说之评析。非独立主体说认为设立中公司不是独立的主体类型，该说又包括两种观点，即合伙说和无权利能力社团说（又称非法人团体或无权利能力团体）。合伙说认为，设立中公司是合伙，理由在于发起人之间的关系是合伙关系。无权利能力社团说认为，设立中公司是无权利能力社团，因为设立中公司已经具备了公司的雏形。

（1）无权利能力社团的界定。合伙说与无权利能力社团说哪种更合理，值得研究。在回答该问题之前，先应对无权利能力社团做出准确的界定。

何谓无权利能力社团（非法人团体），我国台湾地区著名民法学家王泽鉴先生认为："无权利能力社团系指与社团法人有同一实质，但无法人资格之团体而言。所谓与社团法人具有同一实质，指其系由多数人为达一定之共同目的而组织的结合体。其与社团法人主要的区别在于未依法律规定，取得法人资格"。[1]我国著名民法学家史尚宽先生认为："无法人人格之社团，称为无权利能力社团。社团已为设立行为，开始社团的活动，尚未经主管官署之许可、登记或基于其他理由未采取法人型态之法人。"由此可见，无权利能力之社团是指具备了社团法人的实质要件，但却欠缺社团法人的形式构成要件的社团。公司是典型的以营利为目的的社团法人。因此，若认为设立中公司是无权利能力社团，设立中公司应具备公司的实质构成要件，而欠缺公司成立的形式要件。根据学者的观点，公司成立的实质要件包括名称、组织机构、独立财产以及成员，公司的形式构成要件为公司登记。设立中公司有如下特征：①设立中公司有自己的名称。在公司的设立中，设立中公司可以取得其名称的预登记，在事务中，也经常出现以设立中公司名义对外发生交易的情形。②设立中公司有自己的组织规则。发起人在其发起协议中须明确其发起行为应以设立公司为目的，也只有这样的行为后果才能归属于设立中公司。③设立中公司具有一定程度的独立财产。④设立中公司有自己的成员。设立中公司的发起人或者认股人可视为设立中公司的成员，因为发起人和认股人均将成为将来公司的股东。⑤设立中公司有自己的机关。由此可见，设立中公司完全符合公司的实质成立要件，不具备公司的形式构成要件，因此其完全符合无权利能力社团的本质特征。

---

[1] 王泽鉴：《民法总则》，中国政法大学出版社 2003 年版，第 199 页。

根据以上分析，设立中公司与合伙有以下不同：①内部成员之间的相互关系不同。合伙是以合伙契约规定合伙人之间的相互关系；非法人团体则以章程或内部规则规定内部成员之间的关系，成员的加入或者退出不会影响团体的存续。②事务执行方式不同。合伙通常由合伙人共同执行合伙事务，任一合伙人对外都可代表合伙组织；非法人团体则依社团章程选任代表人以团体机关身份执行团体事务。③有无团体意思不同。合伙组织没有区别于合伙人的团体意思；非法人团体则可通过成员大会形成区别于成员个人的团体意思。[1]

由此可见，设立中公司符合权利能力社团的本质特征，与合伙有本质不同，设立中公司是无权利能力社团的观点毋庸置疑。在我国，学者对设立中公司的本质认识是一致的，但对其名称则有不同看法。有学者称其为"无权利能力团体"，也有学者称其为"非法人团体"。我国台湾地区的学者称其为"无权利能力社团"。公司的本质在于其是营利性社团法人。在没有登记之前，虽没有法人资格，但具备了社团的一切实质构成要件。我们认为，称其为无权利能力社团更为合适。

（2）设立中公司主体地位的界定及以其名义所为发起行为的效力。作为无权利能力社团，设立中公司是否具有主体资格，能否以自己的名义进行活动，我国学者有不同的看法。有学者认为一个无民事能力的社团不能作为合同的主体。该观点认为设立中公司不具有主体资格，不能以自己的名义从事民事活动。也有学者认为无权利能力社团虽然无民事权利能力，但是能以自己的名义从事民事活动。我们认为，无权利能力社团虽然没有主体资格，但是能够以自己的名义从事民事活动。理由如下：①根据无权利能社团的本质特征，设立中的公司已经具备了公司的实质要件，只是不具备公司成立的形式要件。公司成立的形式要件是登记，而登记有登记对抗主义和登记要件主义两种立法模式。在登记对抗主义的立法模式下，没有登记的公司可以以法人的名义进行民事活动。由此可见，公司人格的本质在于公司成立的实质要件，而不在于形式要件。设立中公司已经具备了公司的实质要件，也就具备了拥有独立人格的实质要件，应该能够以自己的名义进行民事活动。②我国著名学者史尚宽先生认为："社团团体性强，其社员之更换，在其结合之本质上为当然，而合伙之入伙及退伙，均有严格限制。"在实践中，团体性较弱的合伙都可以以自己的名义从事民事活

---

〔1〕 周有苏：《新公司法论》，法律出版社 2006 年版，第 166 页。

动，团体性较强的无权利能力社团当然更有理由以自己的名义从事民事活动。

因此，发起人以设立中公司的名义所为的发起行为，如果发起行为符合法律行为以及合同的其他生效要件，自然有效。公司成立后，因设立中公司与成立后公司具有同一人格，所以发起行为所产生的权利义务以及责任由成立后的公司承担。

（二）发起人以自己名义从事的行为的效力及其归属

关于发起人以自己的名义为发起行为的效力归属，学者们一致认为，如果合同是以发起人自己的名义订立的，即使发起人订立合同的本意是为了将来公司，也应该由发起人自己承担责任；如果发起人是数人，则由发起人承担连带责任。由此可见，如果发起人是以自己的名义从事公司设立行为，首先应该由发起人承担该行为所产生的权利以及义务，并承担相应的责任。公司成立后，如果公司继受了该发起行为产生的权利和义务，公司承担责任。另外，公司承担责任的同时，能否免除发起人的责任？有学者认为有证据证明公司免除发起人个人的责任或者有证据证明发起行为的相对人免除发起人个人责任的，应该免除发起人个人责任。本文认为，对此应该适用债权债务概括转移的规则来处理。因为在发起人以自己名义从事发起行为所产生的债权债务中，发起人和第三人是合同关系的当事人。根据合同的相对性原理，该债权债务关系仅在发起人和第三人之间产生效力。公司成立后，如果公司要承受发起行为的债权债务，应该取得第三人的同意。如果第三人同意，债权债务由公司承受，则发起人退出原来的法律关系，公司取代发起人成为发起行为所产生法律关系的当事人，公司享有发起行为所产生的权利，负担发起行为所产生的义务并承担债务不履行的责任。

（三）发起人以拟设立公司的名义从事发起行为的效力认定及其归属

如果发起人以拟设立公司的名义进行发起行为，如何认定该行为的效力，存在效力待定说和无效说两种观点。

1. 对效力待定说的评析。效力待定说认为从交易安全的角度出发，承认设立中公司以公司名义所经营的业务或已从事的法律行为，不能认定行为当然无效，而属于效力待定行为，行为的有效性由成立后的公司来追认。

效力待定说认为公司成立后，如果公司追认，则行为有效，从保护交易安全的角度出发有一定的合理性。但是，其存在以下不足：①效力待定说没有法律依据。根据《合同法》的规定，效力待定的合同有以下几种：其一，限制行为能力人超出其意思能力订立的合同；其二，无权代理订立的合同；其三，因无权处分订立的合同。因此，效力待定说没有法律依据。②效力待定说不利于保护发起行为相对人的利益。根据效力待定说，发起行为成立后，效力待定。如果公司成立后不追认，或公司不成立，行为则无效，由发起人承担缔约过失责任，这对第三人显失公平。③效力待定说不利于保护交易安全。如果公司成立后，认为发起行为存在侵害公司利益的情况，不追认发起行为的效力，发起行为无效。无效法律行为的后果就是恢复原状，因恢复原状必然使已经成立的公司归于无效，这与公司法尽力维持公司有效成立的趋势相违背。

2. 对无效说的评析。无效说认为，以拟成立公司的名义签订的合同无效，由行为人对此类合同承担缔约过失责任。理由如下：①因为在公司设立阶段，公司实体还未产生，发起人（筹建人）以公司名义同第三人进行交易，实质上，与利用一个虚拟的主体交易没有区别。②大陆法系国家法律普遍认为，公司未经设立而以公司名义经营业务或者从事其他活动者，构成不适法行为，并应当由行为人承担责任。如《德国股份责任公司法》第41条第1款规定："在公司登记注册之前以公司名义实施行为者，由个人承担责任；如果行为人为数人，则承担连带责任。"《德国有限责任公司法》第11条规定："在登记之前曾以公司名义进行商业活动者，由行为人承担个人或者连带责任。"

无效说认为以公司的名义订立的合同无效，从概念法学的立场来看，颇具说服力。然而，该观点存在以下不足：①无效说不利于保护公司的利益以及交易安全。按照无效说，设立人以公司的名义从事的法律行为无效。若发起行为无效，无效法律行为的后果就是恢复原状，因恢复原状必然使已经成立的公司无效。而公司的成立是一个复杂的过程，使已经成立的公司归于无效，不符合商法的效率与效益原则。②无效说不利于保护发起行为相对人的利益。按照无效说，发起行为相对人可以要求发起人承担缔约过失责任。而一般情况下，缔约过失责任的赔偿范围要小于违约责任的赔偿范围，这样，无效说不利于保护第三人特别是对善意第三人的利益。③无效说认为既然公司没有成立，不具有主体资格，因此，以成立后公司之名义从事的法律行为无效。但是，按照学者的观点，以成立后的公司名义从事发起行为的主体实际上为设立中的公司，即设立中公司与成立中的公司具有同一人格。既然设立中公司与成立后的公司具有同一人格，其当然可以以成立后的公司名义从事发起行为。所以，以主体不存在而否认该行为的效力是不恰当的。④从公司成立的目的来看，发起人设立公司的目的是营利，而发起行为的目的在于使公司获得从事商事经营活动的资格。因此，从立法的目的角度来看，公司没有成立前，禁止其从事公司章程规定的经营活动才算合理。而为了成立公司，设立人必然要进行设立活动，设立活动是为设立公司所进行的准备行为。如果严格禁止以设立后公司的名义从事设立活动，不仅不利于公司的快速设立，而且与商法追求的效率原则大相径庭。

3. 附条件的有效说。由于效力待定说和无效说均存在不足。我们认为，公司发起人以公司名义所从事的发起行为，是生效的法律行为。但是，该生效法律行为的效力归属附有条件，即发起行为是附债权债务概括承受条件的生效法律行为。如果公司不成立，由发起人承担发起行为所产生的法律后果。如果公司成立，该法律后果应该归属于公司。理由如下：

（1）将该行为认定为有效行为可以合理平衡各方当事人之间的利益。在公司不成立时，由设立人按照发起行为的约定享有权利、承担义务，其不履行义务时承担违约责任，这样可以更好地保护交易第三人的利益。在公司成立时，由公司承担发起行为的法律后果，理所当然。

（2）可以克服效力待定说和无效说的不足。无效说认为发起人以成立后的公司名义所为之法律行为无效。根据效力待定说，如果公司不追认，该行为无效。那么，因无效发起行为导致公司设立时，无效行为法律后果是恢复原状，这就意味着公司设立无效。而公司设立行为属于团体行为，与个人行为有所区别。团体行为会产生多方面的利害关系，如果允许轻易使之无效，必然影响到多方利害关系人的利益。因此，必须对公司设立无效的原因进行限制，即将公司设立无效的原因局限于客观瑕疵，即设立行为违反法定条件和程序，或者其他强制性规定。由此可见，为了保证交易安全，现代公司法的趋势是将公司设立无效的原因范围尽量缩小。而设立人以成立后的公司的名义为设立行为明显不符合客观瑕疵的要求。所以，将该行为认定为有效更有利于保护交易安全。

因此，我们认为，以拟设立公司的名义从事发起行为，该行为有效。公司成立后，其权利义务以及责任由公司承担；如果公司不成立，合同的效力由发起人承担。

【法律链接】

《公司法》第28、31、36、84、92、94～95条。

【思考案例】

甲、乙、丙三人准备设立××有限责任公司。三人签订了设立协议，并制定了公司章程。公司章程规定，甲为公司的法定代表人，并代表设立中公司从事设立事务。但是，设立协议和公司章程对甲的代表权进行限制：甲只能从事公司设立活动，超出其权限的行为必须经过甲、乙、丙三人一致同意。在公司设立过程中，丁告诉甲有一笔建材生意有利可图。在丁的劝说之下，甲认为有利可图，也考虑到公司的筹备手续已经完成，只等公司登记。因此，甲以成立中公司的名义与丁签订建材购买协议。协议约定，丁在合同签订后10日内交货，××公司成立后1个月内支付全部货款。合同签订后，丁按照约定交付了全部建材。以上事情乙、丙毫不知情。后××公司成立，由于市场行情变化，所购建材价格下跌，并且难以出售。这时，乙、丙才得知甲擅自与丁签合同之事。履行期限届满后，丁要求××公司支付货款。甲、乙、丙三人协商后认为，当时公司尚未成立，没有缔约能力，而且公司章程对甲的代表权进行了限制。因此，甲的行为是越权行为，主张合同无效。而丁认为，设立中公司有缔约能力，并且他并不知道甲的代表权受到限制。因此，丁要求××公司履行合同，如果不履行合同，则将诉至法院，因此发生纠纷。如果你是本案法官，应如何处理？

专题三
公司法人人格否认制度

【应用指南】

一、公司法人法律人格独立与股东有限责任

（一）公司法人法律人格独立

公司法人法律人格简称公司人格，是指公司作为民事主体的资格。公司具有法律人格就意味着公司具有和自然人一样的参与民事活动的法律资格，具有了民事权利能力和民事行为能力，能以自己的名义独立从事经营活动，独立地享有民事权利、承担民事义务。公司以其全部财产对外承担责任。

公司人格的取得要符合法律规定的条件，遵守法律规定的程序。根据《民法通则》的规定，公司作为企业法人，应当具备下列条件：①依法成立；②有必要的财产或经费；③有自己的名称、章程、组织机构和场所；④能够独立承担民事责任。

1. 结合《公司法》的具体规定，公司人格获得的基本条件有：

（1）公司章程。公司章程是公司必备的，规定公司机关及行为准则的书面文件，是全体股东意思表示一致的自治性规章。公司章程是公司内部治理的基本行为准则。公司章程具有法定性、公开性、自治性等基本法律特征。公司章程的制定、修改必须符合法定的条件和程序，并应登记公示。法律对公司章程必须记载及不得记载事项均作了明确的规定。

（2）公司法人财产。公司要有独立的法人财产，公司财产来自股东的投资以及公司经营中的积累。公司对法人财产享有独立的法人财产权，法人财产权不同于股东对其个人财产享有的所有权以及对投资公司财产所享有的股权。股

东投资一旦转化为公司财产,股东就丧失了对该部分财产的所有权,获得了股权,股权是一种特殊的财产权利。法人对其所有之财产享有占有、使用、受益、处分等完全的权利。公司法人财产可以包括物权、债权、股权、知识产权等一切财产性权益。

(3)公司名称。公司名称是公司用以表彰自己营业的标识,是彼此区分的外在标志。公司名称具有专有性、标识性、稳定性、公示性、财产性、可转让性等基本法律特征。法律对公司名称的构成要素及限制均有明确的规定。公司名称的获得要经过登记审查程序及名称预核准程序,最后方可获得登记。

(4)公司住所。住所是公司主要办事机构所在地。住所是公司人格构成的要素之一,是公司章程必须记载的事项,是公司人格的必备条件。公司住所具有重要的法律意义,公司住所的真实是公司人格真实的重要组成部分。

(5)公司机关。公司机关是公司意思形成的法定机构,是公司以独立意志开展民事活动的组织保障。公司意思的形成及表达的权利被法律明确分配给不同的机关去行使,公司意思形成后,由公司的代表机关或者执行机关以公司名义对外开展经营活动。

2. 公司人格的取得除了具备上述法定基本条件外,还得经法定登记程序,领取营业执照,最终取得法人人格。公司人格的获得,意味着一个独立法律主体的诞生。公司不是可供股东任意支配的财产(客体),股东对公司所享权利和所负义务由法律及公司章程明确规定。公司法人法律人格是独立的,公司人格的独立性表现在:

(1)公司享有法人财产权。《公司法》第3条第1款规定:"公司是企业法人,有独立的法人财产,享有法人财产权。公司以其全部财产对公司的债务承担责任。"这是法人人格独立的核心要素。公司对自己的财产享有独立的法人财产权,这类财产权是一种特殊的财产性权利,与股东所有的其他财产以及财产性权利(包括股权)相区别。公司股东将出资的财产交付公司后不得再对该笔财产主张所有权。公司独立的法人财产是公司开展经营活动的物质基础,也是公司对外承担责任的基本保障。公司法人财产在公司设立之初仅为股东认缴出资的全部。在公司存续过程中,公司法人财产在股东出资的基础之上,通过经营积累的增值部分、股东出资财产的增值部分,还有接受捐赠、负债等符合财务会计准则与规则依法计入公司总资产的全部财产都属于公司法人财产,公司对其法人财产享有法人财产权。

公司法人财产权与股东有限责任是密切相关的。公司法人财产是公司对外独立承担责任的基础，公司的债权人非依法不得越过公司向公司股东主张债权。如果公司没有独立的财产，如果公司对其财产不享有独立的财产权，公司债权人债权的实现就缺乏财产基础。股东有限责任的设定不能建立在损害债权人利益的基础上，债权人债权的实现只能依赖于股东所有的财产，股东不可能享有仅以其出资为限的正当抗辩。

（2）责任独立。公司在享有独立的法人财产权的同时，在对外责任承担上也应以自己的财产独立承担责任，股东仅以其出资为限，对公司债务承担有限责任，不对公司债权人负责。这里的责任独立，是指公司责任与股东责任相互独立，不可混淆。公司对公司的债权人负责，股东依法及依章程向公司承担责任，公司债权人非依法不得请求股东为公司债务承担责任。

（3）存续独立。公司一旦设立，除因解散、破产等法定理由外不得终止，公司人格可以永续存在。公司股东的变更、死亡、解散、破产不会影响公司的独立存续。

（二）公司股东有限责任

股东有限责任与公司责任独立是对一个现象的两种表述。股东有限责任是指股东仅以其出资或者所持股份为限对公司承担责任，股东不直接对公司债权人承担责任。如果公司的财产不足以清偿全部债务，股东也没有以自己出资以外的个人财产承担责任的义务。

有限责任是现代公司制度的重要基础，其核心在于在公司与公司股东之间划出了一条明显的界限，股东只是公司的投资者，他在履行出资义务之外不再对公司债务承担进一步的责任。有限责任的意义在于：

1. 控制了股东投资的风险。在有限责任制度下，股东投资的风险是可预测的、是确定的，股东在投资公司时，对自己将来所有承担的风险就已经确定了，只在其出资范围内承担风险。责任的有限性和收益的无限可能性大大地刺激了人们的投资热情，公司在聚集社会财富方面的效果明显增强，公司成为现代社会主要的商事组织。因此，有限责任是当代最伟大的发明，其产生的意义甚至超过了蒸汽机和电的发明。

2. 降低了股东控制公司的成本。如果股东要为公司的债务承担无限责任，股东防范风险的基本做法就是将公司牢牢地控制在自己手中。要做到控制，首先要解决股东之间的相互控制问题，这无疑增加了合作的难度和成本；其次要解决股东对公司经营管理层的控制问题，过分的控制经理层的行为会影响到公司运营的效率。有限责任制度有效地解决了这一困境，在各方利益之间寻到了新的平衡，推动了社会的整体进步。

3. 有力地推动了所有权和经营权的分离。股东责任的有限性使得股东能够放心地将公司交给他人去管理，进一步推动了所有权与经营权的分离，为更加科学合理的公司治理提供了可能。当代关于公司治理及经营管理中的许多有价值的制度都是建立在股东有限责任的基础之上的。

有限责任制度是在股东、公司和债权人之间寻找到的新的平衡，这个平衡点推动了商事活动的繁荣和商事组织自身运营的进步，但也将股东投资风险的一部分通过公司机制分配给了债权人（交易相对人）。有限责任制度的副产品还包括日益上涨的代理成本使得股东的利益被经理层不法侵吞；股东过度投机使得股东仅关注股票收益，而不再关注公司治理和经营管理本身，公司被经理层实际控制；公司人格被滥用，成为侵占债权人利益的有效凭借等。

二、公司法人人格否认制度的基本概念和适用情形

公司法人人格否认也称"揭开公司面纱"，是指当股东滥用公司法人独立人格及股东有限责任来逃避债务，严重损害债权人利益时，法律允许债权人越过公司独立人格，要求公司股东对公司债务承担连带责任的一种法律制度。公司独立人格是股东有限责任的制度基础，如果公司独立人格被股东当作谋取不当利益的凭借，而股东自己仍然躲在有限责任制度的庇护之下承担有限责任，那么这损害了有限责任制度的价值。要让股东承担无限责任，必须先拿开挡在无限责任前面的盾牌——公司独立人格。公司法人人格否认制度否认的正是公司法人独立的人格。公司的独立人格不存在，其主体性就丧失了。主体性丧失的原因首先不在法律，而是股东没有把公司当做主体来对待，仅为其谋取不法利益的工具。看来法律上的"否认"，旨在恢复公司的真实面容，揭开挡在真实面容前面的"人格面纱"。

法人人格独立是法人制度的基本构成，人格否认只是在个案中的否认，不是对法人人格独立全面彻底的推翻。法人人格否认制度的适用情形一般包括：

1. 公司资本形成中的虚假（虚假出资）。公司在设立过程中，股东要依法完成对公司的出资，公司才能够成立。在资本形成的过程中，由于股东的原因，导致公司资本不实的，股东要承担相应的责任。虚假出资包括不出资、不足额

出资、非货币出资低值高估和抽逃出资等情形。

（1）不出资是指承诺出资而没有出资，但在公司登记时却通过不法手段获得了公司登记，成为了公司股东。

（2）不足额出资是指没有按照认缴的出资额足额缴纳出资。

（3）非出资低值高估是指作为非货币形式的出资没有客观公正定价，低值高估，造成公司实际获得的出资低于股东承诺缴纳的出资。

（4）抽逃出资是指在公司设立验资的当时，股东将其出资已足额缴纳，但在公司成立后，股东采用种种手段，直接或者间接地抽回了向公司的出资。抽逃出资的情况在我国公司法实践中表现得尤为突出。

2. 虚设股东。公司具有社团性特征，社团性是有关公司法律制度设计及公司的科学民主治理的基础。一人公司是公司类型发展的特殊情形，法律对其做出了不同于普通公司的更为严格的制度规范。公司发起人通过虚设股东，设立实质一人公司，来逃避法律关于一人公司的严格的制度规范，损害债权人利益。

我国法律对股份有限公司发起人及股东人数都有最低要求，有人通过虚设股东，以符合法律的要求，发起设立股份有限公司，利用股份有限公司制度的优势谋取不当利益，损害债权人利益。

虚设股东是对公司法人人格的滥用，公司被其实质一人股东操纵，成为侵害债权人利益、谋取非法收益的工具。

3. 公司人格混同。公司人格混同就是指股东与公司、公司与公司之间在公司治理、经营决策、财产、人员、业务之间没有区别，公司沦为股东的下设机构、业务部门，或者成为实际控制人的业务部门。公司人格混同包括股东与公司人格混同，也包括被一个实际控制人实际控制的两个公司相互之间的人格混同。

公司人格混同应当构成人格否认的重要依据，但在我国司法实践中没有得到法院足够的重视。公司人格混同的基本特征有：

（1）财产混同。公司在财产以及财产权益上没有明确的界限。具体有：①住所混同。股东与公司或者公司与公司使用相同的住所，在住所的权益上没有明确的界限。这给社会公众以及交易相对人带来误认，为股东及公司侵害债权人利益创造了条件。②经营场所混同。股东与公司或者公司与公司使用同一经营场所，在有关费用负担等方面根据股东和实际控制人的需要随时调整，公司权益不独立。上述混同导致公司在物业、通讯等经营条件方面的费用承担界限不清，作为法人人格独立的基本构成——财产独立是没有被满足的。

（2）公司机关和人事混同。股东与公司、公司与公司是"一套人马、两个牌子"，共用一套公司机关及部门。所谓的公司雇员只是根据股东或者实际控制人的要求，为股东或者实际控制人的利益服务。公司没有自己独立的意思形成及表示机构，公司没有自己独立的业务执行机构。

（3）业务混同。我们在办理一起经济纠纷案件时发现，有一个实际控制人控制着两家置业公司、一家经贸公司，这三家公司的公章都在他的办公桌抽屉中，由该控制人决定使用哪个公章。更为可笑的是，他有时还会征求客户的意见，问客户想用哪个公章。公司相互之间没有明确的业务界限，有些仅是公司名称上的细小差异，营业范围是完全相同的。股东与公司或者一个实际控制人控制的两家以上公司相互之间从事相同的业务，具体的交易行为相互不独立，不存在对机会的保护、自由竞争等市场经营的基本问题。

业务混同在股东与公司之间，特别是集团公司内部的各公司之间比较常见。例如，公司与股东或不同公司之间从事相同的业务活动；具体交易行为不单独进行，而是受同一控制股东或董事会支配和组织；集团内部实施大量的交易活动，交易行为、交易方式、交易价格等都根据母公司或公司集团的整体利益的需要，根本无独立和自由竞争可言，因此资金在公司之间随意流动；公司对业务活动无真实记录或连续记录等。

（4）财务混同。所有的公司人格的混同最终都会反映到财务上。如使用同一电话总机，会产生电话费如何计算，物业费如何分担，应付员工报酬如何分担，业务收入和盈余应如何计算等问题，财务混同使得公司财产丧失独立性。所有的混同都是法人独立性的丧失，给债权人债权的实现带来极大的障碍，极易侵害债权人利益。

4. 挂靠经营。挂靠经营的原因有很多，有的是因为不具有商事经营主体资格，通过挂靠获得参与经营活动的主体资格；有的是因为缺乏特殊事项的经营资质，挂靠到有该资质的公司，以该公司的名义从事经营活动；有的是因为税务处理上的需要而进行的挂靠。被挂靠公司一般只收取固定的管理费，实行项目结算，对项目的盈亏并不负责，这也是公司乐于被挂靠的原因。但问题在于，从合同交易关系上来看，被挂靠的公司才是合同关系的主体，债权人无权要求实际经营者承担责任，责任需由被挂靠公司来承担。如果不否认被挂靠公司的人格，实际经营者通过这种挂靠获得了利润，把经营的风险和责任留给了债权人和被挂靠的公司，被挂靠公司财务恶化甚至破产，债权人的债权就无法得以实现。

5. 脱壳经营。脱壳经营是指公司股东将负有巨额债务的公司解散或者宣告破产，将公司的场地、设备、人员及其他无形资产通过另设一经营目的完全相同的公司，继续从事经营活动。脱壳经营有时也是指公司在被吊销执照、撤销或关闭、申报注销或歇业的情况下，仍然以公司名义继续从事经营。在脱壳经营的情况下，应当否认公司的人格，要求新设公司以及公司股东承担连带赔偿责任。

三、公司法人人格否认诉讼

《公司法》第 20 条规定："公司股东应当遵守法律、行政法规和公司章程，依法行使股东权利，不得滥用股东权利损害公司或者其他股东的利益；不得滥用公司法人独立地位和股东有限责任损害公司债权人的利益。公司股东滥用股东权利给公司或者其他股东造成损失的，应当依法承担赔偿责任。公司股东滥用公司法人独立地位和股东有限责任，逃避债务，严重损害公司债权人利益的，应当对公司债务承担连带责任。"由此可见，我国关于法人人格否认制度仅做了原则性的规定，具体适用只能由人民法院依据民法基本精神和原则，结合案件的具体情况，运用自由裁量权去实现该制度的立法目的和价值。

（一）公司法人人格否认诉讼的主体

1. 原告。依照《公司法》第 20 条之规定，公司股东滥用股东权利给公司或其他股东造成损失的，应当依法承担赔偿责任。公司股东滥用公司法人独立地位和股东有限责任，逃避债务，严重损害公司债权人利益的，应当对公司债务承担连带责任。所以，有资格成为该诉讼原告的有：

（1）公司。公司股东滥用股东权利或者控制地位，将公司财产和机会据为己有，损害公司利益的，公司有权利以自己的名义提起诉讼，要求滥用股东权利的股东承担赔偿责任。

（2）公司其他股东。公司个别股东利用其控制地位或者存在其他滥用权利的行为，侵害其他股东利益的，应当对受侵害的股东承担责任。

（3）公司债权人。这是法律着重保护的对象。公司股东滥用公司独立法人人格，逃避债务，严重损害公司债权人利益的，应当就公司债务向公司债权人承担连带赔偿责任。这里的债权人不仅应包括民事关系中的债权人，还包括劳动关系中的劳动债权人、税收征管关系中的国家税务机关。

2. 被告。对于公司股东因其他股东滥用股东权利致使利益受损时，有权利以自己的名义提起诉讼，被告应当是滥用股东权利的股东。该股东可能是公司的控制股东或者支配股东，也可能不是。没有证据表明只有控制股东或者支配股东才有滥用股东权利的可能。法律关于股东权的安排不只是为控制股东或者支配股东服务的，任何股东都依法享有平等的股东权。

如果是公司债权人提起诉讼，法人人格否认诉讼的被告为：①公司；②滥用公司法人独立地位的股东；③滥用股东有限责任的股东；④不能证明公司财产独立于股东自己财产的一人有限责任公司的股东。

法律规定滥用公司法人独立地位和股东有限责任的股东，逃避债务且严重损害债权人利益的，应对公司债务承担连带责任。因此，在被告的安排上，一般应以公司为第一被告，滥用公司法人独立地位和股东有限责任的股东为第二被告。因为是连带责任，法律并不禁止债权人仅诉滥用公司法人独立地位和股东有限责任的股东，将其列为单一被告。

有人认为，应当将公司掌握实质控制权的股东，即控制股东或支配股东列为被告。因为，"公司股东对公司控制关系的存在是适用公司法人格否认的前提条件，但仅有控制关系的存在，在控制尚未达到一定程度而公司也没有完全丧失独立性时，就不能否认公司法人格而判令公司股东承担公司行为的后果"[1]也就是说，滥用公司法人独立地位和股东有限责任的股东，控制股东或者支配股东更容易操纵公司，但并不是说只有控制股东或者支配股东才能滥用公司法人独立地位和股东有限责任，其他股东不具有滥用法人独立人格的机会和可能。

我国公司法没有将利用职务之便滥用公司法人独立人格的董事、高级管理人员列为法人人格否认的范畴，要求他们向公司债权人承担责任。有人认为："公司董事、经理等高级管理人员不能成为被告，只能根据公司章程和有关公司法之规定追究董事、经理之责任。由于不同身份将涉及不同的责任，因此，尽管现实中公司的董事、经理或其他高级职员通常是由公司股东出任的，但人民法院必须将支配股东与公司董事或经理的身份区别开来，只有在以支配股东的身份滥用公司法人格时，才可能因符合适用要件而揭开公司面纱，直索公司背

---

〔1〕　厉华："公司法人人格否认法律问题研究"，载中国民商法律网，访问时间：2009年2月12日。

后支配股东的责任。"[1] 所有认为只有控股股东才有滥用公司法人独立人格可能的猜想都是缺乏事实依据的。公司董事、高级管理人员因为公司的独立人格，才有权适用公司章程等基于公司内部治理的责任体系来屏蔽债权人的"直索"。公司独立人格被滥用，成为董事、高级管理人员侵占公司利益、损害债权人利益的工具，如果法人人格否认的结果仍然是由公司章程对董事、高级管理人员的行为进行追究，"否认"与"不否认"没有什么两样。因此我们主张，应当将利用职务之便滥用公司人格，侵害公司及债权人利益的董事、高级管理人员列为人格否认诉讼的被告，要求其承担连带赔偿责任。

我国公司法对一人有限责任公司的法人人格否认做了特殊的规定，我们将在下面专题予以详细说明。在公司法人人格否认诉讼中，不能证明公司财产独立于股东自己财产的股东应当成为适格的被告，对公司债权人承担连带责任。

（二）公司法人人格否认诉讼的事实要件

事实要件是指原告提起法人人格否认诉讼应当举证证明的事实。根据《公司法》的规定，公司法人人格否认诉讼的事实要件包括：

1. 公司股东实施了滥用公司法人独立人格的行为。即我们在本专题第二部分所重点说明的法人人格否认的适用情形，原告应举证证明被告有这些情形之一的，方可提起法人人格否认的诉讼。

2. 给公司、其他股东及公司债权人造成了损害。依照《公司法》之规定，公司法人人格否认诉讼应是一个损害赔偿之诉。原告应举证证明股东滥用公司法人独立人格和股东有限责任的行为给自己的财产利益造成了损害。

为防止公司债权人滥用诉讼权利，给公司及股东利益造成不应有的损失，法律对公司债权人损害的程度加了"严重"的限定，只有"严重损害公司债权人利益"时，方可以提起诉讼。"严重"与否是一种价值判断，法律没有做出一个具体的数额或者比例限定，应属法官自由裁量的范围。有损害是立案的标准，至于"严不严重"应在诉讼中去解决，人民法院在立案阶段不应对证据做过高的要求。

3. 实施滥用公司法人独立人格行为的股东主观上存在过错。滥用公司法人独立人格行为的股东主观上的过错是否应成为法人人格否认诉讼的构成要件，

专题三

---

[1] 董希林："公司法人人格否认制度及其相关案件的立案受理"，载中国民商法律网，访问时间：2009年2月12日。

理论上一直存在争议。有人认为应当坚持过错责任的一般原则,把实施滥用公司法人独立人格行为的股东主观上的过错作为责任构成的要件。有人认为,要求利益严重受损的公司债权人对滥用公司法人独立人格行为的股东主观过错承担举证责任过于苛刻,不利于对债权的保护。我们认为,滥用公司法人独立人格行为的股东主观目的的非法性是法律对该种行为持否定态度的缘由,不强调行为人主观过错、适用无过错归责无法正确反映法人人格否认制度的立法机理。如何在坚持过错归责的前提下,实现对债权人利益最大限度的保护,是我们要考虑的问题。民法上过错推定在法人人格否认制度上的适用,可以有效地解决这一困惑。原告只要能够举证证明被告实施了滥用公司法人独立人格的行为,就推定行为人主观存在过错,将没有过错的举证责任分配给了滥用公司法人独立人格行为的股东。只要行为人能够举证证明自己不存在主观上的故意,当然是可以免责的。

法人人格否认诉讼的原告只要能够举证证明事实要件中的第一项和第二项就应当被立案,诸如过错以及有的学者所认为的公司丧失清偿能力等均属审理中需进一步查明的事项,有些并不是法人人格否认诉讼是否成立的决定因素。

(三)诉讼请求

根据《公司法》的规定,法人人格否认诉讼请求为损害赔偿之诉,滥用公司法人独立地位和股东有限责任的股东应当对债权人承担连带赔偿责任。

【理论拓展】

一、关于一人有限责任公司法人独立人格滥用推定制度

《公司法》第64条规定:"一人有限责任公司的股东不能证明公司财产独立于股东自己的财产的,应当对公司债务承担连带责任。"这是我国法关于一人有限责任公司股东责任的特殊规定,与《公司法》第20条规定法人人格否认制度有相似之处,但不同于该制度。

一人有限责任公司的一人股东应当对公司债务承担连带责任,除非其有充分的证据证明公司财产独立于自己的财产。这一制度被学者们称为"一人公司法人人格滥用推定制度",与刑法上的"无罪推定"在法理上是相通的。

《公司法》第64条的规定与《公司法》的其他条文、《民法通则》之间存在着冲突。《公司法》第3条第1款规定:"公司是企业法人,有独立的法人财产，享有法人财产权。公司以其全部财产对公司的债务承担责任。"《民法通则》第 36 条第 1 款规定："法人是具有民事权利能力和民事行为能力，依法独立享有民事权利和承担民事义务的组织。"一人有限责任公司是公司，是企业法人，享有独立的法人财产，对其享有法人财产权，以其全部财产对公司债务独立承担责任。只有当股东滥用公司法人独立人格，严重侵害公司债权人利益时，法律需要否定公司人格，为债权保护提供便利。《公司法》第 64 条的规定，其本质在于先入为主地否定一人有限责任公司是公司这一基本事实，认为一人公司的财产是不独立的，与其股东的财产是混为一谈的，除非股东能够举证证明公司财产与股东自己的财产是相互独立的。一人有限责任公司法人人格否认无需债权人请求，法律首先把它就否定掉了，恢复其人格独立地位的工作需要股东去争取。

《公司法》第 64 条的规定与一人公司的立法目的相冲突。为鼓励投资兴业，2005 年《公司法》修订本大大降低了公司设立的难度，在公司类型上增加了一人有限责任公司的新类型。立法上对形式一人公司的认可，是为了满足投资者的正当需求，减少实质一人公司对交易安全的威胁，为市场自由与诚信提供制度。《公司法》在规定一人有限责任公司新类型的同时，在其资本形成及责任承担上规定了比普通有限责任公司更严格的条件，抵销了一人公司立法的正向价值，使得更多的投资者摒弃形式一人公司的类型，继续通过拉人头等方式选择实质一人公司的组织类型。"一人公司法人人格滥用推定制度"过分强调了对公司债权人利益的保护，损害了公司立法的社会价值，对公司制度在推动社会经济发展和整体文明进步方面的作用产生消极影响。

"一人公司法人人格滥用推定制度"不是法人人格否认制度。法人人格否认制度的前提是公司的独立人格及股东有限责任，是有条件的否认法人的独立人格，而不是先入为主地单方面宣布公司人格已经被滥用，进而再去寻找公司人格独立的要素。

二、公司法人人格否认制度适用中的几个特殊问题

1. 公司法人人格否认仅适用于特定情形，不具有普遍性。公司独立人格与股东有限责任仍然是公司制度的核心价值所在。公司法人人格否认制度只是对股东有限责任制度的矫正，其效力仅限于特定情形下，在个案中否认公司法人人格，只否认人格的某一方面，不影响其他法律关系的效力，不影响公司作为

独立主体的人格存在。

2. 公司法人人格否认应通过诉讼来实现，法院不能主动采用该制度否认一个公司的独立人格，法院应通过审判程序，以判决的方式来否认公司的法人人格。法人人格否认应在审判程序中，经过审理后以判决的方式做出。严禁未经审判否认一个公司的独立法人人格。但有的法院居然在执行程序中，通过执行听证程序，以裁定的方式否认法人人格，甚至仅通过执行听证程序实现反向否认，即要求股东投资的公司对股东债务承担清偿责任。[1]

3. 股东不能为自己利益提出公司人格否认的主张。股东有限责任能够为股东带来利益，但问题在于公司制度的其他方面在有些情形下可能会给股东利益带来不利的影响，股东只有通过否认公司人格，才有利于自身利益的最大化。这种情况在一人公司、母子公司、小公司中尤为明显。股东为了自身利益而诉请法院揭开公司面纱的情况应当被禁止。

4. 当公司财产足以清偿债务时，应以公司财产承担责任，不适用法人人格否认。如果公司财产足以清偿债务，债权人的债权并未因股东滥用法人人格而无法实现，没有必要要求股东承担责任。

【法律链接】

1. 《民法通则》第 4 条。

2. 最高人民法院《关于企业开办的其他企业被撤销或者歇业后民事责任承担问题的批复》（1994 年 3 月 30 日）第 1 条　企业开办的其他企业被撤销、歇业或者依照《中华人民共和国企业法人登记管理条例》第 22 条规定视同歇业后，其民事责任承担问题应根据下列不同情况分别处理：①企业开办的其他企业领取了企业法人营业执照并在实际上具备企业法人条件的，根据《中华人民共和国民法通则》第 48 条的规定，应当以其经营管理或者所有的财产独立承担民事责任。②企业开办的其他企业已经领取了企业法人营业执照，其实际投入的自有资金虽与注册资金不符，但达到了《中华人民共和国企业法人登记管理条例实施细则》第 15 条第 7 项或者其他有关法规规定的数额，并且具备了企业

---

[1] 西安市雁塔区人民法院 2008 年 7 月 21 日（2003）雁民执裁字第 188 - 1 号民事裁定书。该裁定认为，被执行人广华西安公司（债务人）在陕西华美公司的股权 760 万元没有按照法定程序办理转让手续，因此，追加陕西华美公司为被执行人，在广华西安公司出资范围内承担责任。这是一个典型的法人人格反向否认的例子。

法人其他条件的，应当认定其具备法人资格，以其财产独立承担民事责任。但如果该企业被撤销或者歇业后，其财产不足以清偿债务的，开办企业应当在该企业实际投入的自有资金与注册资金差额范围内承担民事责任。③企业开办的其他企业虽然领取了企业法人营业执照，但实际没有投入自有资金，或者投入的自有资金达不到《中华人民共和国企业法人登记管理条例施行细则》第15条第7项或其他有关法规规定的数额，或者不具备企业法人其他条件的，应当认定其不具备法人资格，其民事责任由开办该企业的企业法人承担。

3. 最高人民法院《关于审理与企业改制相关的民事纠纷案件若干问题的规定》（2002年12月3日）第35条　以收购方式实现对企业控股的，被控股企业的债务，仍由其自行承担。但是因控股企业抽逃资金、逃避债务，致被控股企业无力偿还债务的，被控股企业的债务由控股企业承担。

4.《公司法》第5、20、64条。

【思考案例】[1]

2004年2月19日，原告大华公司与福门开公司签订了合作开发协议，约定在福门开与石门公园签订的联营协议的基础上，与福门开公司共同开发石门公园相关项目，后双方又签订了补充协议。为履行协议，原告大华公司从2004年1月16日至2004年9月10日止，共分12次向福门开公司支付合作协议约定的补偿款、设计费、总评费等合同款项共计372万元。石门公园与福门开公司因联营合同纠纷，被法院判决解除了联营合同。福门开公司无法履行与大华公司签订的合作开发协议。

大华公司依据合作开发协议向福门开公司支付的372万元合同价款被福门开公司股东陶某、覃某、黄某、凌某以股权转让的名义全部分光，致使福门开公司丧失对债权人的偿债能力，大华公司请求法院判令返还已经支付的合同款项372万元，并由陶某、覃某、黄某、凌某对此承担连带责任。

经审理查明：福门开公司与石门公园的协议被判决解除后，凌某与陶某、覃某、黄某分别签订股权转让协议，收购三人股权，后申请工商变更登记手续，将股东变更为凌某、宋某，之后凌某又将股东变更回陶某、覃某、黄某、凌某。而凌某支付给陶某、覃某、黄某的股权转让款来源于福门开公司收取大华公司

---

[1] 大华公司诉福门开公司法人人格否认案，来自北京市朝阳区人民法院2006年审理的一起案件。

及其他公司的合同价款。福门开公司接管石门公园土地后，与4个股东签订内部承包协议，划分为4个管理区和大门收入、铺面5个部分，由股东分区、分片经营。承包合同虽约定承包金，但没有一位股东向公司交付承包金。

思考问题：

1. 福门开公司股权转让的效力如何认定？

2. 本案中认定法人人格否认的事实依据有哪些？

3. 应当为债权人大华公司承担责任的股东有哪几个？为什么？

专题三

专题四

公司章程

【应用指南】

一、公司章程的制定与修改

（一）公司章程的制定

公司章程的制定包括以下内容：①制定主体。有限责任公司章程由全体发起人（即股东）制定，而股份有限公司的章程在设立阶段由发起人制定。②制定形式。首先，制定公司章程是要式行为，因此其必须以书面形式制定。其次，公司章程的记载内容必须符合法律的强制性规定，即必须有公司章程的绝对必要记载事项。最后，章程的制定者应该在章程上签名盖章。

（二）公司章程的修改

公司章程的修改包括以下内容：①修改主体。一般由董事会提议，股东大会或者股东会表决，即公司章程的最后修改权属于公司的最高权力机关。②修改程序。首先，由董事会提议；其次，股东会或者股东大会表决；最后，进行公示。公示包括以下内容：将变更后的公司章程内容通知全体股东；将变更后的章程备置于公司；进行变更登记。

（三）公司章程修改的生效要件

公示章程修改的生效要件包括以下内容：①修改主体合法。所谓修改主体合法，是指修改章程的权力属于股东会或者股东大会，并且必须经股东大会或者股东会的特别决议通过才能生效。②修改内容合法。所谓修改内容合法是指公司章程的修改内容不能违背法律的强制性规定，特别是修改后的公司章程不能够欠缺公司章程的绝对必要记载事项。③修改程序合法。只有符合修改生效要件的公司章程的变更才能产生效力。如果公司章程的修改不符合生效要件，修改后的条款不产生效力。

变更登记是不是公司章程修改的生效条件，值得探讨。依照我国公司登记的相关法律，公司章程的绝对必要记载事项都是公司设立登记时应该登记的内容。因此，公司章程记载的应登记内容发生变更时，章程的修改是否必须经登记才能生效，这取决于对公司登记性质的科学界定，即登记是行政管理还是公示手段。按照我国《公司法》第 6 条的规定，登记应该是公示的手段。而公示的目的在于产生公信力，保护交易安全。又依我国《公司法》第 11 条的规定，我国公司章程的效力主要是对公司内部人士产生拘束力。因此，结合登记的性质以及公司章程的效力，公司章程的修改不必进行登记。只是说，如果不进行变更登记，不能对抗第三人。

二、公司章程与设立协议的关系

（一）关于公司章程性质的不同观点

讨论公司章程与公司设立协议的关系，首先要明确公司章程的性质。关于公司章程的性质，有以下三种观点：

1. 自治法说。该说认为，公司章程是公司根据国家赋予的公司自治立法权而制定的规范公司组织和其他活动的自治法规，公司中的各类人员必须遵守公司章程的规定。

2. 契约说。该说认为公司章程是公司股东在协商一致的基础上就设立公司的权利义务达成一致意见而签订的文件，是股东意思表示一致的结果。支持契约说的理由有以下几点：①公司章程体现了公司章程制定者的意思自治；②公司章程也是公司与其董事、监事以及经理等其他高级管理人员之间的契约。

3. 宪章说。该说认为公司章程既不是自治法，也不是契约，而是带有宪章性质的法律文件，因为公司章程是股东和公司从事商事活动的行动纲领，它规定了公司最基本的运行规则。[1]

（二）对以上观点的评析

1. 以上三种观点各有其合理之处。首先，自治法说揭示了公司章程的效力来源是公司享有的自治立法权，即公司自治是公司章程效力的来源。其次，契约说揭示了公司章程成立的基础在于全体股东的意志或者资本占多数之股东的

---

[1] 周友苏：《新公司法论》，法律出版社 2006 年版，第 196 页。

共同意志。而且，契约说在解释有限责任公司以及以发起方式设立的股份有限公司的章程的性质方面颇具说服力。最后，宪章说揭示了公司章程在公司所有的自治性规范中，其效力具有最高性。

2. 契约说的不足：①契约说不能说明以募集方式设立的股份有限公司章程的成立和生效时间。有限责任公司和以发起设立的股份有限公司的公司章程是全体股东意思一致的结果。但是，以募集方式设立的股份有限公司的公司章程的生效必须由创立大会以普通决议通过。由此可见，公司章程并不都是全体股东意思表示一致的产物，而契约是全体当事人意思表示一致的产物，以募集设立的股份有限公司的章程不符合契约的本质要件。另外，若认为公司章程是契约，根据契约的性质，公司章程必须在制定章程者意思表示一致时生效。但是，以募集方式设立的股份有限公司，其章程的生效时间是在创立大会通过后，也不符合契约生效时间的本质规定。②契约说与公司章程的修改要求相违背。根据《公司法》第44、104条的规定，有限责任公司章程的修改必须由代表2/3以上表决权的股东通过，股份有限公司公司章程的修改必须由出席会议的股东所持表决权的2/3以上通过，这和契约的变更截然不同。既然契约的成立是全体当事人意思表示一致的结果，其变更也必须由全体契约当事人意思表示一致。若认为公司章程是契约，那么，公司章程的变更必须要由全部股东之意思表示一致，而不是绝对多数通过就可以变更。③从公司章程的效力来看，公司章程的效力也不同于契约。根据合同的相对性原理，如果认为公司章程是契约，那么其效力仅仅约束公司章程的制定者，即有限责任公司的股东或者以发起方式设立股份有限公司之发起人。但是，公司章程的效力不但对公司章程持异议的股东有拘束力，而且还拘束公司、公司的董事、监事以及经理等高级管理人员，并且对以后加入公司的新股东产生拘束力。根据以上分析，公司章程与契约存在很大的不同，不能将其界定为契约。

3. 公司章程的性质界定。宪章说与自治规范说没有本质的区别。因为宪章也是一种规范，只不过其强调公司章程在公司治理中效力的至高性而已。因此，公司章程是公司具有最高效力的自治性规范。

（三）公司章程与设立协议的异同

1. 相同点。①成立基础都在于公司投资人的意志，都是公司股东的共同意志的体现，都对公司的股东具有约束力。②内容的交叉性或重合性。如果设立协议的内容写入公司章程，就会造成公司章程和设立协议之间内容的交叉或者重复。

2. 不同点。①性质不同。设立协议是契约，而公司章程是公司的自治性规范。②对公司的作用不同。有效的公司章程是公司成立的要件，而公司设立协议不是公司设立的必备要件。③效力不同。其一，效力范围不同。公司章程不但约束公司的股东（设立人），而且约束公司股东以外的诸如公司、董事、监事、经理以及其他高级管理人员。而公司设立协议基于合同的相对性，仅仅对设立人有约束力。其二，效力持续时间不同。公司章程自生效时起，其效力在公司存续期间一直存在。设立协议的效力只存在于公司设立阶段。公司成立后，设立协议一般失去效力，除非当事人有特别约定。

【理论拓展】

公司章程的效力

公司章程的效力，是指公司章程的约束力，即公司章程何时生效以及对哪些人具有拘束力。

（一）公司章程的生效

1. 公司章程的生效条件。具体而言，公司章程的生效要件如下：①内容不违背法律的强制性规定。②形式合法，即必须以书面形式做成而且满足公司法关于公司章程的绝对必要记载事项的规定。③制定主体适格。有限责任公司以及以发起方式设立的股份有限公司，其章程必须经全体股东或者发起人同意并在章程上签名盖章；以募集方式设立的，章程经创立大会表决通过。

2. 公司章程的生效时间。

（1）公司章程生效时间的不同观点及其评析。公司章程何时生效，国内学者有不同的观点。

第一种观点认为，公司章程应该自股东签字时生效。该种观点强调公司章程的契约性。因为通常情况下，契约自当事人意思表示一致并且不违背法律的强制性规定时生效，而股东在章程上签字盖章就是全体股东意思表示一致的体现。因此，该观点主张公司章程自股东签字时生效。该观点解释以发起方式设立的股份有限公司与有限责任公司章程的生效时间颇为合理。因为有限责任公司与以发起方式设立的股份有限公司的章程的成立要件为全体股东或者发起人必须在章程上签名。全体制定人在公司章程上签字盖章时，就意味着他们关于公司章程的思表示达成了一致。意思表示一致且符合意思表示的其他生效要件，意思表示即生效力。因此，该种观点具有一定的合理性。但是，该种观点却不能解释以募集方式设立的股份有限公司章程的生效时间。因为以募集方式设立的股份有限公司，公司章程的生效必须由创立大会以普通决议通过。

第二种观点认为，公司章程应当自获得登记注册时生效。该种观点将公司的成立与章程的生效混为一谈。在公司成立前，公司的设立人要根据章程进行一系列的发起行为。如果公司章程没有生效，发起人就无法进行发起行为，如果不进行发起行为，公司将难以成立。因此，公司章程的生效一般应在公司成立之前。

第三种观点认为，应该区别对待公司章程的生效时间。该观点认为："公司章程中调整设立公司的投资者之间关系的内容，相当于公司设立协议，可以适用合同法的一般规则，自签字盖章时成立并生效。发起设立公司的投资者均自章程成立时受其约束。章程中调整尚未成立的公司，尚未产生董事、监事、经理以及未来可能加入公司的其他股东的那些内容，则自公司成立时生效。"[1]我们认为，该观点从公司章程的调整对象产生的先后顺序来解释公司章程的生效时间，具有一定的合理性。但是，该观点混淆了公司章程与其调整对象之间的关系。调整某一类现实社会关系的规范总是先于该规范调整的具体对象而生效。因为，只有规范生效，才能调整其所规范的具体对象，而不是具体调整对象的产生与否决定调整该对象的规范生效与否。也就是说，规范肯定要先于其调整对象而生效，调整对象的存在与否不影响规范性文件的生效。

（2）公司章程的生效时间。我们认为公司章程的生效时间因公司以及公司的设立方式的不同而不同。有限责任公司以及以发起方式设立的股份有限公司，章程自全体股东或者设立人在公司章程上签字或盖章时生效。有限责任公司以及以发起方式设立的股份有限公司，由于设立人较少且不向社会公众募集资金，具有较强的人合性质。所以，作为公司成立后的基本自治规范必须由全体发起人同意，发起行为才能继续进行，公司才能正常运转。较强的人合性决定了该章程必须经全体设立人一致同意才能生效。而以募集方式设立的股份有限公司，其章程自创立大会通过时生效。因为根据公司法的规定，以募集方式设立的股份有限公司，创立大会有权表决通过公司章程，而创立大会通过公司章程必须经出席会议的认股人所持表决权的过半数通过。那么，创立大会通过公司章程

专题四

---

〔1〕 赵旭东主编：《公司法学》，高等教育出版社 2003 年版，第 166～167 页。

是不是必然意味着公司章程生效呢？答案是肯定的。因为根据募集设立公司的程序，创立大会通过公司章程后应该进行设立登记，公司经设立登记获得法人资格，而有效的公司章程是公司经登记获得法人资格的前提。如果公司章程在创立大会通过后没有生效，那么，公司设立登记必然无效，从而导致公司不能获得法人资格。因此，公司章程必须在创立大会通过时生效。

（二）公司章程的失效

公司章程的失效包括全部失效和部分失效。全部失效的情形有以下两种：①公司章程因公司的不成立而失效；②因为公司的终止而失效。部分失效主要是指在修改公司章程的情形下，公司章程中被部分修改或废止的内容因为修改程序的完成而失效。

（三）公司章程对人的效力

公司章程对人的效力即公司章程对哪些主体具有拘束力，可分为公司章程的对内效力和对外效力。

所谓公司章程的对内效力是指公司章程对公司以及参加公司管理的人的拘束力。根据我国公司法的规定，我国公司章程的对内效力即公司章程对受约束的主体，包括公司、股东、董事、监事、高级管理人员等的效力。以上主体必须遵守公司章程的规定。

所谓公司章程的对外效力是指公司章程对第三人的对抗力。我国公司法并没有规定公司章程的对外效力。那么，公司章程是否应该有对外效力，学者观点不一，我们认为，公司章程应该有对外效力。理由如下：

1. 公司章程的对外效力可以促进交易效率，保障交易安全，使公司利益和交易相对人的利益达到平衡。现代社会是一个信息高度发达的社会，同时也是一个信息不对称、信息不完全的社会。在法律制度层面，我们的制度设计，一方面要尽可能地促进信息的公开，另一方面则要尽量减少信息的获取成本。只有这样交易的效率才能提高，而公司章程可以达到这一效果。与公司交易时，交易相对人必然要通过各种渠道了解公司的经营状况以及公司信誉。而了解公司信誉和经营状况的最佳途径无疑是查阅公司章程。但是，只有保证查阅公司章程之交易相对人相信公司章程的记载内容是真实的，该交易人才能根据公司章程的记载与公司交易。为此，就必须赋予经过公示的公司章程具有公信力。即推定公司章程的记载事项为真实正确的，凡是相信公司章程记载之人根据公司章程与公司所进行的交易，都受法律的保护，由公司承担章程记载不实的法律后果。由此可见，公司章程的对抗力和公信力，省去了交易相对人花费大量的人力物力去调查公司的经营状况以及信誉，也打消了其怀疑公司章程记载不真实而拒绝与公司交易的疑虑。这样，相对人才能够根据公司章程的记载放心地与公司进行交易。因此，公司章程的公信力可以促进交易效率。公司章程的外部效力在促进交易效率的同时还可达到保护交易安全的目的，力求做到交易效率与交易安全之平衡。既然法律推定公司章程记载事项具有真实性，在公司章程记载与公司实际状况不符的情形下，公司要根据章程的记载对交易相对人承担责任。因此，根据公司章程，与公司进行交易的相对人免除了遭受不测损害的危险，从而保护了交易安全。对公司而言，公司章程一经法定形式公示，任何人都可以通过其了解公司的经营状况。当交易相对人与公司从事与章程内容违背之交易时，其不能以不知道公司章程的记载为由，而向公司提出主张交易行为效力瑕疵的抗辩。因此，公司章程的对抗力可以保护公司的利益。由此可见，公司章程的公信力以及由此所产生的对抗力既可以保证交易安全，又可以保证公司的利益，在交易安全和公司利益之间做到了较好的平衡。

2. 保护股东利益。股东成立公司是为了营利，公司是股东营利的手段。在公司发展的初期，公司的管理和经营实行股东会中心主义。随着社会的发展，股东会中心主义逐渐不适应日益发展的市场经济的要求。公司治理开始由股东会中心主义转变为董事会中心主义，甚至向经理人中心主义转变，以至于出现了经理人革命。伴随着这一转变，公司股东对公司的控制力越来越弱，而公司的经营管理者对公司的控制权越来越强，甚至可以说公司的经营管理实际掌握在公司的经营管理层手中。因此，随着公司控制权由股东会转移到经营管理层，公司的经营管理者为了自己的利益而损害股东利益的趋势日益增强，损害股东利益的现象日益增多。因此，在公司自治的框架内，公司章程被更多地赋予了保护股东利益的使命。即通过公司章程对公司经营管理者的权利进行限制，经过公示的限制管理层的章程条款对第三人具有拘束力。一方面，第三人可以通过查阅公司章程知道管理层的权限范围，保护其利益，进而保护交易安全；另一方面，公司股东可以根据公司章程的公信力和对抗力，在特定情形下，主张管理层之越权行为存在瑕疵。即使公司管理者的越权行为有效，公司的股东还可依公司章程要求公司的管理者承担赔偿责任，以保护其利益。由此可见，在公司所有和公司经营分离的情形下，在公司的股东对公司的控制权日益削弱的背景下，公司章程的对外效力无疑是保护公司股东利益的更佳手段。

（四）公司章程对外效力的具体分析

公司章程对外效力是指公司章程的对抗力。包括公司对第三人的对抗力以及第三人对公司的对抗力。

1. 公司章程对抗第三人的效力。公司章程对抗第三人的效力是指经过法定方式公示的公司章程记载的内容，推定为正确的内容，公司或者股东可以以此对抗第三人，主张不符合章程的法律行为无效或者可撤销。具体而言，公司章程的记载事项一旦经过法定的方式进行公示，就产生了公信力，即推定公司章程记载的内容是正确真实的。因此，当第三人与公司从事了不符合公司章程记载的法律行为时，公司或者股东可以以该行为违背了公司章程的规定为由来主张行为无效或可撤销。当然，瑕疵记载的公示不得对抗第三人，包括虚假公示和错误公示。大陆法系国家在虚假公示的效力问题上态度是极其一致的，即公司虚假公示不得作为对抗第三人的事由，如日本《商法典》第14条规定："因故意或过失而登记不实的事项，不得以与事实不符的事项对抗善意第三人"。即公司不能从虚假登记中获益，不能推翻虚假登记的效力，而主张未登记的事实。只有这样，才能促使公司提供真实的信息，尽量避免提供虚假信息。

2. 交易相对人根据公司章程的记载对抗公司的效力。即公司章程内容经法定公示即可产生使社会公众信赖的法律效力，即便实际情况与章程记载内容不符，交易相对人因信赖章程内容而为的法律行为仍受法律保护。也就是说，当公司的行为与公司章程的记载内容不一致时，与公司交易的相对人可以主张章程的内容是真实正确的，要求公司按照公司章程的记载承担义务。

3. 公司章程对外效力的基础。公司章程对外效力的根据在于商法的公示主义方法，即只有依法进行公示的公司章程才能够产生对抗力。根据商法的公示主义方法，如果对公司章程进行公示，则能够对抗第三人。如果没有进行公示，则不能够产生对抗力。根据我国公司法的规定，设立公司必须登记，而登记时必须提交公司章程。根据我国《公司法》第6条的规定，登记是一种公示方法。因此，只有经过登记的章程内容才能具有公信力，才能产生对抗力。

（五）违背公司章程的法律责任

公司章程是具有最高效力的自治性规范，对公司、董事、监事、股东以及高级管理人员均具有约束力。受公司章程约束的主体如果违背了公司章程的规定，应承担相应的责任。

1. 公司机关的组成人员即公司的董事、监事以及其他高级管理人员违反公司章程的责任。以上主体如果违背公司章程损害公司利益或者股东利益的，应该对公司或股东承担损害赔偿责任。

2. 公司违反公司章程的民事责任。公司违反公司章程的规定其实就是公司机关违背公司章程的规定。因此，公司违反公司章程是指公司机关的行为即公司机关的决议违反了公司章程的规定。根据公司法的规定，如果公司机关的决议违反公司章程的，股东可以请求人民法院撤销相应的决议。但是，公司机关是由董事、监事以及股东组成的，如果在公司决议违反公司章程的同时，公司机关的组成人员也违反公司章程，公司机关的组成人员还应该承担能损害赔偿责任。

3. 股东违反公司章程的民事责任。公司股东违反公司章程给公司或其他股东造成损害的，应该承担民事责任。

【法律链接】

《公司法》第25、38、44、82、91、100、104条。

【思考案例】

山西 A 研究所与陕西 M 有限责任公司合资组建秦晋有限责任公司，在双方协商过程中，双方签有协议。协议约定：A 研究所将其某一专利使用权作为出资，占秦晋公司资本总额的30%。M 公司以资金出资，占秦晋有限责任公司资本总额的70%。经双方努力，秦晋有限责任公司于 2002 年 9 月成立。但在秦晋有限责任公司的公司章程中及验资报告中均载明：A 研究所出资专利，占秦晋有限责任公司总额的30%。M 公司以资金出资，占70%。后在秦晋公司经营过程中，双方发生了分歧。2003 年秦晋公司在组织专家论证加研究的基础上，在 A 研究所出资专利的基础上形成了一项新的技术，获得陕西省科技成果三等奖，并获得国家专利。2004 年 1 月，秦晋公司将该专利许可天津第三人使用。2004 年 3 月，A 研究所以秦晋公司侵犯其专利权为由，将 M 公司起诉于天津中级人民法院。理由为：A 研究所出资仅为专利使用权，而非专利权。设立协议中已经约定，秦晋公司未经其同意，擅自将该专利许可第三人使用，已构成侵权。而秦晋公司认为，A 研究所出资的是专利权，而非专利使用权，这在公司章程也有明确的规定。并且，秦晋公司向天津第三人许可使用的是在 A 研究所的专利技术基础上形成的新的专利技术，故不构成侵权。如果你是法官，如何处理该案件。

专题五

公司的能力

【应用指南】

法定代表人超越公司章程限制行为的效力

（一）公司权利能力以及越权行为的效力

公司的权利能力是指公司作为权利义务主体享有权利承担义务的资格。由于公司的权利能力要受到自然性质、法律以及公司章程的限制，因而公司的权利能力有一定的范围，即公司必须在法律、章程规定的范围内从事经营活动。公司的越权行为是指公司超越法律、公司章程规定的经营范围而进行的行为。公司的越权行为包括两方面，一是公司超出了法律对其经营范围的限制所为之行为，二是公司超越了公司章程对其经营范围的限制所为之行为。

1. 公司超越法律对其权利能力之限制所为越权行为的效力。法律为何要对公司的权利能力进行限制？原因在于为了保护交易安全以及公共利益。而为了满足保护公共利益的需要，法律对于公司权利能力的限制性条款都应该视为强制性条款。否则，法律限制公司权利能力，保护公共利益的目的就无法实现。根据民商法的基本原理，法律行为违背法律强制性规定的应该无效。因此，公司超越法律对其经营范围限制的行为当然无效。

2. 公司超越章程对其经营范围之限制所为行为的法律效力。

（1）公司超越章程对其经营范围限制的越权行为的性质。关于公司超越章程对其经营范围限制的越权行为的性质，有以下几种观点：①权利能力限制说，该说认为目的条款限制公司的权利能力，即法人在目的范围外没有权利能力。②行为能力限制说，该说认为公司的权利能力仅受其自身性质以及法律的限制，公司的目的范围仅能对其行为能力产生限制作用。该说的不足在于其违背了行为能力的本质规定性。行为能力的基础在于行为人的认知能力也即民事主体的意思能力。因此，民事主体的行为能力受到限制就意味着民事主体的意思能力受到限制。而公司越权行为不是公司意思能力受到限制的结果，而恰恰是因为公司对其越权行为有认知能力以及意思能力，才从事越权行为。因此，行为能力受限说不符合行为能力的本质特征。我们无法对公司的认知能力以及意思能力进行限制。③内部责任说，该说认为章程目的条款只是划定了公司机关内部责任，不能够对外产生约束力。内部责任说的不合理之处在于其主张公司的越权行为绝对有效，对第三人利益的保护过于绝对。如果第三人根据公司章程，明知公司超越权限的，该观点依然主张其与公司订立的合同有效，这违背了法律不保护恶意第三人的基本要求。④代表权限制说。该说认为公司章程的目的条款仅限制公司机关的代表权，而不限制公司的权利能力和行为能力。⑤权利能力与行为能力兼顾说，该说认为"越权行为应该兼顾权利能力限制说和行为能力限制说，因为权利能力和行为能力只是一个问题的两个角度而已"[1]。该观点和行为能力受限说存在同样的弊端。

　　通过以上分析，行为能力受限说、内部责任说以及兼顾说存在明显的不合理性。那么，权利能力受限说和代表权受限说哪个更为合理？有学者认为，代表权受限说更为合理，原因在于："代表权限制说克服了权利能力限制说的缺陷，实现了当事人之间的利益平衡"[2]。我们认为，权利能力受限制说与代表权受限制说没有本质不同。权利能力受到公司章程的限制就是公司的经营范围受到限制，而公司的经营范围受到限制就意味着公司机关的权力受到限制，作为公司机关执行人的法定代表人的代表权限会因为公司机关的权力受到限制而当然受到限制。因此，代表人权限受限说是权利能力受限说的表现形式，而权利能力受限说是代表权限受限说的本质原因。

　　（2）公司越权行为的效力。

　　第一，越权行为理论。英美法系早期的法律以及判例认为，公司的活动不能超越其经营范围，否则无效，这便是著名的越权行为理论。越权行为理论有以下弊端：①不利于公司扩大经营范围，及时调整经营方针以适应瞬息变化的市场需求。根据越权行为理论，公司超越其经营范围的行为无效。而公司为了适应市场的变化，要从事其经营范围以外的活动，必须变更公司章程，履行登

---

〔1〕　高再敏：《商法学》，法律出版社 2006 年版，第 235 页。
〔2〕　周友苏：《新公司法论》，法律出版社 2006 年版，第 78 页。

记手续。市场经济的商机稍纵即逝，当公司变更公司章程，履行登记手续完结后，商机也许早已不复存在。因此，越权行为理论不利于公司的经营与发展。②越权行为理论不利于善意相对人的保护。如果越权行为的相对人不知道公司越权，根据越权行为理论的观点，在公司越权从事经济或经营活动时，公司一方面可以取得因公司签订越权契约所获取的利益，另一方面又可以基于公司的越权行为拒绝履行自己的义务。因此，"一个与一家公司签订合同的人，如该合同超越了公司的权力，就无法行使合同的权利，而公司对合同的权利却可得到保障"。[1] 可见，公司越权行为理论建立在对越权行为的相对方极不公平的基础上。另外，即使公司没有从中获利，由于交易行为无效，公司要承担缔约过失责任，而缔约过失责任的赔偿范围要远远小于违约责任的赔偿范围。公司越权与否，公司最应该知道，所以，与公司进行交易的相对人更值得法律保护。由此看来，越权行为理论极不利于交易相对人的保护。③不利于交易安全的保护。如果严格按照越权行为理论，公司的越权行为无效。法律行为无效，其后果是恢复原状。在不存在利害关系人的情形下，恢复原状没有问题。但是，在存在利害关系人的情形下，恢复原状必然要否认越权行为中的相对人与第三人的法律行为的效力，这不利于保护交易安全。在市场经济条件下，第三人就是交易秩序的化身，保护第三人就是保护交易秩序和交易安全。越权行为理论不保护第三人，也就是不保护交易安全。

第二，越权行为的效力。由于越权行为理论存在很大的弊端，英美法系提出以下措施对越权行为理论进行限制：①越权行为交易可因全体股东的普遍认可而有效。追认可以是明示的，也可以是默示的。但作为使越权行为发生法律效力的追认行为，必须经全体股东的一致同意才发生。②禁止反言原则。在交易双方当事人一方已完全履行自己义务的场合，不允许其援引越权原则作为抗辩。只要对方已完全履行自己义务或在公司交易中完全未获得利益，公司不得反言。③在双方当事人均已履行自己的义务时，这种交易应得到保护。这主要适用于土地所有权交易，它是为确保交易的安全而设立的。④如果契约尚未生效，则任何一方可以援引越权行为原则。⑤如果契约部分履行，并且这种部分履行并不足以使禁止反言原则发生效力，则当事人可以提起准契约（quasi - contract）之诉，要求当事人返还其取得的利益。⑥如果公司的代理人在其雇佣

---

[1]　张民安："论公司法上的越权行为原则"，载《法律科学》1995 年第 2 期。

范围内实施侵权行为，公司不得基于该行为为越权而提出抗辩。[1]

但是，以上对越权行为理论所做的限制仍然不能满足社会发展的需要，因此英国和美国先后放弃了越权行为理论。英国1989年《公司法》第108条明确规定公司能力不受公司章程的限制。美国1991年修订的《示范公司法》第3-01、3-02、3-04规定，公司章程可以不记载公司目的，除非公司章程做出限制，否则，根据该法组成的公司将被视为可以从事任何一项合法业务；一般情况下，公司活动的合法性不能以公司缺乏能力而进行抗辩。

在大陆法系，越权行为理论不像英美法系那样具有重要意义以及深远影响力。瑞士、德国等国家的法律认为，除专属于自然人的权利外，法人享有与自然人相同的权利能力，法人的目的范围不构成法人权利能力的限制。大陆法系的其他国家虽然一度承认法人的目的范围受章程的限制，但是最终都放弃了这一原则。

时至今日，无论是大陆法系还是英美法系，原则上都认为法人的越权行为是有效行为。我国关于法人越权行为效力的处理方法与国际一致。我国最高人民法院《关于适用〈中华人民共和国合同法〉若干问题的解释（一）》第10条规定："当事人超越经营范围订立合同，人民法院不因此认定合同无效。但违反国家限制经营、特许经营以及法律、行政法规禁止经营规定的除外。"

（二）公司法定代表人的越权行为及其效力。

1. 公司越权与公司法定代表人越权。我国公司法教材几乎不涉及公司法定代表人的越权行为。原因可能有两个：①可能将公司越权等同于法定代表人的越权；②认为探讨公司法定代表人越权行为的意义不大，所以对其不加讨论。但是，公司法定代表人的越权和公司越权还是有区别的。当公司对其法定代表人的代表权限不加限制时，如果公司越权，也可以看成法定代表人越权。但是，当公司在其经营范围内对公司的法定代表人的代表权加以限制时，他们之间的区分就十分明显。

公司越权是指公司超越章程规定的经营范围从事经营活动，而公司法定代表人的越权是指公司法定代表人超越其代表权限以公司名义从事经营行为。但是，实践中，公司法定代表人的身份具有多重性，表现在以下方面：①公司的法定代表人是自然人，其可以以自己的名义为了自己的利益从事民事活动，或

---

[1] 张民安："论公司法上的越权行为原则"，载《法律科学》1995年第2期。

者可以以公司之名义为自己的利益从事交易行为。②公司的法定代表人可以以公司名义代表公司从事经营活动，该行为的后果由公司承担。因此，要界定法定代表人越权与否，应该首先界定公司法定代表人的行为是代表行为还是非代表行为。根据学界普遍认可的观点，确定法定代表人的行为为代表行为的标准有以下几个：首先，该人具有法定代表人的身份；其次，以公司的名义从事经营活动；最后，法定代表人在其代表权限内以公司的名义进行活动。符合以上条件的行为是公司的行代表行为，由公司承担代表行为的法律后果。

实践中，对法定代表人的代表权进行限制有以下两种方式：①法定限制，是指法律对公司代表人的代表权的限制。②意定限制，是指根据公司的意志对法定代表人之代表权的限制，即公司章程对法定代表人代表权的限制或董事会或股东会决议对法定代表人代表权的限制。因此，我们认为探讨法定代表人的越权行为的效力要以其限制根据为逻辑起点。

2. 公司法定代表人的越权行为之效力。

（1）法定代表人超出法律对其代表权的限制所为经营行为的效力。我们认为，公司法定代表人超越法律对其代表权的限制所为的经营行为无效。理由如下：①法律对法定代表人的代表权进行限制一般都是为了公共利益的需要。这些限制法定代表人代表权的法律必须是强制性规定，这样才能维护公共利益。法律行为违反法律的强制性规定无效，这是毋庸置疑的。②法律对法定代表人代表权的限制都是绝对公开的，应该为任何人所知道。因此，如果法律对法定代表人的权限进行了限制，而法定代表人超越法律对其代表权的限制且与第三人为法律行为，则推定第三人是恶意的，法律不保护恶意的民事主体的利益。因此，该种情形下的越权行为无效。

（2）法定代表人超越公司对其代表权限制之行为的效力。公司对法定代表人的代表权进行限制，主要包括章程的限制以及股东会或董事会决议的限制两种情形。如果公司法定代表人超越公司对其代表权的限制而为经营行为，其效力如何呢？该种情形应该视第三人的善意抑或恶意而定。如果第三人是善意的，公司法定代表人的越权行为有效，即公司应承担法定代表人越权行为的后果；如果第三人是恶意的，该行为无效。如《德国有限责任公司法》第37条及《股份有限公司法》第74条明确规定，公司对董事代表权所加之限制不得对抗善意第三人。我国台湾地区"公司法"第57、85、108条规定，公司代表机关关于公司营业上的一切事务有办理之权，公司对代表机关代表权的限制不得对抗善意第三人。

所谓善意指当事人不知道或者不应该知道某种事项存在与否的主观心理状态，恶意指当事人知道或应当知道的主观心理状态。既然善意或恶意都是行为人的主观心理状态，而外界难以得知交易主体的内心状态，如何判断第三人的恶意与善意？法律对善意和恶意的认定应该规定客观的标准。根据客观化的要求，公司对其法定代表人代表权的限制已经进行公示的，推定越权行为的交易相对人为恶意。反之，则推定其为善意。

绝大部分国家都以登记作为公示方法，并产生公信力。因此，如果公司对其法定代表人的代表权之限制已经登记的，法定代表人超越代表权限与第三人为交易行为，则推定第三人为恶意，该代表行为无效。如果公司对其法定代表人的代表权之限制没有登记，推定第三人为善意，公司法定代表人的越权行为有效，公司承担越权行为的效果。

我国《合同法》第50条规定："法人或者其他组织的法定代表人、负责人超越权限订立合同，除相对人知道或者应当知道其超越权限的以外，该代表行为有效。"由此可见，我国《合同法》规定公司法定代表人越权行为原则上有效。根据该规定，在我国，如果公司以法定代表人超越权限主张合同无效，其应该负担证明第三人恶意的举证责任。如果不能举证证明第三人是恶意的，合同有效。

3. 董事以公司名义对外行为的性质和效力。董事以公司名义对外行为的性质与效力取决于董事在公司机关中的地位与作用，即董事能否作为公司的代表人，以公司的名义进行活动。所谓代表人是指代表公司并执行业务的人，其法律地位属于公司的常设机关。我国称之为法定代表人即依照法律或者组织章程的规定，代表法人行使职权的负责人。董事能否以公司法定代表人的名义进行活动，取决于各国关于公司代表人的确定方式。公司代表人的确定方式有以下几种：①经理人代表制，即规定经理人是公司代表人。②董事代表制，即公司可以自己规定哪些董事可以代表公司，由公司确定的可以代表公司的董事即为公司的代表。③董事会制，即由董事会作为一个集体代表公司，任何一个董事都不能够单独为公司的代表人。④董事长（执行董事）或者经理制，即董事长（执行董事）可以作为公司的代表人，公司经理也可以作为公司的代表人，他们作为公司的代表人，由公司章程来确定。我国采取的第四种做法。

在我国，公司的代表人要么是董事长（执行董事），要么是公司经理。因此，在我国，董事不能以公司代表人的身份进行经营活动。如果公司董事以公司代表人的名义代表公司从事法律行为，应该适用无权代理的规定，即公司董事与相对人的法律行为效力待定。如果公司追认的，该行为对公司产生效力，否则，对公司无效。当然，如果公司董事的无权代理行为符合表现代理的规定的，适用表现代理的规定。

虽然公司董事不能以公司代表人的身份以公司的名义为法律行为，但是公司董事可能在公司中担任一定的职务。因此，董事执行职务的行为，其效力归属于公司。

【理论拓展】

公司的责任能力

（一）公司责任能力

何谓公司的责任能力？有人认为公司的能力是指公司承担侵权损害赔偿的能力与承担刑事责任的能力。但是，绝大部分公司法教材在论述公司的责任能力时仅论述公司的侵权责任能力。有人认为，公司的侵权行为能力是指公司承担因侵权行为所致的损害赔偿的责任能力。[1] 还有学者认为，所谓公司侵权行为能力，又称公司民事责任能力，是指公司对自己的侵权行为应当承担责任的能力。[2] 还有学者认为，公司的侵权行为能力是指公司在其经营范围内进行活动，对别人造成损害的能力。[3] 因此，笔者认为，公司的责任能力是指公司因侵权行为造成他人损害时承担责任的资格。

（二）公司承担侵权责任的构成要件

公司承担侵权行为责任，其行为必须符合公司侵权行为之构成要件。我国学界通说认为公司侵权应当具备三个构成要件：①由能够代表公司执行职务之人所实施；②公司工作人员执行职务时实施；③必须具备侵权行为的一般构成要件。

1. 由能够代表公司执行职务之人所实施。

（1）界定执行职务之人范围的不同观点。对于执行职务之人的范围界定，有以下三种观点。第一种观点认为，执行职务之人必须是公司机关，包括权力

---

〔1〕　赵旭东主编：《公司法学》，高等教育出版社 2003 年版，第 191 页。

〔2〕　周友苏：《新公司法论》，法律出版社 2006 年版，第 84 页。

〔3〕　王保树、崔勤之：《中国公司法原理》，社会科学文献出版社 2006 年版，第 45 页。

机关、执行机关、监督机关以及公司的法定代表人。根据该观点，凡是因执行公司机关在其职权范围内的决议造成的侵权以及法定代表人执行职务造成他人损害的，都构成公司侵权，由公司承担责任。第二种观点认为，执行职务之人必须是公司工作人员。该观点认为：公司机关、公司法定代表人以及与公司存在劳动关系的工作人员都可以成为执行职务的主体。因此，不但公司机关、法定代表人因执行职务侵害他人之行为构成公司侵权，而且与公司存在劳动关系的公司员工执行职务时损害他人之行为也构成公司侵权。第三种观点认为，执行职务之人必须是公司法定代表人及其委托授权的工作人员，包括公司的法定代表人，以及公司法定代表人依一定程序授权的享有法定代理人权限并在该公司工作的人员。

（2）对以上观点的评析。上述第三种观点存在以下不合理之处：①与公司机关的理论相违背，因为其排除了公司监督机关的侵权行为。按照公司机关的组织理论，公司机关包括权力机关、执行机关以及监督机关。执行机关执行权力机关的决议，而公司的法定代表人是行使执行机关权限之人，即代表公司从事经营活动。公司的监督机关不从事经营活动，所以公司的法定代表人不能以监督机关的名义进行活动。监督机关在其职权范围内，直接以公司的名义进行活动，其行为就是公司的行为，如果其执行职务的行为造成侵害，应该由公司承担侵权责任。根据以上分析，该观点实际上排除了监督机关执行职务所造成的公司侵权。不符合公司机关理论。②"公司法定代表人依一定程序授权的享有法定代理人权限并在该公司工作的人员"，难以界定能够代表公司执行职务人员之范围。公司的人员构成复杂，主要包括公司机关的组成人员、公司经理等高级管理人员、与公司有劳动关系的工作人员以及与公司具有雇佣关系的工作人员。以上人员都是该公司的工作人员，能否都把他们界定为公司法定代表人依一定程序授权之人值得商榷。如果都是，那么该观点和第二种观点相差无几；如果有一些应排除在外，应该把哪些排除在外，该观点难以回答。

基于以上理由，我们不采纳第三种观点。那么，第一种观点与第二种观点哪种更为合理？我们认为第二种观点更为合理。理由如下：①该观点可以将现行法律更好地协调起来，符合体系化的要求。如果将公司的侵权行为仅限定于公司机关所为之行为，将公司的其他工作人员的职务行为所造成的侵权界定为非公司侵权，会造成法律体系的不协调。公司员工包括与公司存在劳动关系和雇佣关系的员工两种。根据现行法律，雇员执行职务致人损害由雇主承担责任。

但是，与公司存在劳动关系的公司员工（以下简称公司普通职员）执行职务致人损害，如何承担责任，现行法律没有明文规定。因此，将执行职务的损害行为纳入公司侵权可以补充法律漏洞，更好的实现法律体系的协调。②将公司普通职员执行职务损害他人之行为界定为公司侵权行为，符合公司机关理论。公司为自治之社团，其意志为团体意志，最终还是需要由自然人执行。公司机关的决议是公司意志，而公司普通职员是执行公司机关的决议，执行职务的公司职员之行为就是公司之行为。因此，将其执行职务加害他人之行为定性为公司侵权，是符合公司机关理论要求的。③当代社会，法律发展的趋势是越来越注重保护弱势群体的利益。因公司职员侵权行为而遭受损害的人，相对于公司而言，是受害者，是弱势群体，更应受到法律的保护。相较而言，公司比其职员更具有赔偿能力，因此，将公司普通职员的职务侵权行为界定为公司侵权更有利于受害人的保护，符合现代法律发展的趋势。因此，我们认为，将公司普通职员因执行职务损害他人的行为应界定为公司侵权行为。

由此可见，能够代表公司执行职务之人为公司机关，如权力机关、业务执行机关、监督机关以及与公司存在劳动关系的公司普通职员。实践中，公司业务执行机关的意思由公司的法定代表人行使，因此还应将公司的法定代表人也视为公司机关。以上主体因执行职务损害他人的行为为公司侵权行为，公司应该承担侵权责任。

2. 公司工作人员职务行为的认定标准。公司行为最终都由自然人来完成，而公司工作人员都存在双重身份，那么，如何界定公司工作人员的行为是职务行为还是非职务行为，界定标准是什么等问题，殊值研究。

关于职务行为的认定，有主观说与客观说两种。①主观说认为，应该以法人或者组织或其工作人员的意思为标准，该说又分为两种。第一种观点以公司的授权意思来认定工作人员的行为是否为职务行为。根据该种观点，只有公司机关的组成人员以及职工的行为是按照公司的具体授权从事的行为才是职务行为。第二种观点既以公司的意思又以工作人员的意思来认定职务行为。根据该观点，公司工作人员按照公司的意思所为的行为，或者为了公司的利益所为的行为都是职务行为。②客观说则认为应以行为的外在表现为标准。按照客观说，只要公司工作人员的行为外观上足以让人认为该行为是执行职务的行为，而不问行为人是否是为了公司的利益或者按照公司的意思而从事行为，该行为即为执行职务的行为。

　　到底是采纳客观说还是主观说，我国学界有不同的观点。有学者认为："认定职务行为，应考虑以下几个标准：①行为是否以公司的名义实施，一般来说，不以公司名义实施的行为，不属于公司的行为。②行为是否在外观上足以被认为是执行职务的行为，如果行为在外观上足以被认定为公司行为，无论该行为是否以公司名义实施的，也无论该行为是否已经超越了法律或章程规定的权限，实践中，通常认为该行为属于公司行为。③行为是否与公司职务有密切的联系。公司机关担当人实施的与其公司职务密切相关的行为，一般也认定为公司的行为。"[1] 还有学者认为，执行职务应该视为"公司工作人员所实施的行为与公司职务有密切关系"[2] 也就是说，只要公司的工作人员的行为与其职务有紧密的客观联系，令第三人信赖其在执行公司职务，而无论公司是否真正授权，也无论公司工作人员的行为是否超越了法律、法规、公司章程和公司机关所规定的权限，均构成公司的侵权行为，由公司承担责任。以上两种观点可视为客观说之代表。还有学者认为："公司法定代表人及其委托授权的工作人员必须是在法律规定的公司权限和法定代表人权限内，或委托授权范围内，所实施的加害于他人的行为。"[3] 该观点可视为主观说的代表。

　　主观说和客观说都有一定道理。主观说侧重于保护公司的利益，而客观说更倾向于保护受害人之利益。现在主流观点认为以采取客观说较为妥当。按照客观说，职务行为包括以下几种：①公司法定代表人以及工作人员按照公司机关之意思所从事的行为；②按照外观认定为职务行为；③与执行职务行为有密切关系的行为。与执行职务有密切关系的行为包括一切与公司依照公司意思所执行的职务行为通常相关联的合理事项。此种事项，与执行公司职务之办理事项具有内在之关联，因此公司能够预见，事先可加以防范，并能够计算其损失于整个公司之内而设法分散。

　　3. 具备侵权行为的构成要件。如果要认定公司的法定代表人以及工作人员的职务行为是一般侵权行为，必须符合一般侵权行为的构成要件，即加害行为、损害结果、过失以及因果关系。如果要认定其为特殊侵权行为，则不以故意和过失为要件。

〔1〕　周友苏：《新公司法论》，法律出版社 2006 年版，第 86 页。
〔2〕　赵旭东主编：《公司法学》，高等教育出版社 2003 年版，第 192 页。
〔3〕　王保树、崔勤之：《中国公司法原理》，社会科学文献出版社 2006 年版，第 45 页。

【法律链接】

1. 《合同法》第50条。

2. 《民法通则》第43、121条。

3. 最高人民法院《关于适用中华人民共和国合同法若干问题的解释（一）》第10条 当事人超越经营范围订立合同，人民法院不因此认定合同无效。但违反国家限制经营、特许经营以及法律、行政法规禁止经营规定的除外。

4. 最高人民法院《关于审理人身损害赔偿案件适用法律若干问题的解释》第8条 法人或者其他组织的法定代表人、负责人以及工作人员，在执行职务中致人损害的，依照民法通则第121条的规定，由该法人或者其他组织承担民事责任。上述人员实施与职务无关的行为致人损害的，应当由行为人承担赔偿责任。

属于《国家赔偿法》赔偿事由的，依照《国家赔偿法》的规定处理。

第11条 雇员在从事雇佣活动中遭受人身损害，雇主应当承担赔偿责任。雇佣关系以外的第三人造成雇员人身损害的，赔偿权利人可以请求第三人承担赔偿责任，也可以请求雇主承担赔偿责任。雇主承担赔偿责任后，可以向第三人追偿。

雇员在从事雇佣活动中因安全生产事故遭受人身损害，发包人、分包人知道或者应当知道接受发包或者分包业务的雇主没有相应资质或者安全生产条件的，应当与雇主承担连带赔偿责任。

属于《工伤保险条例》调整的劳动关系和工伤保险范围的，不适用本条规定。

【思考案例】

甲为××公司的法定代表人。平时公司的大小事均由甲做主决定，并以他个人签字为准。2007年5月，甲和北京河源公司签订设备转让合同。合同约定××公司转让给河源公司纺织设备3套，价值人民币60万元。设备交付前河源公司先支付货款20万，其余款项在1年内付清。但是，在设备投入使用后，该履行期限届满，河源公司迟迟不支付余款，并以各种理由推脱。无奈之下，××公司将河源公司诉至法庭。在法庭上，河源公司辩称，由于该设备转让协议是甲以个人名义所为之行为，其并未说明是代表公司，而且合同是由甲签字，并没有加盖公司的公章。甲的行为是个人行为，其主体资格不合格，因此，转让合同无效。如果你是法官，应如何处理？

专题六
公司的资本制度

公司资本制度作为公司法的核心内容之一，贯穿于公司设立、运营和终止的全过程。公司资本制度的安排，直接决定着一国的公司法是否现代化，决定着一国的经济是否具有国际竞争力。但是，公司资本同样是充满法律和实践争议的论题。本专题围绕公司资本低于法定资本最低限额、股东非货币出资的评估与缴纳以及公司资本的分期缴纳等实践问题进行阐述和分析，还对法定资本最低限额的存废以及劳务、信用出资的可行性进行了理论探讨。

【应用指南】

一、公司资本低于法定资本最低限额的法律后果

（一）我国《公司法》规定的注册资本

在我国，公司资本就是指公司的注册资本。注册资本是指必须记载于公司章程，在公司成立时认足，且不得低于最低资本额，并应经过登记的资本。公司资本仅相当于业主资本，即股本，不包括借贷资本。公司资本是一个静态的范畴，在公司注册时得以确定，不随着公司经营发展而变化，故有别于经济学上的动态资本概念。经济学意义上的动态资本指企业的净资产，这个净资产的数额必然随着经营状况的变化而不断变化。

在与公司资本相关法律的应用中，我们应当特别注意注册资本、认缴资本和实缴资本这三个概念的区别。这三个概念的含义差别比较大，注册资本是指在公司登记机关登记注册的资本，认缴资本是指股东承诺缴纳的资本，实缴资本是股东实际缴纳的资本。它们三者之间的关系最能说明资本制度的特点。在授权资本制下，在公司成立之时，注册资本往往大于认缴资本，而认缴资本又往往大于实缴资本。但在法定资本制下，这三者的关系则比较简单，以下结合

我国《公司法》的相关规定，借助这三者之间的关系来说明我国的注册资本制度。

我国《公司法》第26条规定："有限责任公司的注册资本为在公司登记机关登记的全体股东认缴的出资额。公司全体股东的首次出资额不得低于注册资本的20%，也不得低于法定的注册资本最低限额，其余部分由股东自公司成立之日起2年内缴足；其中，投资公司可以在5年内缴足。有限责任公司注册资本的最低限额为人民币3万元。法律、行政法规对有限责任公司注册资本的最低限额有较高规定的，从其规定。"对于一人公司，《公司法》第59条第1款规定："一人有限责任公司的注册资本最低限额为人民币10万元。股东应当一次足额缴纳公司章程规定的出资额。"对于股份有限公司，则区分股份有限公司的设立方式分别予以规定。如果是发起设立，则与有限责任公司相同，即第81条第1款规定："股份有限公司采取发起设立方式设立的，注册资本为在公司登记机关登记的全体发起人认购的股本总额。公司全体发起人的首次出资额不得低于注册资本的20%，其余部分由发起人自公司成立之日起2年内缴足；其中，投资公司可以在5年内缴足。在缴足前，不得向他人募集股份。"《公司法》第84条第1款还规定，以发起设立方式设立股份有限公司的，发起人应当书面认足公司章程规定其认购的股份；一次缴纳的，应即缴纳全部出资；分期缴纳的，应即缴纳首期出资。以非货币财产出资的，应当依法办理其财产权的转移手续。如果股份有限公司采取募集方式设立的，注册资本为在公司登记机关登记的实收股本总额。此外，依据《公司法》第81条第3款的规定，股份有限公司注册资本的最低限额为人民币500万元。法律、行政法规对股份有限公司注册资本的最低限额有较高规定的，从其规定。

从注册资本的上述学理定义和立法规定可以看出，我国的注册资本制度有以下特点：

（1）对不同类型的公司采用不同的法定资本制，但均要求在公司成立时，注册资本被认足。对于有限责任公司和采用发起设立的股份有限公司适用缓和的法定资本制。依据这种资本制，注册资本等于股东的认缴资本，只是对于实缴资本允许分期缴纳。对募集设立的股份有限公司适用严格的法定资本制，注册资本应当等于股东的认缴资本和实缴资本。

（2）无论缓和的法定资本制还是严格的法定资本制，都存在注册资本最低限额的规定。有限责任公司注册资本的最低限额为人民币3万元，一人有限责任公司是 10 万元，股份有限公司是 500 万元。

（3）即使是适用缓和的法定资本制，即允许分期缴纳出资，在公司成立时实缴的注册资本也必须达到法定的注册资本最低限额。这主要体现在我国《公司法》对有限责任公司的规定中。我国《公司法》第 26 条第 1 款规定："有限责任公司的注册资本为在公司登记机关登记的全体股东认缴的出资额。公司全体股东的首次出资额不得低于注册资本的 20%，也不得低于法定的注册资本最低限额，其余部分由股东自公司成立之日起 2 年内缴足；其中，投资公司可以在 5 年内缴足。"这也就是说，如果有限责任公司的股东采用分期缴纳出资，那么首次出资额必须同时满足两个条件：一是在比例上不得低于注册资本的 20%；二是在公司成立时的实缴资本必须达到法定资本最低限额，即 3 万元，也就意味着注册资本至少是 15 万元。但是对于股份有限公司，我国《公司法》第 81 条规定："股份有限公司采取发起设立方式设立的，注册资本为在公司登记机关登记的全体发起人认购的股本总额。公司全体发起人的首次出资额不得低于注册资本的 20%，其余部分由发起人自公司成立之日起 2 年内缴足；其中，投资公司可以在 5 年内缴足。在缴足前，不得向他人募集股份。"其中并没有要求公司成立时实缴资本必须达到法定资本最低限额。

（二）注册资本的法定最低限额

依据我国《公司法》第 26、59、81 条的规定，我国的公司注册资本有最低资本限额的规定。公司资本最低限额制度的意义主要体现在以下三个方面：

1. 保护公司债权人利益。公司资本制度的建立促成了公司的独立人格、独立责任，成就了股东的有限责任，阻隔了股东对公司债权人的责任。然而公司责任的独立与股东责任的有限性势必会将经营的风险转嫁给债权人。如果这个问题处理不好，将影响整个社会的交易安全并导致信用问题。显然，立法者希望通过规定公司的注册资本法定最低限额制度来确保公司有一笔对债权人承担责任的资产，由此来约束公司设立行为的随意性。

2. 方便对公司的设立行为进行管理。在我国这样的缓和或严格法定资本制度模式下，划定注册资本的最低限额，实际上设置了一个市场准入的门槛，能够有效地防止公司滥设行为，方便对公司设立行为的国家控制。

3. 维持公司资本的充实，防止股东滥用公司人格和股东有限责任。注册资本最低限额的规定也是资本维持原则的要求。任何一个公司，无论其注册资本额具体是多少，但它至少应当具有符合最低限额要求的注册资本。这样，任何一个公司的注册资本都可以成为对债权人利益保护的最低限额。

（三）公司资本低于法定最低限额的处理

对于公司资本低于最低资本额的法律后果，应分为两种不同的情况加以讨论：

1. 公司设立时的实收资本低于法定最低资本额的法律后果。1994年3月30日最高人民法院《关于企业开办的其他企业被撤销或者歇业后民事责任承担问题的批复》第1条第2款规定："企业开办的其他企业已经领取了企业法人营业执照，其实际投入的自有资金虽与注册资金不符，但达到了《中华人民共和国企业法人登记管理条例实施细则》第15条第7项或者其他有关法规规定的数额，并且具备了企业法人其他条件的，应当认定其具备法人资格，以其财产独立承担民事责任。但如果该企业被撤销或者歇业后，其财产不足以清偿债务的，开办企业应当在该企业实际投入的自有资金与注册资金差额范围内承担民事责任。"该批复还规定："企业开办的其他企业虽然领取了企业法人营业执照，但实际没有投入自有资金，或者投入的自有资金达不到《中华人民共和国企业法人登记管理条例实施细则》第15条第7项或者其他有关法规规定的数额，或者不具备企业法人其他条件的，应当认定其不具备法人资格，其民事责任由开办该企业的企业法人承担。"据此规定，可以得出以下结论：

（1）公司已经注册登记并满足《民法通则》关于法人成立条件有关规定的，法律认可公司具有的法人资格。

（2）当公司设立时的实收资本达到法定最低资本额的，即使注册资本不实或不到位，只要符合法人其他成立条件的，公司仍具备法人资格。企业作为独立的商事主体，有可供支配的独立财产，可首先以其财产承担责任，出资人仅在注册资本与公司实际投入的自有资本的差额范围内承担有限的民事责任。

（3）公司设立时的实收资本未达法定最低注册资本额的，不因此而影响其与债权人订立合同的效力。如果公司设立时的实收资本未达法定最低注册资本额的，应认定该公司不具备法人资格，但公司毕竟是现实地存在的，出于对债权人利益的保护，不因此而否定其与债权人合同的效力。最高人民法院《关于对注册资金投入未达到法规规定最低限额的企业法人签订的经济合同效力如何确认问题的批复》指出，这类企业法人被吊销企业法人营业执照之前签订的经济合同，不宜因其注册资金未达到法规规定的最低限额而确认无效。可见，公司实缴资本额是否达到公司法规定的注册资本最低限额至今仍是承认或否定公司法人人格的基本标准，但考虑到对债权人利益的保护，不因此而否定其与债权人合同的效力。

2. 已经有效成立的公司的资产低于法定资本最低限额时的法律后果。对此，公司法尚未给出直接、明确的结论。从比较法的角度来看，有些国家，如法国、意大利和西班牙等国的法律规定，当公司因财产损失导致其净资产低于规定的法定资本最低限额要求时，则必须重新注资或者重组为法定资本要求不高于其净资产的公司形式。如果公司不及时重新注资或重组，则或者规定公司解散，或者规定董事承担个人责任。也就是说，在这些国家，公司的净资产如果低于法定资本最低限额，公司将不能以原来的结构继续有效存续。这种做法显然将法定注册资本最低限额制度对债权人利益的保护意义发挥到了极致，但是，在我国，如果公司净资产低于法定资本最低限额，却不能引发注资、重组或解散清算的法律后果。这是因为以下两点原因：

（1）从公司法的相关原理看，在公司净资产低于法定资本最低限额的情况下，不宜强行规定应对公司注资、重组或解散清算。公司净资产低于法定资本最低限额的原因是多方面的，既有正常的商业经营风险，也有其他原因。如果立法强制要求只要公司净资产低于法定资本最低限额就必须对公司注资、重组或解散清算，无异于对公司制度的基石——有限责任予以了否认。同时，这种做法也不利于公司治理的正常运行。如果一旦公司净资产低于法定资本最低限额就要求公司注资、重组或解散清算，那么一部分股东就可能利用这一规则排除资金受限的股东。特别是在公司资产负债表中的所有者权益为零的场合，不能或不愿继续出资的股东将在重组中失去股东地位。此外，公司净资产是否低于法定资本最低限额的判断标准实际上是一种数据的比较，而实践经验往往说明，有相当一部分公司在公司资产负债表上的净资产确实已经低于法定资本最低限额的要求，但其经济价值却远高于法定资本最低限额的公司。最后，从商事营业维持原则看，不宜轻易对公司实行解散和清算。任何一个商主体的终结都不可避免地对公司的相关利害人造成损害，导致公司名称、特许权、客户网络、商业信誉、人力资源等目前还不能显示在资产负债表中的实际利益的丧失。

（2）根据《公司法》的相关规定，公司净资产低于法定资本最低限额不能导致公司注资、重组或解散清算的法律后果。《公司法》第181条规定："公司因下列原因解散：①公司章程规定的营业期限届满或者公司章程规定的其他解散事由出现；②股东会或者股东大会决议解散；③因公司合并或者分立需要解散；④依法被吊销营业执照、责令关闭或者被撤销；⑤人民法院依照本法第183条的规定予以解散。"《公司法》第183条规定："公司经营管理发生严重困难，继续存续会使股东利益受到重大损失，通过其他途径不能解决的，持有公司全部股东表决权10%以上的股东，可以请求人民法院解散公司。"可见，在我国，《公司法》规定的公司解散事由并不包括公司净资产低于法定最低注册资本额。而《公司法》第101条第2项规定的"公司未弥补的亏损达实收股本总额1/3时"是应当在2个月内召开临时股东大会的法定事由。因此，当公司因亏损不满实收股本总额的1/3时，公司应当在法定期间内召开股东会，讨论是否解散公司或者采取其他措施，但法律并未强制公司解散或者采取其他措施。这就说明，公司法将公司净资产低于法定资本最低限额所引发问题的解决诉诸公司自治，而不是法律管制。因此，该规定当然应该类推适用于公司资本因损失而已低于公司法定资本最低限额要求场合。对公司法的这一解释，也获得了新破产法的支持。根据2006年《企业破产法》第7条的规定，在企业法人不能清偿到期债务，并且资产不足以清偿全部债务或者明显缺乏清偿能力的情况下，债务人向人民法院提出重整、和解或者破产清算申请属于债务人的权利，而不是义务。也就是说，在公司出现财务危机场合，法律一贯的精神只是启动相应的应对机制，重新平衡公司各当事方的行为动机，指出公司当下决策应予考虑的因素、可以选择的应对措施，而不是锁定公司具体的行为模式，更不能越俎代庖替公司作出具体的决定。相应地，公司出现此等情形时，根据公司法第101条，董事会有义务召集临时股东大会，讨论应对措施。《公司法》第148条第1款规定："董事、监事、高级管理人员应当遵守法律、行政法规和公司章程，对公司负有忠实义务和勤勉义务。"因此，如果在这种情况下，董事不召集临时股东大会，就构成对勤勉义务的违反；对应当承担责任的董事，应当依据《公司法》第150条对公司承担赔偿责任。

二、股东非货币资产出资的评估与缴纳

（一）公司出资制度概述

出资是指股东（包括发起人和认股人）在公司设立或者增加资本时，为取得股份或股权，根据法律和章程的规定或协议的约定，向公司交付财产或履行其他给付义务。公司资本来源于股东的出资，全体股东出资的总和就是公司的资本总额。出资是股东最基本的义务，对出资的各种法律规定和要求构成了系

统的股东出资制度[1] 股东的出资关系到股东、公司和债权人的利益。对股东而言，股东出资一方面是股东对公司承担投资风险的界限，同时也是股东对公司事务所享有的权利的基础。对公司而言，股东出资是公司设立和存续的物质基础，出资是否适当与公司日后能否正常运转息息相关。对公司债权人而言，股东出资是公司对其债权人承担责任的原始信用基础。另外，股东的出资方式亦关系到投资者可以以何种财产进行投资，从而影响到社会经济的发展。股东出资制度与公司资本制度紧密相连，没有严格的股东出资制度，就无法建立真正的公司资本制度。

（二）非货币出资的具体类型

股东既可以用货币出资，也可以用非货币出资。非货币出资也称"现物出资"。股东以非货币出资，一般是指有限责任公司的初始股东、股份有限公司的发起人，作为取得股份的对价而提供金钱以外的财产。到底哪些非货币的财产可以用于出资，是非货币出资问题首先应当解决的问题。

在不同国家，由于立法者的选择，可用于出资的非货币出资物，在范围上存在差别。《欧盟公司法第二号指令》第7条采取排他模式，即明确将完成工作或提供劳务的承诺排除在出资形式之外，规定可用于出资的非货币财产应具有经济评估的可能性。英国在闭锁公司与公开公司之间设立了两套规则，公开公司不得以劳务出资，而闭锁公司较为宽泛，在1985年《公司法》就非现金出资标的设定了能够作为经济评估的财产的一般限制[2] 美国《示范公司法》采取了一种不设限制的态度，任何有形或无形财产、给予公司的利益均可作为股份对价，包括期票、已提供的服务、提供服务的契约或其他公司的证券等。接受何种对价，完全由董事会根据商业实践的需要自行判断[3] 这就使得非货币出资财产的范围几乎无所不包。

我国原《公司法》第24条规定除现金外，只能用实物、工业产权、非专利技术、土地使用权出资，这是一种强硬的出资类型制度，法律严格限制了非货币财产出资的范围，属于列举式的立法模式。修订后的新《公司法》第27条第1款规定，除了可以用实物、知识产权、土地使用权出资外，还可以"……用货

---

〔1〕 赵旭东主编：《公司法学》，高等教育出版社2006年版，第260页。

〔2〕 虞政平：《股东有限责任——现代公司法律之基石》，法律出版社2001年版，第167~170页。

〔3〕 傅穹：《重思公司资本制原理》，法律出版社2004年版，第110~111页。

专题六

币估价并可以依法转让的非货币财产作价出资；但是，法律、行政法规规定不得作为出资的财产除外"。这种修改体现在三个方面：①用知识产权替代原有的工业产权。知识产权的外延比原公司法的"工业产权"范围更为宽泛，具体类型则由相关知识产权法律规定。②出资形式具有开放性，"实物、知识产权、土地使用权等"的规定显然说明实物、知识产权、土地使用权之外的财产也可以用于出资。③对非货币出资的总体要求是"可以用货币估价并可以依法转让"，并且非货币出资应当符合法律的要求。我国 2006 年 1 月 1 日起施行的修改后的《公司登记管理条例》第 14 条规定："股东的出资方式应当符合《公司法》第27 条的规定。股东以货币、实物、知识产权、土地使用权以外的其他财产出资的，其登记办法由国家工商行政管理总局会同国务院有关部门规定。股东不得以劳务、信用、自然人姓名、商誉、特许经营权或者设定担保的财产等作价出资。"因此，除了货币出资以外，非货币形式的出资依然受到限制，即"劳务、信用、自然人姓名、商誉、特许经营权或者设定担保的财产等"目前还不能作价出资。有实务界的人士指出，"可以用货币估价"的含义包括四点：①在出资时点已经具有确定的商业价值；②能够形成有效资产并对企业的持续经营具有商业价值；③在出资股东转让其所持公司股权时，其出资资产的价值对公司没有影响；④在清算时该等资产仍然具有商业价值。[1] 这种观点对于确定非货币出资的具体类型很有指导意义。此外，非货币出资还应当满足公司的经营需要。例如有学者指出，现物出资的评判标准应当包括四个，即确定性、价值物的现存性、价值评估的可能性、具有公司目的框架内的收益能力和可独立转让性。其中"具有公司目的框架内的收益能力"就是指现物出资应当满足公司的需要、对公司具有实益。[2] 本书赞同以上观点，因此，非货币出资必须是可以用货币估价、可以转让并且为公司所需的财产，目前应当包括如下几类：

1. 实物。实物即指以民法中的有形物出资，具体包括机器设备、原料、机动车等。《公司登记管理条例》明确将"设定担保的财产"排除在外，因此能够用于出资的只能是没有设定担保的实物。

2. 知识产权。知识产权的范围比较广泛，类型多样。用于出资的知识产权

専題六

---

〔1〕 龚志忠："出资方式的多样性不可忽视——谈可以用货币估价并可以转让的非货币财产的出资方式及相关司法解释建议"，载《中国律师》2007 年第 9 期。

〔2〕 冯果："股东现物出资若干问题研究"，载《中国法学》1999 年第 6 期。

既可以是作为财产权整体的知识产权，也可以仅仅是知识产权的许可使用权。但都应当是经全体股东同意的，能以货币估价并依法转让的知识产权。

3. 土地使用权。土地使用权作为出资形式有以下几点要求：①不得设有担保，因为《公司登记管理条例》第14条明确规定设定担保的财产不得用于出资；②必须满足可以估价和可以转让的条件要求；③必须符合国家对土地使用权转让的行政法规的要求。

此外，《公司法》还没有将农村的土地承包经营权列为可以出资的权利，因此这种权利能否用于出资还应当取决于其他法律的规定。而我国《物权法》第129条仅规定了两种土地承包经营权的流转方式，即"土地承包经营权人将土地承包经营权互换、转让"。第133条就以招标、拍卖、公开协商等方式取得的"四荒地"等土地资源承包经营权允许"入股"。该条规定："通过招标、拍卖、公开协商等方式承包荒地等农村土地，依照农村土地承包法等法律和国务院的有关规定，其土地承包经营权可以转让、入股、抵押或者以其他方式流转。"因此，土地承包经营权能否作为公司的出资形式还有待立法的进一步明确。

4. 债权。对于债权能否作为出资形式，在旧《公司法》的修订过程中争论良久。因为债权出资能否真正实现其所指代的利益并不确定。新《公司法》第27条并未明确规定债权能否作为出资，但《公司登记管理条例》未予以明确禁止。因此，债权能否作为出资，应当按照能否"用货币估价并可以依法转让"的要求来进行判断。债权是否具有可估价性应当按照实际情况进行判断，而能否依法转让则应当依据《合同法》关于债权转让的规定来予以判断。根据《合同法》第79条的规定，债权人对于按照合同性质或是当事人的约定不得转让的债权，以及依照法律规定不得转让的债权均不得转让。因此，诸如人身损害赔偿请求权、抚恤金以及其他依其性质或约定或法律规定不得转让的债权就不得用于出资。由于债权出资具有不确定性，对其能否实现以及实现的程度就需要恰当的评估方法。有学者主张可以结合我国《公司法》所采用的缓和的法定资本制来解决债权出资的评估问题，即股东在出资时约定，用作出资的债权必须是即时能够实现的债权；如果不是即时能够实现的债权，也必须是在2年内能实现的债权，而且股东应当对该债权的价值提供担保，如果2年内无法实现或无法全部实现，则依据我国《公司法》第28条第2款的规定，股东不按照前款规定缴纳出资的，除应当向公司足额缴纳外，还应当向已按期足额缴纳出资的股东承担违约责任。此外，我国《公司法》第31条规定："有限责任公司成立后，发现作为设立公司出资的非货币财产的实际价额显著低于公司章程所定价额的，应当由交付该出资的股东补足其差额；公司设立时的其他股东承担连带责任。"所以，在公司成立后，该股东依然担负着"补足其差额"即继续履行责任，并且公司设立时的其他股东应当对此承担连带责任。[1]

5. 股权。股权的出资实际上是出资者将对另一个公司的股权转让给新成立的公司。经过多年的商业实践，目前对于股权都可以进行评估作价，即使是对股价波动较大的上市公司，其股份也有行之有效的估价方法；只要是允许转让的股权就应当允许其作为出资形式投入其他公司。我国《公司法》对于股权转让的限制比较多，如《公司法》第72条对有限责任公司股权转让的限制、第142条对发起人和公司董事、监事、高级管理人员所持股份转让的限制等。此外，由于股权出资的风险比较大，还有一些地方性法规对此做出了特别的限制，在实际股权出资中应当遵守。例如，《股权投资登记管理办法》第3条规定："投资人以股权投资时必须对股权的价值进行评估……"第5条规定："投资人以股权投资时，应由律师事务所对用于投资的股权出具权属完整、不存在纠纷、可以投资的法律意见书。"第10条规定："公司注册资本未全部缴清，未办理财产转移手续，股权被质押或被法院冻结的，投资人不得以其持有股权投资。"这些地方性法规虽然还比较笼统，但对于防止投资者以严重偏离真实价值的股权出资，还是有一定的屏障作用的，也有助于实现资本确定原则。[2]

（三）非货币出资价值的评估

1. 非货币出资财产评估的必要性。与货币出资相比，股东非货币资产出资的价格具有非直观性。非货币财产是以物质或者权利的形态表现出来的，所以，为了确定它们在出资时所具有的财产价值，就需要对其进行评估作价，并对财产进行核实。并且由于出资时移转财产权属的手续繁琐，因而对非货币出资的财产价值容易高估，也容易出现出资不到位等问题。因此，各国在允许非货币出资的同时，往往需要对非货币出资设置严格的规制措施，强调非货币出资应当经过公示、审查、评估、承认等特别程序。但是，无论各国规制措施有何不同，任何形式的非货币财产出资都必须进行评估并折算为现金，以此作为给付股份或确定其出资额的依据。所以对非货币财产的评估作价，不仅是一个法律

[1]　参见张勇健："新《公司法》的先进理念与公司诉讼"，载《法律适用》2006年第1期。
[2]　赵旭东：《新公司法实务精答》，人民法院出版社2005年版，第72页。

问题，更是一个资产评估方面的专业问题。我国《公司法》第 27 条第 2 款规定："对作为出资的非货币财产应当评估作价，核实财产，不得高估或者低估作价。法律、行政法规对评估作价有规定的，从其规定。"

2. 非货币财产的评估机构。与货币出资不同，非货币出资的财产价值必须依赖人的主观评价。而不同的人，基于不同的立场，使用不同的方法，会对同一项出资做出不同，甚至差别很大的价值判断。同时，非货币出资的财产价值又具有较强的变动性，除其自身可能发生的自然增值或贬值、毁损外，因时间、地点和其他外界因素、环境的变化，也会引起非货币出资财产价值的重大变化。但是公司资本却是通过货币数量来计算的，因此，非货币出资通常要在确定一个具体日期的基础上由依法设立的资产评估中介机构进行评估作价。这些出资的评估必须以客观、真实、准确为原则，不得进行不符合实际的过高或过低估价，以保护股东和公司的合法权益。我国新《公司法》第 27 条规定，对作为出资的非货币财产应当评估作价，核实财产，不得高估或者低估作价。该条虽未规定评估应当由评估机构来评估，但财政部于 2006 年 3 月 15 日在《关于〈公司法〉实行后有关企业财产处理问题的通知》第 1 条指出："根据《公司法》第 27 条的规定，企业以实物、知识产权、土地使用权等非货币资产出资设定公司的，应当评估作价，核实资产。国有及国有控股公司以非货币资产出资或者接受其他企业非货币资产出资，应当遵守国家有关资产评估的规定，委托有资格的资产评估机构和执业人员进行；其他的非货币资产出资的评估行为，可以参照执行。"因此，目前对于国有及国有控股公司以非货币资产出资或者接受其他企业非货币资产出资，强制性地要求应由有资格的资产评估机构和执业人员进行，而除此以外的情形是"参照执行"。也就是说其他公司未必一定要委托法定的评估机构进行评估，也允许当事人自行对非货币出资进行评估。但我国《公司法》并未对股东的自行评估及其监督问题进行规定，为了避免产生纠纷，实务操作中还是建议通过专门的评估机构对非货币财产进行评估作价较为妥当。

3. 对非货币出资财产价值的确定。如果由专门的评估机构对非货币出资财产的价值进行评估，就要按照具体的评估规则加以确定。实践中，应根据不同的评估目的、评估对象，选用不同且最适当的价格标准。对投入同一公司的同类资产，应当采用同一价格标准评估。常用的资产评估标准有以下三种：①现行市价法。即通过市场调查，选择一个或多个与评估对象相同或类似的资产作为比较对象，分析比较对象的成交价格和交易条件，进行对比调整，估算出资产的价值。②重置成本法。即在现时条件下，被评估资产全新状态的重置成本减去该项资产的实体性贬值、功能性贬值和经济性贬值来估算资产的价值。用重置成本法进行资产评估的，应当根据该项资产在全新情况下的重置成本，减去按重置成本计算的已使用年限的累积折旧额，考虑功能变化、成新率（被评估资产的新旧程度，如八成新、六成新）等因素，评定重估价值；或者根据资产的使用期限，考虑资产功能变化等因素重新确定成新率，评定重估价值。③收益现值法。收益现值法是将评估对象剩余寿命期间每年（或每月）的预期收益，用适当的折现率折现，累加得出评估基准日的现值，以此估算资产价值的方法。收益现值法通常用于有收益企业的整体评估及无形资产评估等。用收益现值法进行资产评估的，应当根据被评估资产合理的预期获利能力和适当的折现率，计算出资产的现值，并以此评定重估价值。

根据我国《公司法》第 27 条的规定，非货币出资应当经过评估作价，那么，股东是否必须接受评估机构确定的价格呢？新《公司法》和相关规定并未给出答案，实践中也往往会产生争议。笔者认为，评估机构承担着依法如实评估的义务，如有违反则应当承担相应的民事责任和行政责任。但对于非货币出资财产的价值确定，评估机构的评估结论只是一个参考意见，它最终应当得到股东的认可。股东应当在发起人协议中将有关非货币出资的评估以及对评估结论的处理意见进行约定。资产评估结果只能是参考性的，不是买卖的依据，买卖的依据还是交易双方确定的价格。任何市场价格只有依当事人协议才产生，而不能由评估机构评估出来强加给当事人。

4. 对非货币出资财产出资的缴纳。对于股东非货币资产出资的缴纳，《公司法》第 28 条规定："股东应当按期足额缴纳公司章程中规定的各自所认缴的出资额。股东以货币出资的，应当将货币出资足额存入有限责任公司在银行开设的账户；以非货币财产出资的，应当依法办理其财产权的转移手续。股东不按照规定缴纳出资的，除应当向公司足额缴纳外，还应当向已按期足额缴纳出资的股东承担违约责任。"第 29 条规定："股东缴纳出资后，必须经依法设立的验资机构验资并出具证明。"第 30 条规定："股东的首次出资经依法设立的验资机构验资后，由全体股东指定的代表或者共同委托的代理人向公司登记机关报送公司登记申请书、公司章程、验资证明等文件，申请设立登记。公司成立后，股东不得抽逃出资。有限责任公司成立后，发现作为设立公司出资的非货币财产的实际价额显著低于公司章程所定价额的，应当由交付该出资的股东补足其差额；公司设立时的其他股东承担连带责任。"发起人股东的这一资本充实责任是法定责任，不得以发起人协议的约定、公司章程规定或股东（大）会决议免除。

三、公司资本的分期缴纳

（一）允许对公司资本分期缴纳的具体情形

新《公司法》第 26 条第 1 款规定："有限责任公司的注册资本为在公司登记机关登记的全体股东认缴的出资额。公司全体股东的首次出资额不得低于注册资本的 20%，也不得低于法定的注册资本最低限额，其余部分由股东自公司成立之日起 2 年内缴足；其中，投资公司可以在 5 年内缴足。"第 59 条第 1 款规定："一人有限责任公司的注册资本最低限额为人民币 10 万元。股东应当一次足额缴纳公司章程规定的出资额。"第 81 条第 1 款规定："股份有限公司采取发起设立方式设立的，注册资本为在公司登记机关登记的全体发起人认购的股本总额。公司全体发起人的首次出资额不得低于注册资本的 20%，其余部分由发起人自公司成立之日起 2 年内缴足；其中，投资公司可以在 5 年内缴足。在缴足前，不得向他人募集股份。"第 84 条第 1 款规定："以发起设立方式设立股份有限公司的，发起人应当书面认足公司章程规定其认购的股份；一次缴纳的，应即缴纳全部出资；分期缴纳的，应即缴纳首期出资。以非货币财产出资的，应当依法办理其财产权的转移手续。"由此可见，设立有限责任公司和采用发起设立的股份有限公司时，注册资本总额必须一次性发行、全部认足，但允许分期缴纳；设立一人有限责任公司和采用募集设立的股份有限公司时，资本总额必须一次性发行、全部实际缴足，而不允许分期缴纳。

需要强调的是，我国修改后的资本制即使允许分期缴纳出资，也依然属于法定资本制。法定资本制的主要特点是资本或股份的一次发行，而不是一次缴纳。但在授权资本制下，资本则允许分期发行，而不是法定资本制的一次发行、分期缴纳。当然，在股东出资缴纳方面，授权资本制与法定资本制都允许认股人就其认购的部分，一次缴纳或分期缴纳。只不过采用授权资本制的公司法，对于如何分期发行、分期缴纳出资，往往由董事会按照商业判断准则来加以确定。此外，在折中资本制下，往往也允许分期缴纳出资。因此也有学者主张我国的资本制属于折中资本制。应当说，折中资本制同时具有法定资本制和授权资本制的某些特征，如该种资本制改变了法定资本制要求股东一次全部认足资本的强制性规定，允许公司发行授权资本。但与英美授权资本制不同的是，折中资本制往往对授权发行的期限加以限定。即在公司设立时，不必将全部资本认足，而是授权董事会可以随时发行，但此种发行权限须在一定时期内行使；并且首期发行数额不得少于资本总额的一定比例。本书之所以坚持认为我国的资本制是法定资本制而不属于折中资本制，根本原因就在于我国《公司法》对所有的公司，无论是否允许分期缴纳出资，都要求在公司成立时，公司的股份都必须全部发行并由股东全部认足，这与折中资本制下允许董事会按照经营需要随时发行公司资本显然是不同的。

（二）公司资本允许分期缴纳的现实意义

新《公司法》对除一人有限责任公司和采用募集方式设立的股份有限公司之外的公司，都允许采用分期缴纳出资，从而形成了我国较有特色的缓和法定资本制。该制度的引入在一定程度上克服了原来不区分公司类型，而统一要求一次、足额缴纳出资的严格法定资本制的缺陷，并对允许采用分期缴纳出资的公司设立产生了巨大的现实意义：①设立人不需要一次性全额缴纳注册资本，降低了公司设立的难度，使得更多的公司可以加入到市场中来，增强市场的活力。②使公司资本闲置、浪费的问题得到一定程度的缓解。设立人可以自行决定在 2 年的期限内何时缴纳完剩余的资本，一些在公司成立初期的经营中用不上的资本得以在延后缴纳，增加了资本利用的效率，减少了浪费，使资源的配置更加合理化。③解决了中外企业差别对待的矛盾，中资企业与外资企业同为分期缴纳的法定资本制，使得中外企业能在更加公平的法律环境中竞争，也符合 WTO 关于国民待遇原则的要求。[1] 相比之下，对一人公司和采用募集方式设立的股份有限公司来说，由于注册资本承担了更多对债权人利益保护的责任，因此依然采用严格的法定资本制。这种规定同样也适合中国的实际需要。

（三）公司资本分期缴纳中的实践问题及应对措施

允许采用分期缴纳出资的公司，在股东依法缴纳首次出资后，公司就可以成立。如果股东不按照约定缴纳后续出资，则应当区分以下不同情况进行处理：

1. 已经如约缴纳出资的股东可以向未缴纳后续出资股东追究违约责任。《公司法》允许股东分期缴纳出资，同时对股东的诚实信用义务也提出了较高的要求。如果股东不依约出资，就违背了股东之间的出资协议，因此，已经如约

专题六

---

〔1〕　赵旭东主编：《新旧公司法比较分析》，人民法院出版社 2005 年版，第118 页。

缴纳出资的股东有权向未缴纳后续出资的股东追究违约责任。

2. 公司有权向未如约缴纳出资的股东追究资本充实责任。我国《公司法》第 31 条规定："有限责任公司成立后，发现作为设立公司出资的非货币财产的实际价额显著低于公司章程所定价额的，应当由交付该出资的股东补足其差额；公司设立时的其他股东承担连带责任。"该规定虽然是对非货币出资瑕疵的应对措施，但也应当适用于未按期缴纳货币出资的股东。未按期缴纳后续出资，不仅违反了出资人协议和公司章程，同时损害了公司的利益，公司自然有权要求其承担继续出资的义务，并有权要求公司设立时向其他股东对此承担连带责任。

3. 未按期缴纳后续出资义务的股东，其股东权的行使受到一定的限制。股东权，包括自益权和共益权，都应当按照股东的实际出资来计算，而不是按照认缴的出资额来计算。例如，《公司法》第 43 条规定："股东会会议由股东按照出资比例行使表决权；但是，公司章程另有规定的除外"。此处的出资比例在涉及股东权行使时，应当解释为实际缴纳的出资。只有这样，才能使股东的股东权事实上受制于其出资，督促股东如约履行其出资义务。详细阐述见专题八"股东的出资义务"。

4. 全部股东都不按照约定缴纳后续出资，应当由公司登记机关对其行政处罚。我国《公司法》第 26、81 条规定允许股东分期缴纳出资，但是，如果部分或者全部股东都没有缴纳后续出资，按照《公司法》第 200 条的规定，公司的发起人、股东虚假出资，未交付或者未按期交付作为出资的货币或者非货币财产的，由公司登记机关责令改正，处以虚假出资金额 5% 以上 15% 以下的罚款，即应当追究股东出资不实的行政责任。

5. 在符合公司法人格否认的情形下，债权人有权主张股东的无限责任。我国《公司法》第 20 条规定："公司股东应当遵守法律、行政法规和公司章程，依法行使股东权利，不得滥用股东权利损害公司或者其他股东的利益；不得滥用公司法人独立地位和股东有限责任损害公司债权人的利益。公司股东滥用股东权利给公司或者其他股东造成损失的，应当依法承担赔偿责任。公司股东滥用公司法人独立地位和股东有限责任，逃避债务，严重损害公司债权人利益的，应当对公司债务承担连带责任。"该规定即确立了我国的公司法人格否认制度。如果有股东不如约履行后续出资义务，其损害的是公司的资本维持原则，如果符合上述的公司法人格否认的规定，那么公司债权人有权要求全体股东承担无限连带责任。在股东向债权人承担责任后，有权向未如约缴纳出资的股东进行追偿。

6. 对于分期缴纳出资的股份有限公司，在缴足注册资本前，不得向他人募集股份。我国《公司法》第81条第1款规定："股份有限公司采取发起设立方式设立的，注册资本为在公司登记机关登记的全体发起人认购的股本总额。公司全体发起人的首次出资额不得低于注册资本的20%，其余部分由发起人自公司成立之日起2年内缴足；其中，投资公司可以在5年内缴足。在缴足前，不得向他人募集股份。"因此如果以发起方式设立的股份有限公司采用分期缴纳出资的方式已经设立，如果再要改采募集方式募集资本，则必须先行履行如期缴纳出资的义务。

7. 尚未缴纳的出资也构成清算财产。2008年5月最高人民法院《关于适用〈中华人民共和国公司法〉若干问题的规定（二）》（以下简称《公司法解释二》）第22条规定："公司解散时，股东尚未缴纳的出资均应作为清算财产。股东尚未缴纳的出资，包括到期应缴未缴的出资，以及依照公司法第26条和第81条的规定分期缴纳尚未届满缴纳期限的出资。公司财产不足以清偿债务时，债权人主张未缴出资股东，以及公司设立时的其他股东或者发起人在未缴出资范围内对公司债务承担连带清偿责任的，人民法院应依法予以支持。"

【理论拓展】

一、注册资本法定最低限额制度的存废

我国公司法长期以来都表现出鲜明的资本信用理念和贯穿一致的法律制度体系。其核心理念就是保护交易秩序和安全，其所采纳的立法规则是以强制性规则为主，倾向于对债权人利益的保护。我国早在1993年颁布的《公司法》中就确立了系统完备的注册资本法定最低限额制度；在2005年的新《公司法》中，依然保留了法定的最低注册资本制度，只是在数额上降低了要求。然而关于注册资本法定最低限额制度存废的争论是伴随着大陆法系法定资本制度的转型而凸显出来的，学界一直有肯定说与否定说两种对立的学说。[1] 肯定说认为，资本是公司设立的程序和条件，为维护交易安全及债权人利益，避免公司滥设，影响社会公益，应当规定注册资本法定最低限额制度。并且考虑到经济发展水

专题六

---

〔1〕　参见李辰："最低资本额制度存废的争论及我国立法的选择"，载《商场现代化》2005年第35期。

平及货币贬值问题，从有利于公司财务结构的角度出发，对公司注册资本法定最低限额的规定不仅不应取消，相反还应予以提高。否定说则从公司经营的角度出发，认为资本多寡应由公司根据实际需要自行考虑，而无需法律强加规定，法律强加限制的结果会造成实务中一些公司在资金不足的情况下，为顺利完成公司登记而弄虚作假。并且，公司的偿债能力并不取决于资本的多寡，而是公司实际资产的多少。因此，注册资本法定最低限额的存在没有实际的意义。

从比较法来看，对注册资本最低限额的规制有两种模式：①不存在法定最低资本额要求的授权资本模式，如美国、英国、澳大利亚、加拿大等英美法系国家；②存在法定最低资本额要求的法定资本制度模式或折中资本制模式，如德国等某些欧盟成员国、韩国、日本以及我国台湾地区。美国最早的普通公司注册法是1811年的纽约州《公司法》，当时要求公司资本不得少于10万美金。但1967年加利福尼亚州《公司法》的改革以及1987年《美国示范公司法》的改革，均放弃了以法定资本和票面价值为基础的最低资本额有要求。目前美国还有极少数州对最低资本额要求，但数额极低，已经没有实际意义[1] 1855年的英国《有限责任法》规定了最低资本额的要求，但在1856年予以废除。1856年至1980年间，英国的公司法中没有最低资本额的规定。1980年为执行欧盟第二指令，英国对公众公司作出了最低资本额的设计，但闭锁公司始终没有最低资本额的要求。美国法经济学家认为，最低资本额的设计本身存在问题。原因在于：①在决定一家公司应该募集多大额度的资本之际，将产生明显的行政管理成本；②如果最低资本额设计得过高，那么，将阻却新企业进入，导致在位企业群体享有垄断价格与利益；如设计得过低，则无法防范风险；③如果责令所有企业必须于设计之际满足法定的资本额要求，对企业整体而言，这种方式的防范将远远超过可能发生的风险，因为不可能所有企业均面临破产，或遭受最大限度的损失。在任何一种情形下，股权投资的回报率均会减损，这意味着某种社会成本的增加[2]但是，英美之所以不通过法定资本最低限额来制约股东，是因为其有一系列的辅助机制，如揭穿公司面纱对低资本化的阻却、责任

〔1〕 有关美国公司法中资本制度的变革，可参见傅穹："法定资本制：诠释、问题、检讨——从公司不同参与人的利益冲突与衡量观察"，载《南京大学法律评论》2002年春季号。

〔2〕 Frank H. Easterbrook and Daniel R. Fischel, *The Economic Structure of Corporate Law*, Harvard University Press, 1991, pp. 60~62. 转引自傅穹："路径依赖与最低资本额安排"，载《法制与社会发展》2002年第6期。

保险对公司信用的扩张、高管人员责任对诚信义务的呵护、衡平次位规则对外部债权人的保障、破产之际董事对债权人负有诚信义务的设计等，从而形成一整套完整周全地保护公司债权人利益的机制。再如，一人公司在我国曾长期遭到禁止，即使新的《公司法》允许设立一人有限责任公司也存在诸多限制。但英美公司法对一人公司却从未设置例外的规则安排，因为依据成熟的揭穿公司面纱原理，足以保护债权人并规制股东的行为，无须由立法在事前再预作安排。而以德国为首的大陆法系模式，则表现出对最低注册资本金的固守态度。德国的有限责任公司是许多国家特别是大陆法系国家所认同的公司形态，德国的《有限责任公司法》即采纳了设置最低资本额的折中资本制度安排。我国同样坚持了法定注册资本的最低限额制度。

各国对最低注册资本的不同态度说明，公司最低注册资本额的设计，与其他保护债权人的机制一样，其初衷都是为了维护债权人的利益。就我国的实际情况而言，保护债权人的机制还相当欠缺。正如有学者所指出的，法定注册资本最低限额制度固然存在若干缺陷，但在一个没有担保和责任保险机制可以"做大信用"，在一个欠缺公司治理结构可以"确保信用"，在一个没有完善的会计制度可以"记载信用"，在一个欠缺披露机制可以"传输信用"，在一个没有公正信用机构可以"评估信用"，在一个计划经济环境下欠缺"珍视信用"的社会经济、文化、制度背景下，立法者强化最低资本额安排，采纳次优安排，则只能是一个无奈的选择或临时的举措。[1] 所以，我们可以合理地期待，今后只有在全面完善公司信用机制的前提下，才能不再依赖立法所强制要求的最低注册资本限额来实现对债权人的利益保护。2005 年修订的《公司法》对旧《公司法》的法定注册资本最低限额予以降低，也是在综合考量我国注册资本功能的基本价值和中国社会实践状况后的立法选择，是符合目前实际需要的。

二、劳务出资与信用出资的法律问题

劳务出资和信用出资是否可以成为股东非货币资产的出资方式，一直是学术界争论不休的话题。修订后的《公司法》将出资形式限定为两个标准，一是可以用货币估价，二是可以依法转让。而与新《公司法》同时修正和生效的《公司登记管理条例》第 14 条第 2 款规定："股东不得以劳务、信用、自然人姓

---

〔1〕 傅穹："路径依赖与最低资本额安排"，载《法制与社会发展》2002 年第 6 期。

名、商誉、特许经营权或者设定担保的财产等作价出资。"那么，劳务和信用出资的可行性需要在学理上进行阐述。

（一）劳务出资

1. 劳务的含义及限制劳务出资的原因。劳务的本质是一种服务行为，这种服务能够满足人们某种需要。劳务可以通过其行为的结果来被评价。从可否出资的角度来考虑劳务，劳务具有以下特点：①与有形财产相比，劳务不以实物形态出现，而表现为智力或体力的付出，因此其价值难以确定；②劳务专属于特定劳动者的人身，其作用的实现易受个人主观因素和环境的影响，且具有不可转让性，故不能直接用于清偿债权；③劳务的不确定性和人身专属性决定了其评估的随意性和不确定性，在兑现和清算、强制执行时，便会遇到障碍。在有限责任公司和股份有限公司中，股东以其出资为限对公司债务承担责任，公司以全部财产对公司债务承担责任，而公司财产的相当部分是由股东出资形成的，客观上要求股东出资必须具有可转移性和可兑现性。劳务的专属性和不确定性难以满足以上两点要求。有学者认为："在公司成立之初，它（劳务）既不具有现实存在的价值性，又因在评估上所具有的较大随意性而丧失确定性，且在公司解散或破产时，它又难以变现，所以如果允许以劳务出资，必然会削弱公司资本的担保功能，故现代公司法大都明确禁止以劳务形式出资。"[1] 还有学者指出，劳务出资在经济学上可以看作人力资本，但经济学中的资本概念不能与法学的资本概念相兼容，人力资本（劳务）出资存在无法克服的逻辑矛盾。[2]

2. 对劳务出资的可行性探讨。从比较法的角度来看，各国公司法基于不同的价值判断和立法理念对劳务能否出资做出了不同的规定。其中《美国示范公司法》和英国《公司法》对劳务出资的规定最为宽松，允许未来履行的劳务在一定的限制条件下可以成为合法的出资形式；日本公司法规定已经履行的劳务出资由于具有债权的性质，基于已经履行劳务的债权性质，承认已经履行的劳务出资可以成为合法的出资形式；意大利、韩国则严格禁止以劳务出资；法国则对劳务出资作了折中性规定，劳务出资只作为参与公司权益分派和损失分担的计算根据，不计入公司资本，或者只允许经营内容与技艺性劳务直接相关的

---

〔1〕　冯果："也谈人力资本与劳务出资"，载《法商研究》1999 年第 2 期。
〔2〕　左传卫："对人力资本出资的质疑"，载《财贸研究》2004 年第 5 期。

公司以技艺性劳务出资。

我国立法一直禁止劳务出资，但一些地方性法规及规章在事实上却认可了劳务出资，如根据大连市工商行政管理局的规定，高新技术园区内企业的高级管理人员可以将管理以无形资产的方式作价出资。这里的"管理"其实就是劳务的一种。对于目前社会上流行的所谓"干股"，如果排除掉真正意义上的无偿赠与，其实也是对劳务出资的一种变相承认："社会上普遍存在的干股，就是当事人自治基础上形成的一种市场对人才、知识和能力的一种合理评价，是实际的资金拥有者和有能力但无资金的人在合作中反复较量、讨价还价的结果，法律应当予以承认和保护"。[1]

根据上文所述，限制劳务出资的根本原因在于它无法实现公司资本的担保功能和债权人利益的保护，但随着我国公司法价值理念的转变，效率价值被赋予更重要的意义，而且在资产信用理念下，公司资本的经营功能得到了强化，劳务这种经营功能强的出资形式逐渐被社会所认可，而且在我国的公司实践中也出现了干股合法化、股东持股计划和推行股票期权等现实的需要，劳务出资合法化有助于解决以上问题，还可以弥补劳动合同的不足，调动人才的积极性，发挥劳务创造社会财富的作用。可见，劳务不仅有可能为公司创造巨大的财富和价值，也有可能比其他形式的出资具有更为重要的意义。劳务出资无论在理论还是实践中都具有必要性，应予以认可。但是，对于劳务出资，也应当严格限制其适用的条件。大体说来，劳务出资必须满足以下三个条件：

（1）劳务出资必须具备资本功能。资本的基本价值在于其增值性。劳务只有满足增值性这个要求，才能作为资本出资。因此用于出资的劳务必须为公司所特别需要，而非一般的劳动力。实践中确实有一些人有特殊的能力，如某种特殊的技术水平或特殊的管理才能，而这些才能对于公司的存在和发展是非常必要的，也往往得到其他股东的认可。

（2）劳务出资具有归公司使用的专属性，即劳务出资能够专属于公司。一方面，劳务出资应当能够转让给公司；另一方面，公司能够排他地使用该劳务。法律对于现物出资均要求具有可转让性，目的是为了实现公司对其排他性的支配。只要某股东的劳务能够确定地为该公司使用而排除为其他主体服务的可能性，该劳务就可以作为对公司的出资。此外还可以通过限制劳务出资股份的转

〔1〕　参见史际春：《企业和公司法》，中国人民大学出版社2001年版，第228页。

让性来实现劳务出资对公司的专属性。

（3）劳务出资应当具备可评估性。劳务出资主要由股东按照意思自治的原则自行解决评估问题。评估的结果应当公平合理，并且拟以劳务出资的股东自己不得参与评估。评估的劳务包括在公司设立阶段完成的劳务以及未来履行的劳务。

在满足以上三个条件的前提下，劳务才能作为出资。此外，还应当注意在出现劳务因各种原因不能履行时，公司有权将股份予以注销或者转让，以确保资本充实原则。同时还应当强化劳务出资股东的如实出资责任。例如，2008年5月《公司法解释二》第22条规定："公司解散时，股东尚未缴纳的出资均应作为清算财产。股东尚未缴纳的出资，包括到期应缴未缴的出资，以及依照公司法第26条和第81条的规定分期缴纳尚未届满缴纳期限的出资。公司财产不足以清偿债务时，债权人主张未缴出资股东，以及公司设立时的其他股东或者发起人在未缴出资范围内对公司债务承担连带清偿责任的，人民法院应依法予以支持。"对其中所欠缴的劳务出资，也应当适用该规定。

（二）信用出资

1. 信用的含义和禁止信用出资的理由。信用是指社会对商事主体诚实守信或履约能力、偿债能力的评价。和劳务出资一样，信用出资也是一个争议很大的问题。禁止信用出资的理由大体有以下几个：①信用出资不能保证债权人利益与交易安全，与我国《公司法》确定的基本资本制度相违背。②信用本身主观性太强，不符合公司资本所要求的客观价值性和可转让性。若想对信用的价值给出一个客观判断是不具有可操作性的；信用也无法转让，如果以信用出资，在公司破产时无法将信用用于对公司债务的清偿。③信用出资不能估价，若作为出资必将引发混乱。对于承担有限责任的股东，大多数国家都禁止其采用信用出资，如《韩国商法》、《日本商法典》以及《意大利民法典》等；只有对无限公司和两合公司中的无限责任股东，由于以股东的无限责任对外作为债权人的担保，法律才对信用出资不加干涉。

2. 信用出资可行性的理论探讨。实践中，信用出资已经或明或暗地存在。例如，我国存在很多挂靠经营的现象，而挂靠经营中挂靠者所利用的就是被挂靠企业的信用。被挂靠企业在挂靠经营中"名"的参与，就意味着其信用的投入。[1] 所以，信用出资的可行性是值得探讨的。有学者指出，从理论上讲，首先，信用是一种无形资产，信用尽管不具有物质的形态，但它能够为拥有者带来一定的财产利益。其次，依据公司自治原理，如果股东愿意接受信用出资，法律不应加以干涉。最后，以信用作为出资形式，能体现资产信用的理念。公司的实际偿债能力由公司的资产决定，而不由公司的资本决定。尽管我国《公司法》尽力打造公司的资本信用，使公司的注册资本对债权人起到一种基本的担保作用。但不可回避的是，在实际经济生活中，公司的资产才是用于对债权人清偿的物质财产，而以信用出资，则使信用作为无形资产，其财产价值实际加入到公司资产当中，发挥了无形资产的经济价值。而我们可以展望的是，如果未来能够完成从资本信用向资产信用的转变，公司的资本不再是公司债权人的唯一担保，公司资本的多少也不再意味公司偿债能力的大小，选择何种出资物都不影响公司资本的真实，将信用作为出资形式也未尝不可。[2] 而从实践层面来讲，所谓信用与自然人的姓名、商誉差别并不明显，已有以自然人的姓名出资的成功案例。[3]

我们认为，信用出资具备可行性。只要信用为公司的经营所需，它就具备成为公司资本的属性，并且以签订信用使用协议的方式也能解决信用出资的作价、专属性以及转让问题。但是，信用出资的风险也是极大的，应当严格限制可以适用信用出资的条件。这些条件包括：①可以用信用出资的主体必须具有可评估的信用；②信用出资应当经过全体股东的同意，因此至多适用于有限责任公司；③对以信用出资的股东，还应当适用前述《公司法解释二》第 22 条的规定，在清算中以信用出资的股东应承担补足资本责任，其他股东也应当对此承担连带责任。

専
題
六

---

[1] 薄燕娜、范小华："由挂靠经营谈信用可以出资之命题"，载《法律适用》2005 年第 1 期。

[2] 参见薄燕娜、范小华："由挂靠经营谈信用可以出资之命题"，载《法律适用》2005 年第 1 期。

[3] 袁隆平先生是我国著名的科学家，是隆平高科技股份有限公司的六个发起人之一。在该公司设立时，根据公司与袁隆平先生的协议，袁隆平先生授权公司在存续期间使用其名为公司的名称，公司则向他支付姓名使用费 580 万元。这就意味着其他发起人以支付姓名使用费的方式，使袁隆平先生拥有一笔资金投入企业而成为公司发起人。本案对以信用出资的操作方法也有示范意义。这样，即使袁先生要出让股权，其所出让的并非信用，而是自己出资额所代表的股份。参见赵旭东：《新公司法案例解读》，人民法院出版社 2005 年版，第 213 页。

【法律链接】

1.《民法通则》第 36、37、48、50 条。

2.《公司法》第 26～28、31、35、36、59、81、83、84、94 条。

3.《公司登记管理条例》第 14 条　股东的出资方式应当符合《公司法》第 27 条的规定。股东以货币、实物、知识产权、土地使用权以外的其他财产出资的，其登记办法由国家工商行政管理总局会同国务院有关部门规定。

股东不得以劳务、信用、自然人姓名、商誉、特许经营权或者设定担保的财产等作价出资。

5. 最高人民法院《关于企业开办的其他企业被撤销或者歇业后民事责任承担问题的批复》。

6.《公司法解释二》第 22 条　公司解散时，股东尚未缴纳的出资均应作为清算财产。股东尚未缴纳的出资，包括到期应缴未缴的出资，以及依照公司法第 26 条和第 81 条的规定分期缴纳尚未届满缴纳期限的出资。

公司财产不足以清偿债务时，债权人主张未缴出资股东，以及公司设立时的其他股东或者发起人在未缴出资范围内对公司债务承担连带清偿责任的，人民法院应依法予以支持。

【思考案例】

昌盛公司与万利公司各出资 3000 万元，以定向募集的方式发起设立了万昌股份有限公司。万昌股份有限公司总股本为 1 亿元。万昌股份有限公司于 2007 年 12 月 5 日取得营业执照，主要经营房地产业务。为扩大经营规模，万昌股份有限公司于 2008 年 1 月 6 日向建行贷款 5000 万元，期限半年，万昌股份有限公司最晚于 2008 年 7 月 7 日必须还本付息。但由于房地产市场突然变冷，万昌股份有限公司迅速衰败，至 2007 年 8 月，万昌股份有限公司无力清偿建行贷款。建行在追债过程中发现，在万昌股份有限公司成立时，其股东昌盛公司只向万昌股份有限公司实际投入资本 1800 万元，其余的 1200 万元一直未汇入万昌公司的账户，而万利公司则实际足额缴纳了 3000 万元出资。

案例点评：本案万昌股份有限公司采取了募集方式设立，因此其资本制应当适用严格的法定资本制。昌盛公司与万利公司作为发起人必须如实、足额缴纳全部出资。对于债权人建行来说，此时如果万昌股份有限公司的资产足以清偿债务，就用公司的资产偿还其债务。假如万昌股份有限公司的资产不足以清偿全部债务，则昌盛公司应当补足其欠缴的出资额 1200 万元，对此万昌公司应当承担连带责任。由于万昌股份有限公司在成立时达到了《公司法》所要求的法定注册资本最低限额即 500 万元，所以，昌盛公司与万利公司在履行完欠缴的 1200 万元出资后，不再对债权人建行承担责任。当然，昌盛公司还应当向万利公司承担违约责任。

专题七

股东的出资义务

公司资本由股东的出资构成，出资是股东最为重要的义务。我国《公司法》允许股东采用货币和非货币的出资形式，由于出资形式的差异，也使得股东履行出资义务的方式有所不同。实践中存在的股东违反出资义务的行为，使得公司、足额出资的股东、债权人的利益受到损害，本专题即研究如何追究违反出资义务股东的民事责任以及违反出资义务股东的股权界定问题，探讨对违反出资义务股东的请求权是否应当适用诉讼时效制度这一理论问题。

【应用指南】

一、股东出资义务的履行

（一）股东出资义务的一般要求

为了维护社会交易安全，公司资本须遵守资本确定原则、资本维持原则和资本不变原则。[1] 而公司资本制度得以维系的前提是股东必须履行自己的出资义务。我国《公司法》对于股东出资义务的一般要求具体如下：

1. 股东的出资必须符合法律规定的形式。我国新《公司法》第 27 条和第 83 条规定，股东的出资形式可以有货币、实物、知识产权和土地使用权等可以用货币估价并可以依法转让的非货币财产作价出资；但是，法律、行政法规规定不得作为出资的财产除外。2006 年 1 月 1 日起施行的《公司登记管理条例》第 14 条规定："股东的出资方式应当符合《公司法》第 27 条的规定。股东以货币、实物、知识产权、土地使用权以外的其他财产出资的，其登记办法由国家工商行政管理总局会同国务院有关部门规定。股东不得以劳务、信用、自然人

专题七

───────────────

〔1〕　范健主编：《商法》，高等教育出版社 2007 年版，第 129 页。

姓名、商誉、特许经营权或者设定担保的财产等作价出资。"因此，法律允许出资的财产包括货币、实物、知识产权和土地使用权等可以用货币估价并可以依法转让的非货币财产。货币以外其他形式的出资又称"现物出资"。

2. 股东的实际出资必须与股东在公司章程中认购的资本份额的价值相等，不能低于其认购的份额。新《公司法》对于一人公司和采用募集方式设立的股份有限公司实行严格的法定资本制，股东必须一次、足额缴纳全部出资，公司才能设立。而普通的有限责任公司和采用募集方式设立的股份有限公司则允许股东在公司成立时只缴纳部分注册资本，其余的注册资本在2年或5年内缴足。但是出于法定资本制的要求，无论一次足额缴纳还是分期缴纳，股东都必须认足出资额，也就是注册资本与股东的认缴资本一致。因此，股东的出资义务应当按照发起人协议或公司章程的约定来履行，该出资义务与其认购的公司资本份额相一致。

3. 遵守《公司法》对货币出资比例的要求。《公司法》第27条第3款规定："全体股东的货币出资金额不得低于有限责任公司注册资本的30%。"因此，股东的货币出资不得低于有限责任公司注册资本的30%。

4. 按照财产权移转的法律要求移转财产权。我国《物权法》第9条第1款规定："不动产物权的设立、变更、转让和消灭，经依法登记，发生效力；未经登记，不发生效力，但法律另有规定的除外。"第23条规定："动产物权的设立和转让，自交付时发生效力，但法律另有规定的除外。"因此，在一般情况下，如果用于出资的财产是货币，则应当将货币存入拟设立公司所开设的银行账户；如果用于出资的财产属于动产，则应当将该动产交付公司；如果用于出资的财产属于不动产，则应当依据《物权法》的规定办理不动产的转让登记手续，由公司作为该不动产的受让人。

（二）股东出资义务的特别要求

1. 货币出资的合法性要求。货币出资无需评估作价，因为其价值准确、客观且透明，并且其出资的完成仅需要交付，而不需要其他行为，所以货币出资非常便捷。但是，有时股东用于出资的货币来源并不合法，如用通过违法犯罪行为取得的货币再投资设立公司，这就涉及货币出资合法性的问题。

有学者认为，以来源不合法的现金出资并不必然导致股东出资的合法性被否定，应区别该现金担负责任的不同性质分别适用不同的处理规则。[1] 但本书不同意这种观点。虽然多数国家并未在公司法中明确要求用于出资的货币来源必须合法，但由于非法获得的货币常常会导致法律责任，进而动摇公司资本的确定和维持原则，影响对公司债权人利益的保护。因此股东用作出资的货币必须来源合法；如果是来源不合法的货币，则不能被认为是合法的出资。我国《公司法》第 27 条规定："股东可以用货币出资，也可以用实物、知识产权、土地使用权等可以用货币估价并可以依法转让的非货币财产作价出资；但是，法律、行政法规规定不得作为出资的财产除外。对作为出资的非货币财产应当评估作价，核实财产，不得高估或者低估作价。法律、行政法规对评估作价有规定的，从其规定。全体股东的货币出资金额不得低于有限责任公司注册资本的30％。"其中对于用于出资的财产，在总体上要求"可以转让"。而通过违法犯罪行为获得的货币，性质上属于赃物。赃物在任何一个国家、任何一个历史时期都是不具有流通性或合法的可转让性，赃物应当属于民法中的"禁止流通物"，这是一个公共秩序的问题。如果法律允许来源不合法的货币可以合法地用于出资设立公司，无异于承认洗钱行为的合法性。因此，尽管民法中存在"货币的占有者即货币的所有者，货币的所有者必为货币的占有者"这样的一般原则，但是对于违法犯罪行为取得的货币，绝对不应当认可其作为出资的合法性。

至于实践中以借贷而来的货币作为出资的情况，则应当认可其出资行为的合法性。因为借贷而来的货币属于合法来源。《公司法》并没有要求货币出资必须是出资人本人所有的货币，只要符合合法性的要求，借贷的货币当然可以用做出资。

2. 实物出资的所有权变更。实物出资的所有权变更在实践中比较复杂，对此，应明确以下两点：

（1）一般情况下，动产交付或不动产登记时发生所有权的移转，所有权的转移也就意味着风险的转移。如前所述，实物出资是出资人将实物的所有权转移给公司，所以应遵循物权变动的法律原则，对不动产物权的转移一般以登记为要件。对此，《物权法》第 9、23 条都做出了明确的规定。再如《物权法》第 14 条规定："不动产物权的设立、变更、转让和消灭，依照法律规定应当登记的，自记载于不动产登记簿时发生效力。"对于一般的动产，以交付作为所有权变更的要件，但对船舶、航空器和机动车目前采取的是登记对抗主义。依据《物权法》第24条的规定，如果是船舶、航空器和机动车这类特殊的动产发生权属变更，采取的是登记对抗主义，如果其变更未经登记，就不得对抗善意第三人。除非出资人与公司另有约定，在交付或变更登记时，用于出资的动产或不动产的风险也移转给公司。

（2）各种动产交付方式原则上对于股东的动产出资都适用，但指示交付应当被禁止。《物权法》中对于动产的交付，除了第23条规定的现实交付外，还有简易交付、指示交付和占有改定这三种交付方法。简易交付即动产物权设立和转让前，权利人已经依法占有该动产的，物权自法律行为生效时发生效力；指示交付即动产物权设立和转让前，第三人依法占有该动产的，负有交付义务的人可以通过转让请求第三人返还原物的权利代替交付；占有改定是指动产物权转让时，双方又约定由出让人继续占有该动产的，物权自该约定生效时发生效力。由于指示交付仅向动产受让人移转向第三人的返还原物请求权，公司能否实现该请求权并不确定，因此有违资本确定原则，所以应当将指示交付这种方式排除在外。

3．股东以知识产权出资。股东以知识产权作为非货币财产进行出资时，因知识产权中具体权利的形式不同，其权利的转移方式亦有所区别。专利权和商标权是以权利证书表彰的特殊民事权利，仅从专利技术或商标的实际使用的角度是无法判断其权利归属的，因此，其出资不仅要求专利技术或商标的实际转移，更重要的是专利或商标在登记管理机关的变更登记以及专利证书或商标证书中权利人的相应变更。至于非专利技术，因其不表现为特定的权利形式，只是当事人的一种特殊利益，其出资方式与一般动产出资类似，只需实际、有效的技术交付即可。实践中通常采取移交图纸、数据、模型、程序等技术资料和技术人员培训等各种必要形式使公司能有效掌握和利用该项技术。而著作权无固定的权利表现形式，没有特定的权利证书，因而其出资的履行应根据作品的具体情况确定出资的要求，包括书稿、影像资料的交付、作品利用的明确授权等。

此外，如果是以知识产权的相关许可使用权，如专利使用权、商标使用权等形式出资，则应当首先由该知识产权所有人与公司签订相关的许可使用合同，在该合同的基础上再将相关使用权移转给公司。

4．土地使用权的出资。我国是实行土地公有制的国家，因此应当明确以下

专题七

几点：①只有土地使用权才可以出资，而非土地所有权；②用于出资的土地使用权只能是国有土地的使用权，而不能是集体土地使用权；③用于出资的土地使用权只能是出让的土地使用权，而不能是划拨土地使用权，而且用于出资的土地使用权应是未设权利负担的土地使用权。[1] 股东以土地使用权履行出资义务时，与其他非货币出资相比，这种出资方式存在更加繁琐的程序和要件。首先，要报经人民政府土地管理部门批准；其次，要对土地使用权进行评估作价、土地交付使用；最后，还要办理土地过户登记手续。因为划拨土地不能直接用于出资，故对于划拨土地出资的股东在以上步骤之前还需要办理出让手续，缴纳土地出让金，取得土地使用权后方可出资。[2]

5. 股权、债权出资的问题，详见前章。

（三）对股东货币出资的验资和对非货币出资的评估作价

我国《公司法》第29条的规定："股东缴纳出纳出资后，必须经依法设立的验资机构验资并出具证明。"验资是依法设立的验资机构对公司股东出资情况进行检验并出具相应证明的行为。通过验资，可以核实出资人对所提供的出资是否具有合法权利，也可以为公司登记机关审核全体股东出资是否符合《公司法》规定的注册资本最低限额提供依据。

与货币出资不同，尽管非货币财产有其本身的价值，但为确定出资者的持股比例，将非货币用于出资时需要进行评估，折算成现金。以无价值的财产用于出资或者过高评估出资的财产，都将违背公司的资本充实原则，对货币出资股东的权益造成损害。我国《公司法》第27条第2款规定："对作为出资的非货币财产应当评估作价，核实财产，不得高估或者低估作价。法律、行政法规对评估作价有规定的，从其规定。"因而在股东以非货币财产履行出资义务时，应当在权利交付之前首先对非货币财产进行评估作价。评估是为了确定它们在出资时所具有的财产价值，之后再对其进行作价，并对财产进行核实。由于非货币出资的财产价值无法从其自身客观体现，而需依赖人的主观评价，而公司资本又是通过货币量来计算的，因此，非货币出资的价值应当依据何人的判断来确定非常重要，通常要在确定一个具体日期的基础上由中立的中介机构进行评估作价。

专题七

---

[1] 赵旭东：《新公司法条文释解》，人民法院出版社2005年版，第61页。
[2] 薄燕娜：《股东出资形式法律制度研究》，法律出版社2005年版，第80页。

无论验资还是对非货币财产出资的评估作价，都必须以客观、真实、准确为原则，不得进行不符合实际的过高估价或过低估价，惟有此才能保护股东和公司的合法权益。我国《公司法》第208条专门规定了承担资产评估、验资或者验证的机构的法律责任，如果这些机构提供虚假材料的，由公司登记机关没收违法所得，处以违法所得1倍以上5倍以下的罚款，并可以由有关主管部门依法责令该机构停业、吊销直接责任人员的资格证书，吊销营业执照。如果这些机构因过失提供有重大遗漏的报告的，由公司登记机关责令改正，情节较重的，处以所得收入1倍以上5倍以下的罚款，并可以由有关主管部门依法责令该机构停业、吊销直接责任人员的资格证书，吊销营业执照。这些机构因其出具的评估结果、验资或者验证证明不实，给公司债权人造成损失的，除能够证明自己没有过错的外，在其评估或者证明不实的金额范围内承担赔偿责任。

二、股东违反出资义务的民事责任

（一）股东违反出资义务的表现形态

出资是股东应当承担的最主要的义务，也是区分股东与非股东资格的决定性因素。履行了出资义务的股东才能享有股东权。因此，股东必须履行所承担的出资义务。但是，实践中确实存在股东违反出资义务的多种情况，大致有以下几种具体形态：

1. 根本未出资。这种情形是指股东完全不履行出资协议、公司章程所规定的出资义务，如拒绝出资、不能出资以及虚假出资。①拒绝出资是指股东在签订出资协议后或者在公司章程通过后，明确表示或者以自己的行为表明其拒绝按照约定履行出资义务，主要是指因股东主观因素导致的不出资。拒绝出资行为可发生于公司成立前，如公司设立人在公司设立过程中办理验资之时拒绝出资，也可能发生于公司成立之后，如在公司成立后应依法办理财产权转移手续时拒绝办理相应的手续。②不能出资是指因客观上的或法律上的原因致使出资者不能履行出资义务。不能出资可以分为事实上的不能出资与法律上的不能出资。事实上的不能出资如出资的动产、不动产在办理财产转移手续前因不可抗力而毁损或灭失。法律上的不能出资如用于出资的实物属于禁止流通物而不能用作出资，再如用于出资的技术秘密在出资前泄密或用于出资的注册商标权在出资前被撤销等。③虚假出资是指表面上出资而实际上并没有出资，如为凑足股东人数而虚拟出资、虚报出资、伪造有关出资文件等。对这些根本未出资的情形，我国《公司法》都规定了处罚措施，如第 199 条规定："违反本法规定，虚报注册资本、提交虚假材料或者采取其他欺诈手段隐瞒重要事实取得公司登记的，由公司登记机关责令改正，对虚报注册资本的公司，处以虚报注册资本金额 5% 以上 15% 以下的罚款；对提交虚假材料或者采取其他欺诈手段隐瞒重要事实的公司，处以 5 万元以上 50 万元以下的罚款；情节严重的，撤销公司登记或者吊销营业执照。"第 200 条规定："公司的发起人、股东虚假出资，未交付或者未按期交付作为出资的货币或者非货币财产的，由公司登记机关责令改正，处以虚假出资金额 5% 以上 15% 以下的罚款。"

2. 瑕疵出资。瑕疵出资是指出资义务履行不当，包括迟延出资、不完全出资、瑕疵给付和出资不实等。迟延出资是指股东不按照出资协议、公司章程规定的期限缴纳出资或办理财产权转移手续。不完全出资是指股东不按出资协议、公司章程规定的数额足额缴纳出资。瑕疵给付是指股东缴付的现物存在着品质上或权利上的瑕疵。出资不实是指股东出资现物的实际价值低于章程所确定的价值。

3. 抽回出资和抽逃出资。这是一种股东变相违反出资义务的行为。通常表现为股东已经向公司履行了出资义务，并且表面看来完全符合法律规定，但在股东履行出资义务或公司成立后，又通过各种方式将自己的出资部分或者全部取回。所谓抽回出资，是股东明确表示撤回自己的出资，实际上就是退股。退股可能发生在公司成立前，也可能发生在公司成立后。抽回出资并非绝对被法律禁止，但应当符合法律规定的条件和程序，否则就是违反出资义务的行为。抽逃出资是指股东已经适当履行出资义务，但在公司成立之后又将其所认缴的出资暗中抽走，但他仍然保留股东身份。抽逃出资是一种常见的、带有隐蔽性的违反出资义务的行为。也是《公司法》明确禁止的违法行为。我国《公司法》第 36 条规定："公司成立后，股东不得抽逃出资。"对于抽逃出资，我国《公司法》也规定了处罚措施，如第 201 条规定："公司的发起人、股东在公司成立后，抽逃其出资的，由公司登记机关责令改正，处以所抽逃出资金额 5% 以上 15% 以下的罚款"。

（二）股东违反出资义务的民事责任

股东违反出资义务的行为都违反了公司资本的资本确定原则和资本维持原则，使公司资本与章程所确定的数额出资产生偏差，造成资本不实。这类行为不仅不利于公司进行经营活动，而且可能损害与公司进行交易的相对人的利益，危害社会交易安全。因此，《公司法》对此必须予以纠正和禁止，并要求股东承担相应的民事责任、行政责任和刑事责任。在民事责任方面，实践中主要涉及以下几个问题：

1. 追究股东违反出资义务民事责任的依据。股东因违反出资义务，要对因此造成损失的公司、足额出资的股东及债权人承担民事责任。但在追究违反出资义务股东的民事责任时，是按违约责任还是按侵权责任来追究股东的民事责任，这涉及责任的基础和诉讼请求的设计问题，因此有必要予以探讨。对此，理论界有不同观点。

有学者认为，股东出资义务源于股东对公司股份的认购行为。因此，股东违反出资义务行为的性质也是由股东认购股份行为的性质所决定的。大陆法系国家的学者一般认为投资者认购股份的行为是股份申购人（股东的前身，简称认股人）与公司（或设立中公司的机关）所缔结的以加入公司为目的的社团法上的入社契约行为。英美法系学者认为，股份认购是一种表示愿意购买一个公司（包括设立中的公司）当时尚未发行的特定数量的股份并支付价款的要约，该要约与公司的配股行为（承诺）一起构成了完整的契约关系。因此，可以将股东应当履行的出资义务作为一种契约义务，股东不履行出资义务的法律责任可比照债不履行的一般原则处理。所以，股东违反出资义务行为的性质属违约行为。[1]

但是，也有学者认为将股东违反出资义务的行为一概以违约行为来认定有所偏颇，而应当根据具体法律关系来认定股东违反出资义务行为的性质。因而可以将股东违反出资义务的行为分为三种情况：①如果违反出资义务行为发生在公司成立之前，此时的出资人尚未取得公司股东资格，若其违反与其他出资人订立的有关设立公司的协议，则应当属于对发起人协议违反的违约行为。②如果违反出资义务的行为发生在公司成立之前，且违反出资义务者取得了股东资格。对其他股东而言，违反出资义务股东的行为构成违约。对公司而言，违反出资义务的行为既有违约行为的性质，也有侵权行为的性质，违约表现为对公司章程约定的违反，侵权表现为对公司财产权完整性的损害。例如，《公司法》第28条的规定："股东应当按期足额缴纳公司章程中规定的各自所认缴的出资额。股东以货币出资的，应当将货币出资足额存入有限责任公司在银行开

---

[1] 冯果：《现代公司资本制度比较研究》，武汉大学出版社2000年版，第87~88页。

设的账户；以非货币财产出资的，应当依法办理其财产权的转移手续。股东不按照前款规定缴纳出资的，除应当向公司足额缴纳外，还应当向已按期足额缴纳出资的股东承担违约责任"。③如果违反出资义务的行为发生在公司成立之后，比较常见的如股东抽逃出资。股东抽逃出资的行为损害的是公司财产权，因此其性质应当属于侵权行为。[1]

笔者基本赞同以上第二种通过具体分析法律关系来判断民事责任性质的研究方法，但对其观点并不完全赞同。对违反出资义务股东的民事责任，应当区分为以下几种情形分别说明：

（1）相对于履行出资义务的股东，违反出资义务的股东构成违约行为。我国《公司法》第28条规定："股东应当按期足额缴纳公司章程中规定的各自所认缴的出资额。……股东不按照前款规定缴纳出资的，除应当向公司足额缴纳外，还应当向已按期足额缴纳出资的股东承担违约责任。"其中"股东不按照前款规定缴纳出资的……应当向公司足额缴纳"是指股东应当承担的继续履行出资义务的责任，而其中的"应当向已按期足额缴纳出资的股东承担违约责任"已经表明我国立法也认可违反出资义务股东向已按期足额缴纳出资的股东承担的责任属于违约责任。此外，《公司法》第84条第2款规定："发起人不按照前款规定缴纳出资的，应当按照发起人协议承担违约责任。"股东出资义务是基于出资协议和公司章程的约定而产生的，而出资协议和公司章程在法律性质上属于共同法律行为。所谓共同民事法律行为，也称多方法律行为，是指有两个以上当事人共同意思表示一致才能成立的民事法律行为，[2]即全体发起人为设立公司而达成的合意，这种意思表示指向的权利义务是共同的，而非如一般合同那样双方当事人权利义务呈现的对应状态。共同法律行为是广义合同的一种，对所有当事人均有约束力。因此，股东违反出资义务的行为应当首先构成违约行为，其他已按期足额缴纳出资的股东有权向该股东主张违约责任。

（2）对公司而言，违反出资义务的股东应当承担侵权责任，但不承担违约责任。股东对公司的责任以公司的成立为前提。股东履行自己的出资义务后，股东的出资便成为公司的法人财产；股东违反出资义务就构成对公司法人财产权的损害。因此，对公司而言，股东不履行出资义务的行为性质应当属于侵权

专题七

---

〔1〕 赵旭东：《公司资本制度改革研究》，法律出版社2004年版，第302~303页。
〔2〕 韩松主编：《民法学》，中国政法大学出版社2004年版，第171页。

责任。若公司并未成立，则违反出资义务的股东对公司的责任就不存在。但是，由于股东与公司之间并无合同关系，股东对公司的出资行为属于履行发起人协议或公司章程这种多方民事法律行为确定的义务，因此，本书认为，对公司而言，违反出资义务的股东没有违约责任可言。我国《公司法》第31条规定："有限责任公司成立后，发现作为设立公司出资的非货币财产的实际价额显著低于公司章程所定价额的，应当由交付该出资的股东补足其差额；公司设立时的其他股东承担连带责任。"因此，对公司来说，如果某股东出资不实，全体股东对公司都承担连带担保责任，可见对违反出资义务股东责任的追究，应当由董事会来进行。在实践中，如果违反出资义务的股东所认购的股份占多数比例，或者董事会怠于行使的，那么应该适用股东代表诉讼的规定，赋予其他股东可以直接代表公司向该股东进行追索的权利。我国《公司法》第152条规定了股东代表诉讼制度，即"董事、高级管理人员有本法第150条规定的情形的，有限责任公司的股东、股份有限公司连续180日以上单独或者合计持有公司1%以上股份的股东，可以书面请求监事会或者不设监事会的有限责任公司的监事向人民法院提起诉讼；监事有本法第150条规定的情形的，前述股东可以书面请求董事会或者不设董事会的有限责任公司的执行董事向人民法院提起诉讼。监事会、不设监事会的有限责任公司的监事，或者董事会、执行董事收到前款规定的股东书面请求后拒绝提起诉讼，或者自收到请求之日起30日内未提起诉讼，或者情况紧急、不立即提起诉讼将会使公司利益受到难以弥补的损害的，前款规定的股东有权为了公司的利益以自己的名义直接向人民法院提起诉讼。他人侵犯公司合法权益，给公司造成损失的，本条第1款规定的股东可以依照前两款的规定向人民法院提起诉讼"。股东代表诉讼问题详见本书专题十五。

（3）对公司债权人来说，违反出资义务股东的责任按照公司是否成立有所不同。①在公司最终未设立的情形下，如果在设立过程中，设立中公司曾与债权人发生债权债务往来，则对设立中的公司按合伙来对待。设立中的公司，通说即认为其法律地位应当是一种合伙[1]，应当按合伙合同来处理发起人对内和对外的权利和义务关系。因此，如果有发起人未按约定履行出资义务，并影响到债权人利益的实现，那么全体发起人对该债权人承担无限连带清偿的义务，未如约履行出资义务的发起人与其他发起人对债权人的责任是一样的；但违反

专题七

---

[1]　高在敏、王延川、程淑娟：《商法》，法律出版社2006年版，第228页。

出资义务的发起人将受到其他发起人的追偿而最终承担责任。②如果公司有效成立，在公司资产足以清偿债务时，应以公司资产承担责任，此时违反出资义务的股东对公司债权人也无须承担责任，而是应对足额出资的股东承担违约责任，对公司承担侵权责任。③如果公司有效成立，但由于股东瑕疵出资致使公司资本显著不足，进而使公司无力偿还债权人的债权，则按照公司法人格否认的规定，该股东应与其他股东一起对债权人承担无限连带责任；在实现了债权人利益之后，再按照股东之间的内部约定由如约出资的股东对其进行追偿。

2. 股东违反出资义务的责任形态。在股东违反出资义务时，该股东的民事责任性质不同，责任承担的方式也有所差别；即使民事责任性质相同，但对于不同的责任对象，承担责任的方式也不一定完全相同。以下主要从继续履行、赔偿损失和瑕疵担保责任方面来说明股东违反出资义务的责任形态。

（1）违反出资义务的股东应当承担继续履行的责任。当股东未依照协议约定或法律规定实际履行出资义务时，其他股东有权要求该股东承担继续履行的责任，公司也有权要求有履约能力的股东继续履行。我国《公司法》第31条规定："有限责任公司成立后，发现作为设立公司出资的非货币财产的实际价额显著低于公司章程所定价额的，应当由交付该出资的股东补足其差额……"第94条规定："股份有限公司成立后，发起人未按照公司章程的规定缴足出资的，应当补缴……"这些规定都说明违反出资义务的股东应当承担继续履行的责任。例如，如果股东以现金、实物出资时，未交付或未足额交付的应及时足额交付现金或实物；以专利技术出资时，未办理权利转移手续的应及时办理权利转移手续等。此时，公司有权要求股东按照发起人协议约定或法律规定履行实际出资义务。如果股东坚持不履行或不按约定的方式履行，公司可以向法院申请强制履行。当然，违反出资义务的股东承担继续履行的责任也要符合民法的一般性规定，即以股东能够履行为前提。

（2）如果股东违反出资义务给公司和其他股东造成损失，该股东还应当承担损害赔偿责任。对此我国《公司法》并没有做出详细规定，但完全可以依据《合同法》的规定来追究违反出资义务股东的损害赔偿责任，因为股东之间往往存在出资协议，违反出资义务的股东必然也违反了出资协议的约定，其他股东当然可以要求其按照协议的约定承担违约责任。如果没有约定损害赔偿的标准，就应当按实际损失进行赔偿。对公司而言，违反出资义务股东赔偿的范围包括其逾期不缴纳出资或出资不实时的利息损失，利息应按银行同期存款利率计算。

对于赔偿范围，我国《公司法》也没有明确规定。但依公司法的法理分析，在公司成立后，股东的出资成为公司的资产。因此，违反出资义务的股东对公司负有缴纳股款的义务，公司当然有权向该股东要求履行出资义务。这种追索权应当由公司的执行机构如董事会来行使，并且可要求违约股东支付迟延利息。《爱尔兰公司法》附则 1 规定："如果缴款通知的数额在指定日期前没有被支付，迟延付款人要支付由董事决定的自迟延日到实际付款日的不超过 5% 的利息。"[1]《法国商法典》第 1843 - 3 条规定："应向公司缴纳出资款而未缴纳的股东，依法当然并无须经诉讼请求负担该项款额自应支付之日起的利息，必要时，不影响承担更大数额的损害赔偿。"[2] 可见以上爱尔兰和法国的相关规定是将股东应对公司的出资作为股东对公司的一种负债行为，并在股东违反出资义务后课以罚息并可要求其承担赔偿责任。这不仅能对未出资股东起到警戒作用，而且能起到更有效的保障公司合法权益的作用。对债权人来说，如前所述，未履行出资义务的股东并不对债权人直接承担个人责任，而是与所有其他股东一起在公司未成立和适用公司法人格否认时承担无限连带责任。

（3）违反出资义务的股东所承担的瑕疵担保责任。如果股东采用现物出资，股东应当对自己的出资承担瑕疵担保责任。民法中的瑕疵担保责任源于买卖法，但同样适用于现物出资中对出资人的要求。瑕疵担保责任包括物的瑕疵担保责任和权利的瑕疵担保责任。物的瑕疵担保责任是指出资人应保证用于出资的标的物符合约定，不存在质量、数量方面的瑕疵；权利的瑕疵担保责任指出资人应保证出资的标的物不存在第三人的权利而被追索。所以，如果出资人用于出资的标的物不符合国家规定的质量标准或者约定的质量标准，丧失其应有的价值或效用，或受到第三人权利的追索，只要公司在规定的期限内就标的物的瑕疵提出请求，出资人就应当根据实际情况承担降低价格、更换、修理、退换以及给付违约金、赔偿损失等责任。此外需要注意的是，买卖合同中出卖人的瑕疵担保责任以买受人不知道瑕疵的存在和合同中无免责约定为条件，如果买受人明知瑕疵存在或者合同中约定有免责，则出卖人不承担瑕疵担保责任。但是，由于现物出资时公司尚未成立，所以不存在像买卖合同中买受人明知的情况，并且考虑到现物出资人往往只能是公司发起人，特别是在股份有限公司中，要

---

〔1〕　赵旭东：《境外公司法专题概览》，人民法院出版社 2005 年版，第 412 页。

〔2〕　赵旭东：《境外公司法专题概览》，人民法院出版社 2005 年版，第 407 页。

注意防止发起人利用职权订立免责协议，从而损害公司和其他股东的合法利益。因此，在公司章程中应当规定，对存在瑕疵的出资物，公司均有权利要求出资人消除瑕疵或赔偿损失，以维护公司和其他股东的合法利益。[1]

三、违反出资义务股东的股权

股东是基于出资才产生的一种身份。那么可否推断，违反出资义务的股东就丧失股东资格而不享有股权呢？这个问题也是现实中普遍存在而且争议较大的一个难题。对此，本书从以下两个方面进行探讨：

（一）违反出资义务的股东依然具有股东的身份

股东是指向公司出资或认购股份并记载于公司章程或股东名册上的人。因此，股东身份的确定需要两个条件：一是向公司出资或认购股份；二是股东名册或公司章程记载有该人的姓名或名称。对于违反出资义务的投资者而言，只要公司有效成立了，即使没有足额缴纳其出资、出资评估不实或虚假出资、抽逃出资，但因该出资人有认缴出资的行为且其名字或名称记载于股东名册上，所以仍应承认其股东身份。《公司法》第3条第2款规定："有限责任公司的股东以其认缴的出资额为限对公司承担责任……"第28条规定："股东应当按期足额缴纳公司章程中规定的各自所认缴的出资额。股东以货币出资的，应当将货币出资足额存入有限责任公司在银行开设的账户；以非货币财产出资的，应当依法办理其财产权的转移手续。股东不按照前款规定缴纳出资的，除应当向公司足额缴纳外，还应当向已按期足额缴纳出资的股东承担违约责任。"第31条规定："有限责任公司成立后，发现作为设立公司出资的非货币财产的实际价额显著低于公司章程所定价额的，应当由交付该出资的股东补足其差额；公司设立时的其他股东承担连带责任。"第33条第2款规定："记载于股东名册的股东，可以依股东名册主张行使股东权利。"所以，从《公司法》的上述规定来看，在我国，即使是违反出资义务的股东也依然具有股东的身份。

（二）违反出资义务的股东仅承担义务而不享有相应的股东权利

股东这一特定身份，与民法中诸多的主体制度一样，体现着权利与义务的统一、利益与风险的一致；不存在无义务的权利，也不存在无风险的利益。出资是股东最具有本质规定性的义务，之所以要保留违反出资义务的股东的股东

---

[1]　参见冯果："股东现物出资若干问题研究"，载《中国法学》1999年第6期。

身份，是因为他还应当承担股东的义务，包括继续履行出资义务，以及在一定条件下对债权人承担责任的义务（如前述）。至于股东的权利，则因未履行出资义务而应当加以限制乃至剥夺。我国《公司法》第4条规定，公司股东依法享有资产收益、参与重大决策和选择管理者等权利。根据这一规定，股权的主要内容表现为股利分配请求权、表决权、公司新增资本的优先认购权和剩余财产分配请求权等。对因股东违反出资义务而受到限制的股东权利具体阐述如下：

1. 对股利分配请求权的限制和剥夺。股东的股利分配请求权，是指股东基于其公司股东地位和资格而享有的请求公司向自己分配股利的权利。股利分配请求权从本质上来说是股东对自己的投资期望得到回报的一种权利。[1] 股东从公司分取红利的权利是股东所有权的直接体现，这种权利在各国都明确地受到公司法的保护，并且所有股东都平等地享有这种请求权。虽然在结果意义上股东分取红利的数额是按照实缴出资额的比例来确定的。我国《公司法》第35条规定："股东按照实缴的出资比例分取红利；公司新增资本时，股东有权优先按照实缴的出资比例认缴出资。但是，全体股东约定不按照出资比例分取红利或者不按照出资比例优先认缴出资的除外。"其中的"实缴"是指实际缴纳的出资，而非出资协议和公司章程所载的认缴出资。违反出资义务的股东往往表现为实际缴纳的出资少于其认缴的出资，因此在分配红利时应当按照其实际缴纳的出资来确定分配比例，如果根本未缴纳出资，就不享有股利分配请求权。

2. 对表决权的限制或剥夺。股东表决权，是指股东就股东会议的议案的决议权。股东表决权是股东的一项重要权利，它是资本多数决原则的直接体现，通过行使表决权，股东能够实现参与公司重大决策的权利和选择管理者的权利。对于是否应当限制违反出资义务股东的表决权这个问题，曾经在学界争论很久，基本倾向于对违反出资义务股东的表决权应当进行限制乃至剥夺，但是修正后的《公司法》并没有对此进行明确规定。例如，《公司法》第43条规定："股东会会议由股东按照出资比例行使表决权；但是，公司章程另有规定的除外"。其中规定的是股东按照"出资比例"而非"实缴"的出资比例来行使表决权。所以，目前的立法是允许全体股东在发起人协议或章程中约定对违反出资义务表决权的限制或剥夺，但是立法并不能替代当事人进行选择，这体现了对股东自治的鼓励。也有学者认为，这种立法态度在一定程度上不利于弘扬按股东的实

专题七

---

[1]　施天涛：《公司法论》，法律出版社2006年版，第244页。

际出资状况计量其股权含量的理念，不利于督促股东们及时足额缴纳出资，实现公司资本的充足。[1]

3. 公司新增资本优先认购权的限制或剥夺。公司新增资本优先认购权是在公司现实地增加资本或发行新股时，股东所行使的优先认购新增资本的权利。这种权利是一种选择权，股东可以行使，也可以放弃。依照我国《公司法》第35条规定，公司新增资本时，股东有权优先按照实缴的出资比例认缴出资。但是，全体股东约定不按照出资比例分取红利或者不按照出资比例优先认缴出资的除外。该规定也属于公司法中的任意性规范。据此，违反出资义务的股东在行使公司新增资本优先认购权时，其权利受到了一定的限制，即应当按照实缴的出资比例认缴出资。当然，全体股东可以在发起人协议或章程中约定：违反出资义务的股东也可以按其认缴的出资额行使其公司新增资本优先认购权，而不按实缴的出资比例行使优先认购权。

4. 剩余财产分配请求权。股东的剩余财产分配请求权，是指股东在公司清算时，就公司的剩余财产享有的请求分配的权利。对公司的剩余财产分配请求权必须以公司向其全体债权人清偿债务之后尚有剩余财产为实质条件。公司剩余财产分配请求权是股东向公司主张的最后的权利，[2] 也是股东所有权的典型体现。毫无疑问，股东的剩余财产分配请求权与股利分配请求权一样，应当按照股东实际缴纳的出资额而不是认缴的出资额进行分配。

5. 对外转让股权的限制。股东欠缴出资的，不仅应当限制股东的分红权、新增资本认购权以及表决权，还可以限制股东对外转让股权的权利。[3] 在理论上，股东欠缴出资构成股东对公司的负债，股东转让股权不影响股东对公司的债务。但是，该项债务毕竟与股东资格和权利紧密相联，如果任由股东对外转让股权，公司可能失去强制买回股权和抵偿债务的机会。因此，欠缴出资的股东应当先行补缴出资，再行转让股权。否则公司有权拒绝欠缴出资的股东对外转让股权，或者拒绝办理股权变动手续。

6. 股东身份的剥夺——股东除名。对股东在违反出资义务后，公司能否剥夺其股东身份，我国《公司法》并未涉及，但实践中已经出现这种做法。我国

专题七

---

[1] 彭诚：《股东出资瑕疵法律问题研究》，法律出版社2008年版，第29页。

[2] 施天涛：《公司法论》，法律出版社2006年版，第244页。

[3] 叶林："公司股东出资义务研究"，载《河南社会科学》2008年第7期。

《公司法》第28条仅规定股东违反出资义务应该向公司补缴出资并向其他股东承担违约责任，但股东的身份仍然保留。有学者认为，股权的转让是股东固有的权利，除为清偿股东债务而在诉讼程序中强制执行股权转让外，股权是不可强制转让的，已出资股东如选择股权转让方式，必须以未出资股东的同意为前提，因此实践中出现的勒令股东退股或开除股东的做法有悖于公司法的基本原理。[1] 但是，有一些国家的法律却允许公司在一定条件下开除股东。例如，德国《有限责任公司法》第21条规定："在拖延支付的情形下，可以对拖延支付的股东再次发出一项警戒性催告，督促其在一个特定的宽限期内履行支付，否则即将其连同应当支付的股份一并除名。"[2] 《意大利民法典》第2344条第4款规定："股东自公司在意大利共和国官方公报上刊登催告后经过15日仍未缴纳应缴股款的，如果董事会认为法律强制出资无益，则可以按照各自比例向其他股东销售股份，售价不低于应当缴纳的金额。其他股东不购买的，董事会可以通过一家银行或授权在规范的市场上进行交易的中介机构，以该股东的名义出售股份并且由该股东承担风险。因没有买受人而无法售出股份的，公司可以扣留已经收取的股款，宣告该股东丧失股东身份，公司就所受的损失请求赔偿的权利不受影响。"《爱尔兰公司法》第35条规定："如果认股人没有按期缴纳股款的，经董事会催告，仍未按期限缴纳股款的，董事会可以通过决议宣告认股人丧失该部分股份。"美国《示范公司法》第620条第4款规定："如果认购人未按照公司成立前订立的认购协议之规定进行现金或财产支付，公司可将认购人所欠数额与任何其他债务一样进行收取。另外，除非认购协议中另有规定，如果公司向认购人发出书面支付请求20天后，认购人仍没有支付所欠认购款项的，公司亦可宣布撤销认购协议并出售协议认购的股份。"[3] 上述国家立法通过有条件地开除未出资股东的股东身份，可以督促股东真实出资，并能避免因未出资股东的不当干预而影响公司的正常经营活动。

　　我们认为，有限责任公司带有较强的人合性，股东之间的出资协议是以相互的信任为基础的。股东违反出资义务，不仅仅是违约行为，也是对股东相互信赖关系这一合作基础的破坏，是对公司人合性的破坏。因此，如果个别股东

---

〔1〕　赵旭东：《公司法学》，高等教育出版社2003年版，第246页。

〔2〕　［德］托马斯·莱塞尔、吕迪格·法伊尔：《德国资合公司法》，高旭军等译，法律出版社2005年版，第467页。

〔3〕　参见赵旭东：《境外公司法专题概览》，人民法院出版社2005年版，第404～412页。

违反出资义务，而法律仍然要求其他股东与其合作，显然勉为其难，未必对公司的运营有利。因此，应当允许公司有权开除违反出资义务的股东。其实，早在我国《中外合资经营企业合营各方出资的若干规定》中对此已有类似规定。该《规定》第7条第1、2款规定：“合营一方未按照合营合同的规定如期缴付或者缴清其出资的，即构成违约。守约方应当催告违约方在1个月内缴付或者缴清出资。逾期仍未缴付或者缴清的，视同违约方放弃在合营合同中的一切权利，自动退出合营企业。守约方应当在逾期后1个月内，向原审批机关申请批准解散合营企业或者申请批准另找合营者承担违约方在合营合同中的权利和义务。守约方可以依法要求违约方赔偿因未缴付或者缴清出资造成的经济损失。前款违约方已经按照合营合同规定缴付部分出资的，由合营企业对该出资进行清理。”所以，今后比较切合实际的做法应当是，如果股东违反出资义务，公司可以给予其宽限期并催告该股东及时履行出资义务；在公司给予的宽限期限内，该股东仍未缴清出资的，其他股东在补足其出资后，公司董事会可以通过决议扣押其已出资部分并剥夺其股东身份。[1]

【理论拓展】
股东违反出资义务的责任追究应否受诉讼时效的限制？

对股东违反出资义务的责任追究是否应当受诉讼时效限制这个问题，目前立法上并无明确规定。有些人提议应当以股东自违反出资义务起2年的时间作为诉讼时效，目的是督促权利人及时行使权利，以确保公司资本状态的稳定性。大多数人主张暂时不要设计时效，主要的价值取向是为了保护各方权利人的利益，特别是债权人的利益。理由是违反出资义务股东对公司的出资义务是从公司“出生”到“死亡”为止，所以规定诉讼时效没有实质性意义。[2] 本书在此拟对这个问题展开讨论。

（一）追究违反出资义务股东的民事责任应受诉讼时效的限制

本书认为，追究违反出资义务的股东的民事责任应受诉讼时效的限制。理由如下：

1. 追究股东违反出资义务责任的请求权在本质上属于债权请求权。如前分

〔1〕 叶林：“公司股东出资义务研究”，载《河南社会科学》2008年第7期。
〔2〕 王塞兰：“试论股东出资瑕疵的法律责任”，载《法制与社会》2008年第5期。

专题七

析，无论是公司追究股东违反出资义务责任，还是其他足额出资的股东或公司的债权人追究股东违反出资义务的责任，也无论这种责任的性质是违约责任还是侵权责任，都表现为公司、其他足额出资的股东及公司的债权人对出资不实股东的一种债权请求权。根据我国民法关于诉讼时效的规定，债权请求权因罹于诉讼时效而丧失胜诉权。

2. 对追究股东违反出资义务责任的请求权适用诉讼时效符合诉讼时效制度的目的。是否行使权利是权利人的自由，但任何一种自由都存在法律的限度，都要与整个社会关系的和谐相吻合。民法中的诉讼时效制度的目的在于通过促使权利人及时行使权利，维护社会关系的稳定，维护交易秩序和交易安全。在股东违反出资义务的法律关系中，虽然公司、公司的债权人以及其他足额出资的股东的权利需要维护，但是如果这些权利人长期怠于行使权利，必将造就一系列处于动荡中的法律关系，责任的追究会导致追诉到久远的股东，并涉及其他作为发起人的无过错股东的连带责任，会引起公司内部法律关系激烈的震荡，甚至会影响到公司之外的法律关系，违背商事营业维持原则。因而，为了整个公司交易环境的稳定，有必要承认追究违反出资义务股东的责任应当受到诉讼时效的限制。

3. 诉讼时效的适用最终所维护的依然是债权人的利益。主张对追究股东违反出资义务的责任不适用诉讼时效的观点的最主要理由是保护公司债权人的利益。但这个理由同样也是适用诉讼时效制度所追求的后果。从公司资本与公司资产的关系来看，公司真正以自己的名义承担民事责任的财产基础是所有者权益（公司资产或净资产）而不是注册资本。在公司成立之初，所有者权益或者净资产规模与注册资本基本上是一致的，这就意味着对注册资本是否充实的考察也仅仅在公司成立之初才有意义，因此债权人应当在公司最初成立的一段时间内关注是否所有股东都履行了约定的出资义务。但是，当公司运行一段时间后，净资产与最初设立时投入的注册资本之间的联系已变得非常薄弱，此时如果公司的债权人考察公司的偿债能力，如果还是仅仅依赖公司成立时的注册资本，只关注是否所有股东都缴纳了出资，就很容易被公司的表象所迷惑。如果在法律制度中规定追究股东出资不实的责任应受诉讼时效的限制，就会给公司债权人以警示：与一个长期交易的公司进行交易时，应从宏观的层面上考虑其资产、管理、信誉等各方面，而非仅仅考察其注册资本。公司债权人这种基本"维权"意识的培养，从长远来看，对其自身利益的维护以及整个交易环境的健康有序发展都是有益的。[1]

（二）追究股东违反出资义务民事责任的诉讼时效的起算

根据我国《民法通则》第 135、136 条的规定，要求违反出资义务的股东承担责任的请求权，应适用 2 年的普通诉讼时效。根据《民法通则》第 137 条的规定，诉讼时效期间应当从知道或者应当知道权利被侵害时起计算，具体到股东违反出资义务的情形，也应当适用该规定，对此并无争议。例如，北京市高级人民法院《关于审理公司纠纷若干问题的指导意见（试行）》中第 16 条规定，其他股东要求瑕疵出资的股东补足出资的诉讼时效期间从章程规定的出资时间起算；公司要求瑕疵出资股东补足出资的诉讼时效期间适用《民法通则》第 137 条之规定，即从知道或应当知道之日起算，股东因此提起代表诉讼的，也因从知道或应当知道之日起算。因此关键问题是如何确定权利人"知道或者应当知道"之日。

我们认为，确定公司以及公司其他股东追究违反出资义务股东的责任，应当区分具体情况来认定"知道或者应当知道"之日。①如果是股东违反出资协议未如实、足额缴纳出资，则其他股东对他的请求权应当自出资协议约定缴纳时间开始计算，而公司对该股东的请求权则自公司成立之日算起。因为公司只能在自身合法成立之后才能作为请求权主体，并且也只能在设立登记时才能了解股东的真实出资情况。②如果属于股东瑕疵出资的情形，即股东用于出资的现物存在瑕疵，则以实际发现该瑕疵之时作为"知道或者应当知道"之日开始计算诉讼时效。③如果股东在公司成立后抽回出资或抽逃出资，则抽回或抽逃出资之时就应当视为公司"知道或者应当知道"权利被侵害之时，并开始计算诉讼时效。因为公司有备置商业账簿的义务，而股东抽回出资或抽逃出资都会在商业账簿上有所反映，公司应当被推定及时、即刻地知道商业账簿的记载及变动情况。而这种情况下其他股东对该股东的请求权则自其实际知道该股东抽回或抽逃出资之时开始计算。当然，《民法通则》中有关诉讼时效的中止、中断以及延长的规定也适用于这种请求权。

此外，需要注意的是，依据我国诉讼时效后果的规定，诉讼时效期间届满，仅仅使权利人丧失胜诉权，也就是不能再通过法院强制要求该股东履行出资义务，但该股东的出资义务并不消灭。所以，如果该股东抛弃时效利益而继续出

---

〔1〕　参见赵旭东：《新公司法实务精答》，人民法院出版社 2005 年版，第 103 页。

资，则应当予以准许。

【法律链接】

1.　《公司法》第 3、4、27、28、31、33、43、72、92、94、150、152、153、200、201 条。

2.《民法通则》第 135～137 条。

3.《物权法》第 9、13、23、24 条。

4.《合同法》第 110、112～114、122 条。

【思考案例】

安信中医药智能网络有限责任公司（以下简称安信网络）与拓新医药科技信息服务公司（以下简称拓新医药）于 2000 年 3 月 29 日在北京签订了《合资经营北京中大安信科技发展有限责任公司合同》，约定：合资公司的注册资本为 1 380 000 美元，其中，拓新医药认缴出资额为 414 000 美元，占注册资本的 30%，以人民币出资。安信网络认缴出资额为 966 000 美元，占注册资本的 70%，以现金出资；各方应在合营企业的营业执照颁发之日起 3 个月内，缴清各自对合营企业注册资本的出资。合资公司于 2000 年 6 月 26 日注册成立，取得营业执照。安信网络履行了合资合同约定的全部出资义务。但拓新医药却一直未履行其出资义务，致使合资公司北京中大安信科技发展有限责任公司无法进行年检，北京市工商行政管理局于 2002 年 12 月 30 日将该合资关系解除，但安信网络在合资公司存续期间的运营成本和各种支出已达 254 976 968 元人民币，加上期间的同期银行存款利息损失约 1 210 000 万元。除安信网络为防止损失扩大已收回的 550 万元人民币外，其全部投资损失额已达 375 万元人民币。在处理合资公司被注销之事宜时，双方未达成一致意见，安信网络请求拓新医药对此承担全部的民事责任。[1]

案例点评：本案中，安信网络与拓新医药签订《合资经营北京中大安信科技发展有限责任公司合同》决定成立中大安信科技发展有限责任公司，并约定了各自的出资额和缴纳期限，安信网络按期履行了合资公司约定的全部出资义务，但拓新医药却一直未履行其出资义务，并且导致合资公司北京中大安信科

---

[1]　参见赵旭东：《新公司法案例解读》，人民法院出版社 2005 年版，第 53 页。

技发展有限责任公司被工商行政管理机关注销。按照《公司法》第 29 条的规定，股东不按照前款规定缴纳出资的，除应当向公司足额缴纳外，还应当向已按期足额缴纳出资的股东承担违约责任。北京中大安信科技发展有限责任公司已经不存在，所以拓新医药不必向公司继续缴纳出资，但由此对公司和对已按期足额完成出资义务的股东的违约责任却不能免除。因此，拓新医药应当对由其违反出资义务而给公司和安信网络造成的损失承担损害赔偿责任。

专题八
股东资格的认定

　　股东资格的认定是实践中争论非常大的一个问题。在很多情况下，对股东资格的认定也是处理其他公司纠纷的前提。本章应用指南部分对股东名册与商事登记冲突时股东资格与隐名股东的资格认定进行了分析。在理论拓展部分系统地提出了股东资格认定的依据和原则。认为股东资格的认定依据应当包括公司章程的记载、出资证明书、股东名册和公司登记机关的登记，而据以认定的基本原则包括维持各方主体利益的平衡、商事营业维持、保护善意第三人、遵循公示公信以及规范股东资格等。

【应用指南】

一、股东名册记载与股东商事登记不符时股东资格的认定

（一）股东名册的记载与股东商事登记不符的原因

　　对有限责任公司来说，股东名册是指由公司置备的、记载股东个人信息和股权信息的法定簿册。我国《公司法》第33条的规定："有限责任公司应当置备股东名册，记载下列事项：①股东的姓名或者名称及住所；②股东的出资额；③出资证明书编号。记载于股东名册的股东，可以依股东名册主张行使股东权利。公司应当将股东的姓名或者名称及其出资额向公司登记机关登记；登记事项发生变更的，应当办理变更登记。未经登记或者变更登记的，不得对抗第三人。"因此，有限责任公司置备股东名册是其法定的义务。股东名册可置于公司，并备案于公司登记机关。对股份有限公司来说，股东名册的情况比较复杂。我国《公司法》第131条规定："公司发行记名股票的，应当置备股东名册，记载下列事项：①股东的姓名或者名称及住所；②各股东所持股份数；③各股东所持股票的编号；④各股东取得股份的日期。发行无记名股票的，公司应当记载其股票数量、编号及发行日期。"因此，对于股份有限公司的股东名册，应当分为以下两个层次来说明：①对于股份有限公司来说是否有义务置备股东名册取决于其所发行的股票是记名股票还是无记名股票。公司发行记名股票的，应当置备股东名册，其意义、效力和转让登记的要求与有限责任公司相同；如果公司发行无记名股票，就不需要在公司股东名册上登记持有人的姓名和住址，股票的持有人就是公司的股东，股东可以凭持有的股票对公司主张股东权。《公司法》第 126 条第 2 款规定："公司的股份采取股票的形式。股票是公司签发的证明股东所持股份的凭证。"股票是股份有限公司股东资格的重要证明依据。我国《公司法》第 103 条第 4 款规定："无记名股票持有人出席股东大会会议的，应当于会议召开 5 日前至股东大会闭会时将股票交存于公司。"当然，股份有限公司仍然需要了解和掌握股票发行的基本情况，因此，发行无记名股票的公司应当将发行股票的数量、编号及发行日期登记在册，以备需要时查阅。②对于股份有限公司中的上市公司，由证券登记结算机构对证券持有人名册进行登记。我国《证券法》第 157 条的规定："证券登记结算机构履行下列职能：……③证券持有人名册登记；……"可见，为上市公司办理股东名册的机构是中国证券登记结算有限责任公司。对于未上市的股份有限公司，则也有观点主张应由独立的第三方进行股权托管。[1]

　　一般情况下，股东名册记载的股东与公司的实际股东是相符的，不会发生冲突和矛盾，但是实践中，特别是在有限责任公司中，有的股东虽然在股东名册中有所记载，却没有在公司登记机关进行登记；有的虽然在公司登记中被登记为股东，但却没有记载在股东名册中。导致这些不规范行为的原因是多样的，有的是当事人法律意识不强，对股东名册的意义有所忽视；有的则是因为其他原因导致股东名册的"名不符实"，如虽然当事人之间达成了股权转让协议，也发生了股权移转的后果，但工商行政管理部门却以不符合管理条例为由拒绝给予股东名册的变更登记。在涉及股东对公司债权人承担责任时，有关公司的内外部法律关系交织在一起，股东资格的认定就变得更复杂了。因为在上述情况下，一旦发生纠纷，当事人提交的证据种类繁多，如公司章程、股权转让合同、股东资格证明书、出资证明书、工商变更登记等。这些证据本身的有效性难以

---

〔1〕　参见傅曦林："股东名册的固有缺陷及其独立第三方股权登记托管——兼论未上市股份有限公司股权登记托管基本思路"，载中国大学生网，访问日期：2005 年 2 月 26 日。

确定，即使都确定为有效也往往在证明力方面存在冲突，更增加了法院在处理这类纠纷时认定股东资格的困难。

（二）股东名册记载与股东商事登记不符时的处理办法

投资是一种商法中的法律行为，其核心仍是尊重当事人的意思表示，但因投资设立公司会涉及多个主体的利益，因此法律在对股东意思表示尊重的同时还必须兼顾其他主体的利益，特别是考虑到商事营业维持和交易安全的需要。因此，在处理股东名册记载与股东商事登记不符时的股东资格认定问题时，我们应当遵循以下三点：

1. 公司和股东有权依据股东名册的权利推定效力主张股东资格。在处理争议股东与公司的关系时，应注意股东名册具有权利推定效力和免责效力。以下分别对这两种效力予以说明：

（1）所谓权利推定效力，是指记载于股东名册的股东，被推定为股东并享有股东的权利。我国《公司法》第33条第2款规定："记载于股东名册的股东，可以依股东名册主张行使股东权利。"这就说明，只要是记载于股东名册的股东，就具有股东的资格，有权依据记载来主张股东的权利。只要是在股东名册上记载的人，就被推定为公司股东；而在股东名册上记载为股东的人，无需再向公司提示股票或者出资证明书来证明自己是股东，也没有必要向公司举证自己的实质性权利。两大法系的很多国家都认可股东名册的这种权利推定效力。在英美法系国家，任何取得公司股份的人只要其姓名被记入公司股东名册，就是公司的股东，而公司也只与登记在册的股东打交道，哪怕该股东的股份已经转让给他人。在受让人未将其姓名登记在股东名册之前，公司可以认为名册上的股东就是股份的所有人，此时股份的实际所有人则因没有被记载在股东名册中而没有取得股东资格，也不得对公司行使股东权利。在大陆法系国家，也有类似的规定，如德国《股份有限公司法》第67条第2款规定："在与公司的关系上，只有在股票登记簿上登记的人，才能成为公司股东"。正因为股东名册具有这种权利推定效力，所以股东名册上记载的人即股东名册上记载的股东具有形式上的股东资格或者说具有名义所有人的地位。

（2）所谓免责效力，是指公司基于股东名册的权利推定效力来判断名义股东的资格，即使名义股东并非实质上的股东，公司基于该判断所为的行为亦免除其责任。公司所为的行为有向名义股东发出会议通知、分配红利、分配剩余财产、确认表决权、确认新股认购权的行为等。换言之，公司可以凭借股东名册的记载认定股东资格而免除责任。当然，股东名册的免责效力应当以公司善意为前提。例如，日本学者末永敏和教授指出：通过更改股东名册，公司确认谁是股东，一旦名义得以更换，该名义更换人就可以行使股东的权利，公司应将更换人视为股东，并作为股东来处理。公司如果在此问题上无恶意或无重大过失，就可以免除责任。显然，有条件的免责比无条件免责更有利于减少公司在认定股东资格过程中的恶意行为。[1] 因此，免责效力使公司只对股东名册上记载的名义股东负责，而没有义务去探究谁才是实质意义上的投资者。股东名册所具有的这种免责效力也说明凭借股东名册足以明确谁是公司名义上的股东。

需要特别强调的是，有权主张股东名册权利推定效力的主体只能是公司或股东，第三人不得仅以股东名册上的记载推定股东的身份。尽管股东名册记载的人具有形式上的股东资格，但是对于第三人，股东名册并没有法律效力。法律为第三人规定了其他表征股东权的方式。例如，有限责任公司股东以公司登记部门的登记作为其权利的表征方式，而股份有限公司发起人的股东资格也需要以公司登记为确认方式，无记名股票的持有人则以其持有的股票作为权利表征方式。

2. 在股权变动中，股权的受让人如果没有股东名册作变更登记则不得对抗公司，也不得对抗第三人。股东名册是在形式上确定股东资格的依据，[2] 股东名册上所记载的股东，在与公司的关系上，被看作股东。从股东名册的效力来看，股东名册主要是表明公司与股东之间关系的法律文件。但是，我国《公司法》第 33 条第 2、3 款的规定："记载于股东名册的股东，可以依股东名册主张行使股东权利。公司应当将股东的姓名或者名称及其出资额向公司登记机关登记；登记事项发生变更的，应当办理变更登记。未经登记或者变更登记的，不得对抗第三人。"可见，股东名册只具有内部效力，也就是说只能在公司与股东之间、股东与股东之间、股权转让人与受让人之间发生效力，是股东证明其资格并向公司或者其他股东主张权利的依据；在对外关系中，具有对抗第三人效力的只能是向公司登记部门所做的变更登记。2006 年 1 月 1 日起实施的《公司登记管理条例》第 9 条第 9 项将"有限责任公司股东或者股份有限公司发起

---

〔1〕 ［日〕末敏永和：《现代日本公司法》，金洪玉译，人民法院出版社 2000 年版，第 91 页。

〔2〕 蒋大兴："公司股东资格取得之研究——一个经验、理论和规范层面的报告"，载梁慧星主编：《民商法论丛》（第 20 卷），香港金桥文化出版有限责任公司 2001 年版，第 439 页。

的姓名或者名称，以及认缴和实缴的出资额、出资时间、出资方式"作为公司的登记事项。此外，第 35 条规定："有限责任公司股东转让股权的，应当自转让股权之日起 30 日内申请变更登记，并应当提交新股东的主体资格证明或者自然人身份证明。有限责任公司的自然人股东死亡后，其合法继承人继承股东资格的，公司应当依照前款规定申请变更登记。有限责任公司的股东或者股份有限公司的发起人改变姓名或者名称的，应当自改变姓名或者名称之日起 30 日内申请变更登记"。所以，股东的变动也属于变更登记的事项，股东名册本身并不具有对抗第三人的效力。股权受让人受让股权后如果没有办理变更登记的，仅仅不得对抗公司。这里的"不得对抗公司"是指公司有权以股东名册的记载为依据拒绝向该争议股东履行义务，这实际上也是股东名册权利推定效力的表现，而非针对第三人的对抗效力。国外对此也有类似规定。如《日本商法典》第 206 第 1 款规定："通过受让股份而取得股份者，未将取得人的姓名及住所记载于股东名册，就不得以之对抗公司。"《韩国商法典》第 337 条规定："转移记名股票，若未在股东名册上记载受让人的姓名及其住所，则不得对抗公司。"

当然，一个不能回避的问题是，公司能否对未进行名义更换的实际股东认定其股东资格，从而赋予其对抗公司的能力？对此，有两种代表性的学说，即片面约束说和双方约束说。片面约束说认为，股东名册的对抗效力仅指未进行名义更换的受让人不得向公司主张自己为股东，但是，如果公司自愿承担风险，将未进行名义更换的受让人视为股东，是可以允许的。双方约束说则认为，不仅未进行名义更换的股东不能主张自己为股东，而且公司也不能认定其为股东。[1] 比较这两种学说，显然双方约束说更为合理，理由是：一方面，公司法是团体法，稳定团体法律关系是其创制的基点，因此公司不能单方面放弃股东名册的对抗效力；另一方面，从股东平等的理念来看，若允许公司将某一实际股东视为股东，则公司也必须将其他所有的实际股东都视为股东，而这在股东人数众多的公司中很难实现。此外，名义更换的程序非常简单，如果实际股东怠于名义更换，法律也就没有必要对其利益特别加以保护。因此，想在公司成立后以受让方式取得股东资格的投资者必须完成股东名册的变更登记，否则就无法向公司主张权利。

---

〔1〕　蒋大兴："公司股东资格取得之研究———一个经验、理论和规范层面的报告"，载梁慧星主编：《民商法论丛》（第 20 卷），香港金桥文化出版有限责任公司 2001 年版，第 442～444 页。

3. 对善意第三人应以商事登记作为确定股东资格的依据。对善意第三人的保护就是对于交易安全和效率的保护，公司法特别注重对善意第三人的保护，以维护正常的商业秩序。依据我国目前的公司登记制度，在工商行政管理部门进行的股东登记对于股东资格的确认具有公示性和公信力。公司法上的公信力是指企业登记及公告的方法仅依其登记及公告的内容赋予法律上的公信力，即使该内容有瑕疵，法律对信赖该内容的第三人也将加以保护。通过赋予公示的登记事项以对抗力，既能保护登记人的合法权益，也能通过赋予登记事项以公信力来保护善意第三人，从而维护交易安全。从学理上讲，商事登记的效力有创设效力和公示效力之分。对于公司的主体人格，商事登记具有创设效力，登记是公司取得商事主体资格的必要条件，如果不登记，则公司人格无从产生。而对于公司股东来说，商事登记则具有公示效力。因为股东自完成出资行为起即取得股东的身份。因此，对于公司股东的登记只具有公示的效果，未经登记并不导致股东出资行为的无效，而仅仅不具有对抗第三人的效力。例如，我国《公司法》第33条第3款规定："公司应当将股东的姓名或者名称及其出资额向公司登记机关登记；登记事项发生变更的，应当办理变更登记。未经登记或者变更登记的，不得对抗第三人。"各国的商事登记法律都规定，登记事项经公示（公告）后，即产生法律上的对抗力和公信力。[1] 根据我国《公司登记管理条例》第9条的规定，有限责任公司股东的姓名或名称属于设立登记时应当登记的事项之一。该条例第35条还规定："有限责任公司股东转让股权的，应当自转让股权之日起30日内申请变更登记，并应当提交新股东的主体资格证明或者自然人身份证明。有限责任公司的自然人股东死亡后，其合法继承人继承股东资格的，公司应当依照前款规定申请变更登记。有限责任公司的股东或者股份有限公司的发起人改变姓名或者名称的，应当自改变姓名或者名称之日起30日内申请变更登记。"因此，商事登记能够确认公司设立时谁是公司的股东，也能对股东的变更予以确认，这种确认有公示性和较强的公信力，从而能起到对第三人的保护作用。在商法外观主义的原则之下，即使商事登记存在瑕疵，第三人也有权信赖登记的真实性而要求被登记股东对其承担责任。

总之，股东名册发挥的仅仅是对内效力，只有股东或公司有权依据股东名册主张某人是否具有股东资格。股东名册的记载其实还不能完全揭示真实的股

---

〔1〕 江帆、孙鹏：《交易安全与中国民商法》，中国政法大学出版社1997年版，第83页。

东，也不具有公示公信力。实践中确实还存在公司未依法记载股东名册事项、未及时进行变更股东名册的事项等情况，但在涉及公司以外的第三人的诉讼中，如在债权人主张确认股东资格时，仅仅依靠股东名册有时并不能达到目的，还是需要借助商事登记制度。有学者所指出："公司法规定的股东名册制度立足于意思自治，本质上是一种信用制度。这种信用制度的操作环境取决于公司是否严格依法运行。即使建立起股东名册，现实中也缺乏联网、发布、查询的公示条件。在股东名册的操作缺位时，商事登记起了比较强的替代作用。尽管对商事登记的法律效力存在模糊的理解，但是工商局登记的股东名称、股权比例等登记事项具有很强的操作意义。"[1]

二、隐名出资情形下股东资格的认定

(一) 隐名出资者的含义和特点

隐名投资已经成为全世界范围内普遍存在的经济现象。我国《公司法》并没有对隐名出资者进行规定。通说认为，隐名出资者主要是一个学理概念，也称隐名股东或实际出资人，是指虽然对公司出资，但其出资被公司章程、股东名册或者其他商事登记材料记载为他人的公司投资人。其中的"他人"即为显名出资者，又称显名股东或名义股东，是指与隐名出资者达成隐名出资协议的股东，也是公司章程、股东名册或其他商事登记材料中所记载的投资人。隐名出资设立的公司，可能全体股东都知晓，也可能只有部分股东知晓。因而隐名出资涉及隐名出资者、显名出资者、公司、公司其他股东以及第三人等多方面的法律关系，比较复杂。隐名出资者具有以下特点：①隐名出资者实际认购了公司股份。②隐名出资者并不出名。公司的章程、股东名册或者其他商事登记材料记载的投资人没有隐名出资者，而所记载的都是显名股东。③隐名出资者之所以隐名，是因为一定原因不希望自己出名，隐名投资行为是隐名股东本人真实的意思表示。至于隐名的原因，或是出于规避法律的限制性或者禁止性规定的目的，或是出于投资行为效益最大化的考虑而采取的正当投资策略。

(二) 对隐名出资者是否具有股东资格的不同立法与观点

从比较法的角度看，各国立法对于隐名出资者法律地位的立法态度存在很

---

〔1〕 傅曦林："股东名册的固有缺陷及其独立第三方股权登记托管——兼论未上市股份有限公司股权登记托管基本思路"，载中国大学生网，访问日期：2005 年 2 月 26 日。

大差异。在英美等国家，由于信托制度比较发达，因此通过股权信托的方式建立的名义出资人和隐名出资者的关系为法律所认可。有的国家如韩国，法律规定隐名出资者与名义出资人享有同样的权利和责任的，实际上即承认隐名出资者的法律地位。[1] 但是，我国《公司法》却并未认可隐名出资者具有与显名出资者相同的法律地位。例如我国《公司法》第25条要求将有限责任公司股东的姓名或者名称作为公司章程的绝对必要记载事项。第33条要求公司应当将股东的姓名或者名称及其出资额向公司登记机关登记；登记事项发生变更的，应当办理变更登记。未经登记或者变更登记的，不得对抗第三人。第82条要求将发起人的姓名或者名称作为股份有限公司章程的绝对必要记载事项。第103条要求无记名股票持有人出席股东大会会议的，应当于会议召开5日前至股东大会闭会时将股票交存于公司等。可见，《公司法》倾向于以登记来确认股东的资格。值得注意的是，我国《公司法》中有一个"实际控制人"的概念，在《公司法》第217条第3项中将"实际控制人"解释为："虽不是公司的股东，但通过投资关系、协议或者其他安排，能够实际支配公司行为的人"。应当说，"实际控制人"虽不能与隐名出资者等同，但却应当包括隐名出资者在内，换言之，隐名出资者可能属于"实际控制人"的一种形式。对于"实际控制人"的股东资格认定问题，从我国《公司法》第217条在对其概念界定上来看，强调其"虽不是公司的股东"，可见立法并不认可其为公司的股东，但"实际控制人"可以"通过投资关系、协议或者其他安排"而"实际支配公司"，且在《公司法》第16条中对公司为实际控制人提供担保作出了规定，第21条又规定实际控制人"不得利用其关联关系损害公司利益"。从这些规定来看，实际控制人固然受《公司法》的调整，但《公司法》并未对实际控制人的权利义务作出进一步明确，导致实践中实际控制人的权利义务很难界定，不利于纠纷的处理。所以，从目前《公司法》的立法层面还找不到隐名出资者具有股东资格的直接依据。

在学理方面，对于隐名出资者是否具有股东资格，学界一直有较大的分歧。代表性的观点主要有形式说和实质说两种。实质说认为，无论出资行为的名义人是谁，实际出资人应成为权利义务的主体，即将隐名出资者视为公司的股东。这种观点以意思主义为其理论基础，主张寻找与公司构建股东关系的真实意思

---

〔1〕 参见潘晓璇："实际出资人股东资格的认定"，载《法律适用》2007年第4期。

人，而不以外在表示行为作为判断股东资格的基础同时也是基于保护真正投资人的目的。形式说则认为，在隐名投资的情形下，只能将显名股东视为公司股东，隐名出资者不应当成为股东。其依据是：①公司法上的行为是团体性行为，强调法律关系的稳定性，若认为隐名出资者是股东则破坏了这种团体关系的稳定性。②如采实质说，公司须对其股东出资的实际出资情况承担调查的义务，这对公司来说几乎是不可能的。③公司设立及股份认购行为的要式性决定了不可能将隐名出资者视为真正的股东，因为隐名出资者没有履行法律所规定的、能换取股东身份的出资的形式要件。[1] 应当说，上述这两种观点都有一定的道理，但也都因将隐名出资法律关系简单化而有不周全之处。实质说忽略了商事登记制度中登记对于股东身份的公示效力，而形式说则忽略了隐名出资者的出资意图和出资事实。对隐名股东是否具有股东资格的判断，应当予以具体分析。

（三）隐名出资者是否具有股东资格的判断方法

我们认为，不能一概地否定隐名出资者的股东资格，隐名出资者是否具有股东资格涉及隐名出资者、显名股东、其他股东、公司以及第三人等多方法律关系的主体，因此应当按照公司的对内和对外关系两种情况，分别对这些主体之间的关系予以分析。

1. 在公司的内部关系方面，原则上隐名出资者应当具有股东的资格，并享有股东权利。在处理公司内部股东资格认定纠纷时，隐名出资者的资格认定并不涉及公司以外的第三人的利益，完全是一个公司的内部问题，所以应当主要遵循契约自由、意思自治的原则，将隐名出资者视为股东，而不论该投资是以谁的名义。对此还需要说明三点：

（1）就隐名出资者与显名股东之间的关系来看，应当依照隐名投资的协议来处理他们之间的关系。隐名投资的实现，必然要求隐名出资者与显名股东之间存在合同关系，否则不可能实现隐名投资。因此，隐名出资者与显名股东之间的关系应当按照合同法的相关规定来处理，遵循实事求是的原则，只要隐名出资者确实对公司进行了投资，并且这种投资是以设立公司、承担经营风险为目的，就应当认定隐名出资者在公司内部具有股东资格。如果隐名出资者与显名股东之间就前者是否具有股东资格发生争议，认定是否是隐名股东的依据应

〔1〕 参见蒋大兴："公司股东资格取得之研究——一个经验、理论和规范层面的报告"，载梁慧星主编：《民商法丛论》（第20卷），香港金桥文化出版有限责任公司2001年版，第422页。

当是隐名出资者对公司进行投资的事实。

（2）从隐名出资者与显名股东以外的公司其他股东的关系来看，二者间构成何关系应按不同情况来确定。如果其他股东对隐名出资不知情，其他股东只与显名股东构成股东间的法律关系，并不与隐名出资者构成直接的法律关系；如果其他股东明知隐名出资者的实际出资情况，他们之间的关系就可以按照股东间的关系来处理，包括可以适用《公司法》第16、21条来规范与隐名股东相关的行为；如果隐名出资者出现出资不实或抽逃出资的情况，其他股东既可单独要求显名股东承担向公司足额缴纳责任或向足额缴纳出资的股东承担违约责任，也可以同时或先后要求隐名出资者或显名股东承担侵权责任。

（3）从隐名出资者与公司的关系来看，可以按照前述股东名册的效力来处理。如果公司知晓隐名出资协议的存在，公司就不得拒绝隐名出资者对其直接主张股东权；如果公司不知晓隐名出资协议的存在，则公司可以拒绝隐名股东向其直接行使股东权。股东名册所记载股东并不包括隐名出资者，所以公司有权拒绝隐名出资者向其主张股东权利。但由于股东名册的效力仅局限于股东和公司之间，公司也完全可以无视股东名册的记载而允许隐名出资者向其直接行使股东权利。

2. 从公司的外部关系即隐名股东与第三人（或债权人）的关系来看，隐名出资者不应当认为具有股东资格，除非第三人明知。如前所述，我国《公司法》第33条第3款规定："公司应当将股东的姓名或者名称及其出资额向公司登记机关登记；登记事项发生变更的，应当办理变更登记。未经登记或者变更登记的，不得对抗第三人。"《公司登记管理条例》第9、35条分别对公司股东及其变更要求登记。而股东及其变更的登记具有公示效力，因此为保护善意第三人的利益，应当认为隐名出资者对第三人不具有股东资格，显名股东才具有股东资格并应当承担相关责任。

【理论拓展】

股东资格认定的依据

股东资格，又称股东身份或股东地位，是投资人因投资而取得和行使股东权利的依据。在公司法的实务中，股东资格的认定是一种常见的纠纷。依据公司法的原理，股东应当是向公司出资、签署公司章程并登记，进而享有股东权利的人。但是在实践中，由于种种原因，股东并不完全具备这些条件，因而可能使股东的资格认定出现困难。而在涉及股东权确认、股权转让、股权享有以及债权人追究瑕疵出资时的股东责任等纠纷的诉讼中，当事人都有可能发生关于股东资格认定的争议，正确认定公司的股东资格才是解决这类纠纷的前提。由于长期以来我国公司法律制度不够健全，公司法理论研究上又不够深入，对如何认定公司股东资格至今仍有不少争议，加之我国公司的设立和运作并不规范，审判实践中各地法院的做法也有所差别，给股东资格的认定更带来了的难度。2006年施行的新《公司法》虽然对于股东资格认定的相关问题做出一些规定，但是相关规则依然比较原则，还需要我们继续深入研究。本书在此就股东资格认定的原则和具体依据的判断予以探讨。

（一）股东资格认定的基本原则

股东资格认定困难的原因，除了公司法对此缺乏明确详细的规定外，主要是由于股东在公司的设立和转让出资时的不规范操作。总体上说，对于股东资格的认定，应当遵循以下原则：①注意维持各方主体的利益平衡，优先保护善意第三人利益。股东资格的认定牵涉股东、公司和债权人等多方主体的利益。其中，债权人和公司之间的关系属于交易制度范畴，股东和公司之间的关系属于公司制度范畴。认定股东资格既要充分维护交易制度，又要维护公司制度，使两种制度的功能都能得到实现。但是，当以上两种利益发生冲突时，公司法应当优先保护第三人的利益，这是维护市场交易秩序和安全的客观要求。具体来说就是，在认定股东资格涉及第三人、公司以及股东之间的利益冲突时，应当优先考虑第三人利益。②遵循商事营业维持原则，尽量维护公司内部法律关系的稳定性。公司涉及的利益主体众多，法律关系复杂，应当维护公司内部各种法律关系的相对稳定。认定股东资格应考虑到尽可能地使公司成立有效，使公司已成立的行为有效，不轻易否定公司本身，不轻易否定公司已成立的行为，不轻易否定公司股东资格。③尊重股东意思自治和商法中的公示主义调整方法。出资设立公司是一种民事法律行为，因此必须遵守有关法律行为的基本要求。当事人应当有作为股东的真实意思表示，若没有真实意思表示就不应当认定为股东，否则就违背私法意思自治原则。但鉴于相对人与公司的交易，通常是通过公司的外观特征来了解和判断公司的资信状况。根据商法的公示主义调整方法，公司应当将其股东、资本等基本情况以法定的形式予以公开，使相对交易人周知，相对交易人不承担因公司外观特征不真实而产生的交易成本与风险。因此，认定股东资格既要考虑到当事人的真实意思表示，也要考虑到公司对外公示主义调整方法的意义。④遵循合法性原则。实践中之所以出现诸多股东"名不副实"的状况，进而演化为股东资格的认定纠纷，有些是因为当事人存在规避法律的情况。例如，为规避《公司法》对一人公司的诸多限制而设挂名股东，或为规避《公司法》对股东资格的限制而设隐名股东。在公司设立和出资转让中所存在的这些法律规避行为，会危及公司法律制度和市场交易安全。而依据民法原理，规避强制性法律规定的行为应当认定为无效。因此对这类股东的股东资格应当做出无效的认定，并按民法无效法律行为的后果予以处理。

（二）股东资格认定的具体依据

1. 依据商事登记对股东资格进行认定。商事登记是认定股东资格最重要的依据。对股东进行商事登记使股东资格获得了公示效力。公司登记机关对股东资格的登记本身并无创设股东资格的效力，而具有对善意第三人宣示股东资格的证权功能。第三人也有理由相信登记材料的真实性，即使对股东资格的登记有瑕疵，按照登记的公示效力，第三人仍可认为登记是真实的，并要求所登记的股东按登记的内容对其承担责任。我国《公司法》第 33 条第 3 款明确规定："公司应当将股东的姓名或者名称及其出资额向公司登记机关登记；登记事项发生变更的，应当办理变更登记。未经登记或者变更登记的，不得对抗第三人。"因此，应当保护第三人依据商事登记对股东资格的信赖；对第三人而言，只要是善意的，就可推定凡是被登记为股东者即具有股东的资格，而不须考虑出资的事实、股东名册记载等因素对股东资格认定的影响。

2. 依据公司章程对股东资格的认定。公司章程是公司必备的基本文件，是公司组织和活动的基本规则。其性质是公司内部的契约，是确定公司与其股东、董事或监事之间权利义务和责任的重要法律依据。公司章程对股东资格认定的意义与对股东商事登记的意义相同。我国《公司法》第 25 条规定："有限责任公司章程应当载明下列事项：……④股东的姓名或者名称……"第 82 条规定："股份有限公司章程应当载明下列事项：……⑤发起人的姓名或者名称、认购的股份数、出资方式和出资时间；……"所以，有限责任公司必须在章程中记载股东的名称或姓名，股份有限公司必须在章程中载明发起人的姓名或者名称。通说认为，股东的名称或姓名是章程的绝对必要记载事项。股东应当在章程上签名，在公司设立时应将章程提交公司登记机关核准。在发生股权转让而改变股东名称时，也需要修改公司章程。所以，经过商事登记的公司章程不仅对内是认定股东资格的主要依据，对外还具有公示的效力，它也是交易相对人据以判断公司股东资格的依据。此外，公司章程的规定还具有对抗其他股东的内部约定或决议的效力。

3. 基于出资或认购股份的事实而认定股东资格。出资是股东最重要的义务，因此出资是最具有实质意义的股东资格认定的依据。在公司内部关系中，不需要借助商事登记的公示效力而必须依赖出资的事实来确认股东资格。从民法的角度来看，出资是一种法律行为，是以设立公司为目的、承担经营盈亏风险而交付资本的意思表示行为。出资的结果是使该部分出资构成公司资本的一部分，出资者所换取的对价是股东的身份和相应的权利。出资与对公司借贷显然不同，借贷中出借方并不承担公司经营的盈亏风险，而是要在借款到期时取得本金和利息的回报。因此，只要是符合上述出资要求，特别是具备出资的真实意思表示，就应当在公司内部关系中被认定为股东并享有股东的权利和义务。前文关于隐名出资者股东资格的认定，就是依赖这种出资的法律行为来确定的。认购股份是指已同意认购股权、认缴出资但仍未实际缴付资本的行为，这种行为的存在是因为我国《公司法》对有限责任公司和采用发起方式设立的股份责任公司允许采用缓和的法定资本制，因此股东可以分期缴纳出资。此外，在股权转让中，受让方如果没有及时办理登记，只要符合出资的规定和《公司法》规定的转让要求，也应当认定受让方具有股东资格。没有对公司出资的人，即使被公司登记机关登记为股东，或是在股东名册上被记载为股东，公司也有权拒绝其享有或行使股东权利。当然，出资作为法律事实，也需要通过证据来认定，这些证据主要有以下几类：

（1）股东名册。股东名册对于股东资格认定的意义已如前述。股东名册上所记载的股东应当被推定为股东，公司据此向股东履行利润分配等义务，即使发生错误，也可以免责。但是股东名册的效力仅仅局限于股东与公司之间，所以，股东名册具有证明股东资格的"表面证据"功能。[1] 如果有其他证据足以否认股东名册的证明效力，则不能依据股东名册主张股东资格的存在。

（2）出资证明书和股票。出资证明书和股票是有限责任公司和股份有限公司对股东持有股份凭证的不同称谓。我国《公司法》第 32 条规定："有限责任公司成立后，应当向股东签发出资证明书。出资证明书应当载明下列事项：

---

〔1〕 参见蒋大兴："公司股东资格取得之研究———一个经验、理论和规范层面的报告"，载梁慧星主编：《民商法丛论》（第 20 卷），香港金桥文化出版有限责任公司 2001 年版，第 441 页。

①公司名称；②公司成立日期；③公司注册资本；④股东的姓名或者名称、缴纳的出资额和出资日期；⑤出资证明书的编号和核发日期。出资证明书由公司盖章。"对于股份有限公司，《公司法》第 126 条第 2 款规定："公司的股份采取股票的形式。股票是公司签发的证明股东所持股份的凭证"。有限责任公司在设立后应向股东签发出资证明书，而对股份有限公司，我国《公司法》第 133 条规定："股份有限公司成立后，即向股东正式交付股票。公司成立前不得向股东交付股票。"所以，股份有限公司在成立后应向股东交付股票。出资证明书和股票都是公司成立后应向股东签发的凭证，是一种权利证明文件，对于股东资格的确定具有重要的证据意义。出资证明书和股票不仅能证明股东之间的股权关系，而且还能证明股东所持有的股份数额。但出资证明书和股票都没有创权效力，而仅有证权效力。因为出资证明书和股票都是由公司在公司成立后签发给出资股东的，《公司法》第 133 条还特别强调了公司成立前不得向股东交付股票。如果公司成立后不向股东签发出资证明书或股票，也不影响股东的身份。因为根据前述出资法律行为的效果，完成出资就使股东获得了股东的身份和权利。当然，在公司成立后不向股东签发出资证明书或股票的情形下，股东有权请求公司出具出资证明书或交付股票。

（3）有效的股权转让协议。《公司法》对有限责任公司和股份有限公司的股权转让有不同的规定。我国《公司法》第 72 条规定："有限责任公司的股东之间可以相互转让其全部或者部分股权。股东向股东以外的人转让股权，应当经其他股东过半数同意。股东应就其股权转让事项书面通知其他股东征求同意，其他股东自接到书面通知之日起满 30 日未答复的，视为同意转让。其他股东半数以上不同意转让的，不同意的股东应当购买该转让的股权；不购买的，视为同意转让。经股东同意转让的股权，在同等条件下，其他股东有优先购买权。两个以上股东主张行使优先购买权的，协商确定各自的购买比例；协商不成的，按照转让时各自的出资比例行使优先购买权。公司章程对股权转让另有规定的，从其规定。"可见有限责任公司基于公司人合性的特点，在股东之间奉行自由转让原则，对外转让则存在一系列的限制。但无论对内或对外转让，都需要出让人和受让人达成股权转让协议。而对于股份有限公司，《公司法》第 138 条规定："股东持有的股份可以依法转让。"第 139 条则规定了股份转让的方式，即"股东转让其股份，应当在依法设立的证券交易场所进行或者按照国务院规定的其他方式进行"。可见，除了《公司法》第 142 条对发起人以及董事、监事、高级管理人员的转让股份存在限制外，股份有限公司转让股份均奉行自由转让原则；在转让方式上，无论股份有限公司是否上市，都允许以协议转让的方式进行转让。因此，在协议转让中，股份有限公司股份的转让也需要由出让方和受让方达成股权转让协议。只要股权转让协议本身合法，如不存在违背前述关于有限责任公司股权转让限制的情形，就不应当属于禁止出让的股权范畴，并且股权转让的事实符合股权转让协议约定的具体条件，那么，股权转让协议也可以成为证明股权已经转移的证据。

4. 基于其他事实认定股东资格。其他作为股东的事实，如在有限责任公司中对公司事务进行管理，分取过公司的利润等。这些行为一般情况下由股东实施，因此也可以作为判定股东身份的依据。

【法律链接】

1.《公司法》第 25、32、33、35、82、97、131、140、141 条。

2.《证券法》第 12、157 条。

【思考案例】

2006 年 7 月，某塑料制品有限责任公司的股东李某向吴某介绍了该塑料制品有限责任公司的基本情况，并邀请吴某携资入股。吴某欣然同意，该塑料制品有限责任公司的另一名股东张某也对吴某的加入表示同意。吴某于是向公司出资 15 万元。公司向吴某出具证明："今收到吴某投资款 15 万元"，并加盖有该塑料制品有限责任公司的财务专用章。吴某自己也很快投入到对公司的经营管理中，专门负责公司的日常管理，所需费用也经常在公司支取或报销。但是，由于公司事务繁忙，大家都忽视了对公司章程的修改和办理公司股东的变更登记。2006 年底，公司向吴某分配利润 8 万元，吴某在领取该笔钱时打了收条："今收到 2006 年红利 8 万元"。但是从 2007 年开始，由于金融风暴的影响，公司业务逐渐陷入困境，此时，吴某以自己尚未被章程记载为股东，也未被登记机关登记为股东为由，主张其出资为借款，要求李某和张某归还尚欠的 7 万元。吴某是否具有股东的资格？

案例点评：本案中由于不涉及第三人，因此确认吴某是否具有股东资格的关键是看其是否对公司出资。这就需要解决出资事实的证明问题。而从案情来看，吴某当初携资入股确实是为了成为塑料制品有限责任公司的股东，并且公司向其出具的证明"今收到吴某投资款 15 万元"也表明了吴某的行为属于"投资"而非借款。此外，吴某对公司经营事务的参与、对所需费用在公司的报销和支取行为，以及于 2006 年所分取公司利润的事实都非债权人能为，而是足以证明吴某具有股东资格。

专题九

股东的权利

【应用指南】

一、股东权利的分类

股东权利，简称股权，是股东基于其股东资格和地位而对公司所享有的权利。《公司法》第 4 条规定："公司股东依法享有资产收益、参与重大决策和选择管理者等权利。"上述权利是股权的核心内容，股东权利的具体内容正是在这些权利的基础上细化而来的。

依据不同的标准，股东权利一般分为以下四类：

（一）自益权与共益权

以股东权利的内容和行使的目的为标准，股东权利可分为自益权与共益权。自益权是股东为了自身的利益而行使的权利，如利润分配请求权、剩余财产分配请求权等；共益权是股东为了自身的利益并兼以公司的利益为目的而行使的权利，如出席股东大会的表决权、要求法院宣告股东大会决议无效的请求权等。一般而言，自益权主要是财产权，共益权主要是公司事务的参与管理权。但是两者的界限并非绝对，某些权利如知情权则兼具自益权与共益权的特点，两者相辅相成共同构成了完整的股东权利。

（二）固有权和非固有权

以股东权利的性质为标准，股东权利可分为固有权与非固有权的意义。固有权又称不可剥夺权，是公司法赋予股东的、不得以公司章程或股东（大）会决议予以剥夺或限制的权利。非固有权又称可剥夺权，是指依公司章程或股东（大）会决议可剥夺或可限制的权利。共益权多属于固有权，而自益权多属于非固有权。区分固有权与非固有权的意义，主要在于明确哪些权利公司可以限制，哪些权利公司不得限制或者剥夺，以维护股东的合法权益。

（三）单独股东权和少数股东权

以股东权利行使方式不同为标准，股东权可分为单独股东权与少数股东权。单独股东权是指不论股东持股多少，均可以由股东一人行使的权利，如表决权、宣告股东大会决议无效的请求权等。少数股东权是指持有已发行股份一定比例以上的股东才能行使的权利，如《公司法》第101条规定提请召开临时股东大会的请求权。享有少数股东权的少数股东既可以是一人，也可以是数人，具体视法律规定或公司章程约定来确定。公司法对少数股东权的规制，主要是为了制约股东权的滥用，以维护公司经营管理的稳定。

（四）一般股东权与特别股东权

这是以股东权利的行使主体为标准进行的划分。一般股东权是指普通股东即可行使的权利；特别股东权是指专属于特定类型股东的权利，如公司发起人或特别种类的股东（如优先股股东）所享有的股东权即属于特别股东权。

虽然依据不同的标准，股权可分为上述不同的类别，如自益权与共益权、固有权与非固有权、单独股东权与少数股东权、一般股东权与特别股东权等，但股权的内容具有复合性，与传统民法中的债权或者物权存在差异，但总的来看，股权可以概括划分为两类，即财产权与非财产权。

二、股东权利的内容及其行使

概括来看，股东权利主要包括以下几项：

1. 表决权。表决权是公司股东出席股东会就议案事项作出同意或者不同意的意思表示的权利。在现代公司治理模式中，公司股东，特别是股东人数较多的有限责任公司和股份有限公司的股东，并不直接参与公司的管理和经营，而是通过在股东会上行使表决权来间接参与公司管理。因此，对于股东而言，表决权是一项最基本、最重要的权利，属于股东的固有权利，是股东成员资格的重要体现，也是股东区别于债权人等利益相关者的标志，不能无故被剥夺（无表决权股例外）。

表决权在性质上属于固有权、共益权、单独股东权。《公司法》第43、104条规定，有限责任公司的股东按照出资比例行使表决权，股份有限公司的股东依照"一股一权"的原则行使表决权。与此同时，基于有限责任公司的人合性，《公司法》第43条规定，有限责任公司章程可以规定股东不按出资比例行使表决权。

通过出席股东会并行使表决权，股东可以实现对公司的最终控制。股东控制的领域主要有三个：对公司在章程的控制、对公司管理层的控制和对公司盈余的控制。[1] 通过表决权，股东有权就股东会修改公司章程、选举董事、监事、利润分配等提案作出同意或者反对（弃权等同于反对）的表示。这样，在股东人数较多的公司，不直接参与公司管理的股东就实现了公司法规定的参与公司重大决策、选择公司管理者等权利。与表决权相关的股东权利还包括股东会召集权和提案权。

（1）股东会召集权。股东会分为定期会议和临时会议，依照公司法的规定，有限责任公司的股东会定期会议按照公司章程规定的时间召开，股份有限公司的股东大会应当每年召开一次年会。当公司有重大情形出现时，公司法允许召开临时股东会。股东的利益与公司息息相关，因此公司法赋予股东提议召开临时股东会议的权利。根据《公司法》第40条的规定，有限责任公司代表1/10以上表决权的股东提议召开临时会议的，应当召开临时会议；根据第101条的规定，股份有限公司单独或者合计持有公司10%以上股份的股东请求召开临时股东大会时，应当在2个月内召开。

（2）提案权，是指股东向股东会提出议案的权利。修改前《公司法》没有股东提案权的规定，新《公司法》赋予了符合条件的股东提案的权利，有利于保护公司中小股东的利益。我国新《公司法》第103条第2款规定，股份有限公司"单独或者合计持有公司3%以上股份的股东，可以在股东大会召开10日前提出临时提案并书面提交董事会；董事会应当在收到提案后2日内通知其他股东，并将该临时提案提交股东大会审议"。股东提案权的确立，有利于实现股东对公司决策和经营的参与和监督，提高股东对股东大会参与的积极性。

2. 利润分配请求权。利润分配请求权是指股东基于其资格和地位，享有的请求公司向其分配利润的权利。利润分配请求权包括两个层面的含义：一是作为股东固有权、自益权的利润分配请求权；二是作为债权的利润分配请求权。作为股东固有权、自益权的利润分配请求权，是指股东有权基于其股东资格和地位请求公司在有利润可分配的情况下作出分配；作为债权的利润分配请求权，是指在公司有利润可供分配时，股东会作出分配决议后而未向股东支付的，股

---

〔1〕 参见 ［英］ 保罗·戴维斯：《英国公司法精要》，樊云慧译，法律出版社2007年版，第17～25页。

东有权请求公司支付。

股东投资于公司的根本目的是获取收益，即通过公司盈余分配获得股利。因此，股利分配请求权是股东权的核心。《公司法》第 4 条规定，公司股东依法享有资产收益等权利，即对收益权的肯认。

对于利润分配标准，《公司法》第 167 条第 4 款规定："公司弥补亏损和提取公积金后所余税后利润，有限责任公司依照本法第 35 条的规定分配；股份有限公司按照股东持有的股份比例分配，但股份有限公司章程规定不按持股比例分配的除外"。针对我国公司实务中存在的长期不分配利润的现象，《公司法》第 75 条规定，公司连续 5 年不向股东分配利润，而公司该 5 年连续盈利，并且符合本法规定的分配利润条件的，对股东会该项决议投反对票的股东可以请求公司按照合理的价格收购其股权。与股东收益权相关的权利除利润分配请求权外，还包括剩余财产分配请求权、优先认购权等。

（1）剩余财产分配请求权，是指在公司清算时，股东对于公司剩余的财产享有请求分配的权利。该权利的实现以公司清偿全部债务后尚有剩余财产为前提，如果公司财产不足偿还债务，则应宣告破产，股东的剩余财产分配请求权也就没有任何意义了。我国《公司法》第 187 条第 2 款规定："公司财产在分别支付清算费用、职工的工资、社会保险费用和法定补偿金，缴纳所欠税款，清偿公司债务后的剩余财产，有限责任公司按照股东的出资比例分配，股份有限公司按照股东持有的股份比例分配。"该条即对股东剩余财产分配请求权的确认。

（2）优先认购权是指在公司增加资本时，股东基于其资格和地位优先于一般人按照自己原有的持股比例认购新股的权利。赋予股东优先认购权，有利于保护原有股东的比例利益，维持原有股东对公司的比例控制权。我国《公司法》确认了股东的优先认购权。《公司法》第 35 条规定，"公司新增资本时，股东有权优先按照实缴的出资比例认缴出资"；第 134 条规定，公司发行新股，股东大会应当就向原有股东发行新股的种类及数额作出决议。当然，股东的认购优先权实际上是一种选择权，股东可以选择行使，也可以选择不行使。需要注意的是，这种优先权只是认购上的优先，在发行价格等条件上并不享有特殊的优惠。

3. 知情权。股东知情权是指法律赋予股东通过查阅公司的财务会计报告、账簿等有关公司经营决策、管理的相关资料以及询问与上述有关的问题，来实现了解公司的运营状况和公司高级管理人员的活动的权利。股东知情权根据各国立法例的不同，可分为财务会计报告查阅权、账簿查阅权和检查人选任权等权利。这三种权利内容虽然有所不同，但都是为了保障股东能够及时、准确地获取公司的经营管理信息。

在现代公司制度中，股东权是公司权利体系的核心内容。然而由于公司制奉行所有权与经营权分离原则，大多数股东并不直接参与公司的经营管理，公司的日常经营和决策掌握在董事会和经理层手中，股东常常处于信息不对称的弱势地位，导致股东权无法真正实现。因此，大多数国家的公司法中确认了股东知情权。

不可避免的是，该项权利也存在被滥用的可能。例如，股东为了与公司进行同业竞争或为了谋取其他不正当利益而利用该权利获取公司的商业情报。因此，对于该权利的行使，应给予适当的限制，如要求遵循诚实信用原则，善意公平，合理地行使知情权。由于目前对于股东知情权的保护尚嫌不足，因此不宜在公司法中明文规定对该项权利的限制，具体的限制可以由法官在个案中通过适用公司法精神及民法的相关原则来实现。

2005年修改后的《公司法》大大增加了股东知情权的范围。《公司法》第34条规定，有限责任公司"股东有权查阅、复制公司章程、股东会会议记录、董事会会议决议、监事会会议决议和财务会计报告"，"股东可以要求查阅公司会计账簿"；第98条规定，股份有限公司"股东有权查阅公司章程、股东名册、公司债券存根、股东大会会议记录、董事会会议决议、监事会会议决议、财务会计报告，对公司的经营提出建议或者质询"。为了避免股东滥用知情权而影响公司的正常运营，《公司法》第34条规定，股东要求查阅公司会计账簿的，应当向公司提出书面请求，说明目的。公司有合理根据认为股东查阅会计账簿有不正当目的，可能损害公司合法利益的，可以拒绝提供查阅，并应当自股东提出书面请求之日起15日内书面答复股东并说明理由。

4. 诉讼权。股东诉讼权是指股东有权向人民法院起诉，请求人民法院保护其合法权益。依照公司法的规定，股东的诉权可以分为直接诉讼和代表诉讼两种。股东直接诉讼是指股东基于股权，向其权利的侵害人就其造成的损害提起诉讼。代表诉讼，又称派生诉讼，是指当公司的董事、监事、高级管理人员等主体侵害了公司权益，而公司怠于追究其责任时，符合法定条件的股东可以自己的名义代表公司提起诉讼。依据公司法，股东直接诉讼主要有以下几种情形：

（1）股东会、董事会决议撤销之诉。《公司法》第22条第2款规定："股东会或者股东大会、董事会的会议召集程序、表决方式违反法律、行政法规或者公司章程，或者决议内容违反公司章程的，股东可以自决议作出之日起 60 日内，请求人民法院撤销。"

（2）股东知情权之诉。《公司法》第 34 条第 2 款规定，股东可以要求查阅公司会计账簿，公司拒绝提供查阅的，股东可以请求人民法院要求公司提供查阅。

（3）异议股东股份收购请求权之诉。《公司法》第 75、143 条的规定赋予了异议股东股份收购请求权，如果公司拒不回购异议股东的股份，则股东可以请求人民法院要求公司回购。

（4）损害赔偿之诉。《公司法》第 153 条规定："董事、高级管理人员违反法律、行政法规或者公司章程的规定，损害股东利益的，股东可以向人民法院提起诉讼。"

（5）请求解散公司之诉。《公司法》第 183 条的规定："公司经营管理发生严重困难，继续存续会使股东利益受到重大损失，通过其他途径不能解决的，持有公司全部股东表决权 10% 以上的股东，可以请求人民法院解散公司。"该条中规定的"公司经营管理发生严重困难"，即公司僵局。在公司僵局的情况下，公司的一切事务处于瘫痪状态，这无论对公司还是对股东的利益都会造成了严重的损害，因此公司法赋予符合条件的股东申请法院解散公司的权利，该权利也是修改后公司法新增的股东权利。

三、中小股东利益的保护

基于股权平等原则，股东依据其持有的股权行使表决权。这样就使得持有多数股权的股东意志成为公司的意志，进而实际上支配了公司的事务，成为公司事实上的控制股东。中小股东持有的表决权在多数决原则下变得无足轻重甚至丧失了意义，股东会徒有虚名，成为"大股东会"或者"控制股东会"。与此同时，为了谋取自身利益的最大化，控制股东滥用多数决原则，使其成为控制股东实施不正当行为的工具，给控制股东损害中小股东利益的行为披上了合法的外衣。为了保护中小股东的合法利益，公司法中设计了诸多制度，限制多数股东滥用其权利。这些制度主要包括以下内容：

（一）确立控制股东的诚信义务

诚信义务，又称信义义务、信托义务，源于信托法中受托人对委托人应当负担的义务，通常是指公司的高级管理人员即董事和经理对公司承担的注意义务和忠诚义务。按照传统的理论，董事和经理之所以对公司承担诚信义务，是因为他们在公司结构中掌握着广泛的权力，其行为对公司具有较强的影响。[1]

诚信义务在传统公司法中并不涉及股东，但控制股东利用其控制公司的便利，为谋取个人利益而滥用控制权，损害中小股东利益的事件不断发生，传统公司法理论受到质疑。美国的司法实践率先于20世纪初确立了控制股东的诚信义务，大陆法系则以制定法确认了控制股东对其他股东的诚信义务。[2] 基于权利禁止滥用的法理、诚实信用原则及股东平等原则，两大法系的公司法中确立了控制股东诚信义务，改善了中小股东的法律地位，为中小股东保护自己的合法利益提供了有力的法律武器。虽然公司法学界对于确立控制股东的诚信义务形成了一致意见，但2005年修改后的《公司法》仅在第21条规定公司的控股股东、实际控制人不得利用关联关系损害公司利益，但仍然没有明确控制股东的诚信义务。控制股东的诚信义务应该包括两个方面：注意义务与忠实义务。这一认识已经为我国大多数学者所认可。

（二）限制控股股东表决权

仅依靠赋予控制股东以诚信义务尚不足以完全预防控制股东滥用其表决权而损害中小股东利益的行为。因此，各国通过立法及司法实践创设了一系列限制控制股东表决权的制度，主要包括累积投票制、表决权回避制度。

1. 累积投票制。所谓累积投票，指当选任两人以上的董事或监事时，股东所持的每一股份都拥有与股东大会拟选举的董事或者监事数量相等的投票权，股东可以把全部投票权投向一人，也可投向数人，最后按得票决定应当选董事与监事。通过采用累积投票，股东可以将其投票权集中投向一位候选人，这样就可由不占多数的股份选任某一候选人为董事或监事，从而间接限制了控制股

---

〔1〕 朱慈蕴、郑博恩："论控制股东的义务"，载《政治与法律》2002年第2期。

〔2〕 德国《股份法》第309条规定，存在支配合同的，控制企业的法定代表人（对于独资商人而言，为所有人）在向公司给予指示时，应对公司尽通常且认真的业务执行人之注意；第317条规定，一个控制企业迫使一个从属公司实施一项对该从属公司不利的法律行为或采取或不采取一项对该从属公司不利的措施，应对该从属公司给予补偿；股东受到损害的，该控制企业也对股东负有赔偿损害的义务。

我国台湾地区"公司法"第369条之4规定，控制公司直接或间接使从属公司为不合营业常规或其他不利益之经营，而未于会计年度终了时为适当补偿，致从属公司受有损害者，应负赔偿责任。控制公司负责人使从属公司为前项之经营者，应与控制公司就前项损害负连带赔偿责任。

东的表决权，使代表中小股东意志的人选入董事会或者监事会，从而保护中小股东的利益。

累积投票制最早出现在 1870 年美国伊利诺伊州制定的《宪法》中，该法第 3 章第 11 条规定，任何股东在公司选举董事或经理的场合，均得亲自或通过代理人行使累积投票权，而且此类董事或经理不得以任何其他方式选举。之后美国各州纷纷在其宪法或者公司法中规定了累积投票制。后来，特拉华州为了吸引公司在该州注册，取消了累积投票制，美国各州也纷纷仿效而取消了该制度，只剩下少数州仍然保留了累积投票制。[1] 现在各国公司法中，大多规定公司可以选择适用累积投票制，即为任意性规定。2005 年修订后的我国《公司法》第 106 条第 1 款规定：“股东大会选举董事、监事，可以依照公司章程的规定或者股东大会的决议，实行累积投票制。”依据本条规定，适用累积投票制的前提是公司章程有规定，或者经股东大会决议适用累积投票制。

累积投票制有其合理的一面，但同时也有不足的一面。因此，自其产生时起就存在着否定的观点。虽然累积投票制可以在一定程度上防止控制股东完全垄断、操纵董事会，有助于保护中小股东的投资热情。但与此同时，却可能被滥用从而带来违背利益与风险相一致原则，进而挫伤大股东的投资热情等弊端。有美国学者认为：“累积投票权给了某些少数股股东不适当的表决权重，由于他们不能获得与其表决权相对应的剩余索取权，同样将产生相当的代理成本问题。而且，累积投票制还使‘敲竹杠’的权力（hold up power）滋生蔓延，形成控制性投票权集束也因此愈发困难；虽然每股都具有相同的‘敲竹杠’可能性，但聚合的股份‘敲竹杠’所开出的天价，远远超出了公司本身的价值，这也使股东间的商谈极为困难。”[2] 因此，现在各国公司法对于累积投票制，要么规定可以直接适用，但公司章程可以予以排除，如我国台湾地区“公司法”；要么规定不可以直接适用，除非公司章程规定必须适用，如《美国示范公司法》、《加拿大商业公司法》。

2. 表决权回避制度。表决权回避制度，又称表决权排除制度，是指股东与股东大会讨论的决议事项有利害关系而有害于公司利益时，该股东或其代理人

---

[1] 参见梅慎实：《现代公司治理结构规范运作论》（修订版），中国法制出版社 2002 年版，第 359 ~ 360 页；刘俊海：《股份有限公司股东权的保护》，法律出版社 2004 年版，第 374 ~ 375 页。

[2] 参见［美］弗兰克·伊斯特布鲁克、丹尼尔·费希尔：《公司法的经济结构》，张建伟、罗培新译，北京大学出版社 2005 年版，第 82 页。

不得行使表决权。由于在涉及利益分配和关联交易等事项时，股东之间及股东与公司之间的利益是相互冲突的，因此，限制股东表决权是必要的。这一制度可以防止控制股东滥用控制权窃取公司利益，同时也有利于保护中小股东利益。

表决权回避制度首创于 1897 年《德国商法典》，但此后德国《股份法》第136 条没有规定利害关系股东不得在股东大会就其与公司间缔结法律行为时投票。对此，德国学者解释道："公司与股东签订合同是最典型的利益冲突。而另一方面，由于股东大会通常对合同的签订没有决定权，因此最重要的适用禁令[1]的情况在《股份法》中就根本不存在。……如果大股东进行投票表决，而让少数小股东决定是否签订这些合同，虽然这时这些小股东是企业的决策者，但是这种方面的公正性是值得怀疑的。所以最好的办法是通过其他方式来保护小股东的利益，例如特别多数要求、撤销权、补偿和交换要求及诉讼。通过扩大股份法的忠诚义务的内容和股东的诉权和可以进一步强化上述保护措施"[2]。1899 年《日本商法典》也继受了该制度，但经历了 1938、1950 年两次修改，该制度于 1981 年被废除。

虽然德国及日本或对该制度有所限制或废除了该制度，但我国台湾地区"公司法"第 178 条、《欧盟第五号公司法指令》第 34 条、《意大利民法典》第2373 条等均明确规定了表决权回避制度。此外，美国《示范公司法》第 8.63 条对利益冲突交易也有限制。我国香港《上市规则》中也明确规定了表决权回避制度。由此可见，大多数国家和地区的公司法中仍然承认表决权回避制度。我国学者认为："德、日两国对表决权回避制度废止的根本原因是该制度触动了控制股东的利益，且不代表先进的立法潮流，表决权回避制度在欧盟和英美法系国家方兴未艾。"[3]

依据《公司法》第 16 条第 3 款、第 104 条，我国新公司法只对特定担保事项及公司持有自己股份的表决权进行了限制，仍然没有对利害关系股东表决权和相互持股表决权进行限制。

（三）强化少数股东权

公司法一方面通过赋予控制股东诚信义务限制其滥用控制权，另一方面通

---

[1] 指《股份法》第 136 条第 1 款的规定。——笔者注

[2] 参见［德］托马斯·莱塞尔、吕迪格·法伊尔：《德国资合公司法》，高旭军等译，法律出版社2005 年版，第 250～251 页。

[3] 参见刘俊海：《股份有限公司股东权的保护》，法律出版社 2004 年版，第 281 页。

过限制其表决权来直接预防其利用多数表决权损害中小股东利益。此外，各国公司法还创设了少数股东权制度，如股东大会召集请求权、股东提案权、异议股东股份收买请求权等制度。通过这些制度，中小股东可以通过积极的行为来保护自己的利益，从而与上述两个制度一起成为中小股东保护的有力保障。

1. 股东会召集请求权。股东会为公司意思机关，股东会为股东提供了参与公司管理和主张权利的机会。在公司存在控制股东的情况下，董事会极易被控制股东操纵。如果规定所有的股东大会均由董事会负责召集，这就意味着由控制股东间接决定是否召集股东大会。在控制股东与公司、与小股东利益冲突之际，控股股东往往会滥用其控制权，不及时召集股东大会，从而可能损害公司和中小股东的利益。为此，各国公司法中均规定，中小股东在符合法律规定的条件下有权请求召集股东大会。

我国《公司法》第40条第2款规定："代表1/10以上表决权的股东，1/3以上的董事，监事会或者不设监事会的公司的监事提议召开临时会议的，应当召开临时会议。"第102条第2款规定："董事会不能履行或者不履行召集股东大会会议职责的，监事会应当及时召集和主持；监事会不召集和主持的，连续90日以上单独或者合计持有公司10%以上股份的股东可以自行召集和主持。"可见，不论是有限责任公司还是股份有限公司，凡是符合条件的少数股东均有权召集临时股东会。

2. 股东提案权。股东提案权，是股东可以向股东会提出议题或议案的权利。赋予股东提案权，对于促进公司民主，保护小股东的利益具有重要意义。

传统公司法往往授权董事会提出议案，这同时也为控制股东操纵股东大会提供了机会，因为董事会的多数成员往往是由控制股东提名或委派的。赋予股东提案权，使其有机会将其意见和建议传达给经营层和其他股东，有利于预防控股股东滥用控制权，保护中小股东的利益。因此，各国公司法多规定符合一定条件的股东享有提案权。如《日本商法典》第232条之2第1款规定："自6个月前起连续持有全部股东表决权1%以上或者持有300个以上表决权的股东，在股东大会召开日的8周之前，有权向董事提出书面议案。"《韩国商法》第362条之2第1款规定："持有除无表决权股份以外发行股份总数的3%股份的股东，可在开会6周前，以书面形式向董事提出以一定事项为股东大会目的事项的议案。"《欧盟第五号公司法指令》第25条规定："成员国法律应当规定，具备本指令第16条第1项所列要求的1名或1名以上的股东，有权请求在已经发出通知的股东大会议题中增列一项以上的新内容。"

从上述国家和地区公司法的规定可以看出，对于股东提案权的行使，也应符合一定的条件，主要为持股数额要件和持股期限要件。其目的主要是为了一方面达到对控制股东滥用控制权的限制，另一方面又不能因此影响公司的正常运营。我国《公司法》第103条第2款规定，单独或者合计持有公司3%以上股份的股东，可以在股东大会召开10日前提出临时提案并书面提交董事会；董事会应当在收到提案后2日内通知其他股东，并将该临时提案提交股东大会审议。

3. 异议股东股份收买请求权制度。异议股东股份收买请求权，又称异议权、估价权或退出权，是指当股东大会作出对股东利益关系有重大影响的决议时，对该决议表明异议的股东享有请求公司以公平价格收买其所持股份的权利。对股东利益关系有重大影响的决议，通常指公司的合并、分立、收购以及重要资产的出售等。

异议股东股份收买请求权制度源于美国，现已被许多国家和地方公司法所吸收。我国台湾地区"公司法"第186条、《日本商法典》第245条之2、《韩国商法》第360条之5、《美国示范公司法》第13.02条、《加拿大商业公司法》第190条中均明确规定了异议股东股份收买请求权。

赋予异议股东股份收买请求权的国家和地区公司法多规定异议股东应事先作出书面反对通知，且在股东大会表决时不得投赞成票，此外，还要求异议股东应在一定期限内提出书面收买请求。对于收买价格的确定，各国立法上存在三种方法：①协议确定收买价格，如美国、日本、韩国；②由会计专家确定收买价格，当股东与公司协商不成时，应将会计专家所算定的价格为其收买价格，如韩国商法规定；③由法院确定收买价格，当协商不成时，以法院为主导确定收买价格，如美国和日本、我国台湾地区"公司法"的规定。[1]

异议股东股份收买请求权制度的法理在于："基于公平之考虑，法律不能强迫少数异议股东继续留在较其加入时已发生重大改变的公司实体中。而公司法上的此种设计能够较好地协调好各方面的利益，一方面，公司法仅要求获得全部已发行股份过半数或2/3以上的表决通过，公司即可实行涉及公司的重大决策，如与他公司合并、出售全部或大部财产、变更章程等。另一方面，法律赋

---

[1] 参见蒋大兴：《公司法的展开与评判——方法·判例·制度》，法律出版社2001年版，第781～791页。

予反对决议的少数股东以评价补偿权，使得不愿意接受公司重大变化的反对股东，能够在取得合理的金钱补偿后退出公司，以有效保护中小股东利益。"[1] 异议股东股份收买请求权制度在公司法上具有重大的意义。美国学者认为："估价的原则所带来的效应，在交易发生之前就已经显现出来，它增进了所有股东的福利，而不仅限于那些事后看来在交易发生之时恰好为小股东的福利。它为出售公司设定了底价，从而确保了公司的控制权交易增进了公司的价值。估价机制确保了广大投资者可以就其所持股份，获得发生问题的交易之前的价值，即对投资者所持股份进行估价时，排除了这项有问题的交易所带来的、或者破坏了的因素。换言之，估价救济摒弃了股东共同担当问题交易所带来的损害，并以此增进整体价值。"[2]

我国《公司法》第 143 条规定，公司不得收购本公司股份，但股东因对股东大会作出的公司合并、分立决议持异议，要求公司收购其股份的，公司可以收购其股份，从而在法律上明确赋予了异议股东股份收买请求权。

【理论拓展】
股权的性质

对于股权的性质，我国公司法学界形成了多种学说，主要有以下几个：

（一）债权说

债权说认为，股东之所以认缴出资，只是为了获取股利，因此股权实为民法中的债权，是以股利分配为目的的债权或者附条件的债权，股东与公司之间的关系是债权人与债务人的关系，而股票则为债权债务凭证。特别是 20 世纪以来，股东对公司的权利不断弱化，而管理层的权力则不断加强，股东与公司之间的关系退化为单纯的债权债务关系。股东只关心股利能否兑现，而并不积极介入公司的经营管理。[3]

债权说在一定程度上反映了公司治理变化的新特点，但股权与真正的债权仍然存在重大区别：①股东参与公司内部的经营管理，而其他债权人则无权参与；②债权的数额通常是确定的，但以股利分配为目的的债权却具有不确定性，

---

[1]　朱慈蕴："资本多数决原则与控制股东的诚信义务"，载《法学研究》2004 年第 4 期。
[2]　[美] 弗兰克·伊斯特布鲁克、丹尼尔·费希尔：《公司法的经济结构》，张建伟、罗培新译，北京大学出版社 2005 年版，第 160～161 页。
[3]　赵旭东主编：《公司法学》，高等教育出版社 2006 年版，第 318 页。

其与公司的经营状况紧密相关。

（二）所有权说

所有权说认为，股权的性质属于物权中的所有权，股权反映了公司的双重所有权结构。即股东享有所有权，公司法人也享有所有权，只是股东的所有权表现为收益权及处分权。股东认缴出资取得股权后并非丧失了所有权，而是为了更好地实现所有权。股权的性质为财产所有权中的按份共有，即股东按照自己持有的股权的份额对公司的财产享有相应的所有权。

我国制订公司法的一个初衷就是国企改制并建立现代企业制度。同时，基于不正确的认识，1993 年《公司法》第 4 条第 3 款规定，公司中的国有资产所有权属于国家，以确保国有资产不会流失。所有权说正是在这个背景下用以解释该款的规定而产生的。然而，所有权说无法解释股东作为所有权人却丧失了对公司财产最终处分权的情况，而且，利润分配请求权、剩余财产分配请求权等股东权利都不是所有权的权能。此外，传统民法中的所有权的客体为有体物，而股权的客体不是有体物。因此，所有权说对于解释股权的性质存在不足之处。

（三）社员权说

社员权说认为，股东是基于出资取得在公司中的社员身份，进而享有相应的权利义务，因此股权为社员权。本说为德国学者雷纳德首创，并成为德国、日本的通说。有些国家和地区的公司法则明确规定公司为以营利为目的的社团法人，如我国台湾地区"公司法"第 1 条规定："本法所称公司，谓以营利为目的，依照本法组织、登记、成立的社团法人。"日本原《商法》第 52 条第 1 款规定："本法所称公司，是指以从事商行为为业的目的而设立的社团。"但随着一人公司的出现，公司的"社团性"受到了挑战，因为复数社员的存在是社团的基础，日本 2006 年修改后的《公司法》则取消了公司社团性的规定。而且，作为营利性社团的公司与公益性社团也存在重大区别，如在营利性、股权的流通性等方面。

（四）独立民事权利说

在对债权说、所有权说、社员权说深入分析的基础上，学者们对于股权的性质提出了新的认识，认为股权是一种独立的民事权利，与传统民法中的债权、物权存在重大区别。股权实际上是一个权利束，股东享有对资本的收益权和控制权，它们共同构成完整股权。作为独立民事权利的股权，具有目的权利和手段权利的有机结合、团体权利和个人权利的辩证统一的特征，兼有请求权和支配权的属性，具有资本性和流动性。[1]

作为一种新型的民事权利，股权不同于传统的债权或者物权，而是一种新型的私权，它是由收益权和控制权共同构成的权利束。通过出资而享有股权的股东，享有获得经济利益的财产性权利和参与公司经营管理的非财产性权利，如表决权。非财产性权利有利于保障财产化权利的实现。两者统一于股权这一新型民事权利中。目前，独立民事权利说已经成为学界关于股权性质的通说。

【法律链接】

《公司法》第4、21、34、40、43、98、103、104、166条。

【思考案例】

案例1[2] 2005年1月11日，中世公司的章程载明：中世公司注册资金为人民币500万元，其中李建新出资325万元，持有65%的股权，任中世公司监事；李沐宁出资175万元，持有35%的股权，为中世公司的法定代表人。2006年6月20日，李建新的律师发函给中世公司法定代表人李沐宁，该函载明："李建新系中世公司股东，因公司人事变动太大，李建新作为中世公司股东已对此要求你将公司的财务状况相关报表交付以供查阅。现委托律师致函给你，请你在收到此函2星期内将中世公司2005年1月1日至2006年5月31日期间的财务会计报告、原始记账凭证和其他财务会计资料等准备好，以备查阅。如果在2006年7月10日之前尚未收到书面通知，视为拒绝提供。"2006年7月7日，中世公司回函给李建新的律师，要求李建新以书面方式告知中世公司有关查阅的目的和理由，以便对公司进行评估。李建新认为无法通过正常途径了解中世公司的经营状况和财务状况，为行使知情权，故诉至原审法院。

问题：李建新是否有权要求查阅公司财务会计资料？

案例2[3] 持上海某房地产有限责任公司16%股份的诸先生因与大股东发生矛盾，欲退出公司，并要求公司支付1000万元回购自己手中的股份。2002年

---

[1] 赵旭东主编：《公司法学》，高等教育出版社2006年版，第319页。

[2] 李建新诉上海中世国际货运代理有限责任公司股东知情权案，（2006）沪二中民三（商）终字第403号。

[3] 诸先生诉上海某房地产公司回购股权纠纷案，参见朱淮兵："上海一中院判决一起中小股东退股纠纷案"，载《法制日报》2005年10月18日。

2月，诸先生、王先生等3人通过产权交易受让了某房产公司的整体产权，公司注册资本为2000万元，王先生占其中的1200万元，诸先生和另一股东各占400万元。王先生担任公司法定代表人、董事长、总经理，诸先生担任副总经理。在后来的经营活动中，双方渐起摩擦。一年后，诸先生被免去副总经理职务，诸先生萌生退意。因房产公司变更注册资本及股权转让等事宜，诸先生后来持有该房产公司股份为16%。诸先生遂以其遭排斥无法正常行使股东权为由，诉请法院判令房产公司以1千万元股价回购其股份。诸先生认为，由于其与控股股东王某的关系已彻底破裂，而且王某的种种行为足以说明其已无继续合股做事的诚意，他是在被逼无奈情形之下才做出退股决定的，是为了保护自己的财产权利。房地产公司则认为，其行为是其正常管理公司事项的行为，并不是排斥原告行使股东权。

问题：诸先生能否要求房地产公司回购其持有的股权？

专题十

有限责任公司股权的转让

【应用指南】

一、股权转让的方式及其限制

股权转让是指有限责任公司的股东依照法律或者公司章程的规定，将自己持有的股权转让给他人的行为。股权作为一种财产，股权转让的行为是一种买卖行为。伴随着股权的转让，股东的地位随之发生转移，即原股东丧失其身份，受让人取得股东资格。由于有限责任公司具有人合性的特征，为了避免因股权转让而使其人合性的丧失，公司法对有限责任公司股权的转让规定了一定的限制，同时允许公司章程另外作出限制。

依据股权转让的对象不同，股权转让可以分为内部转让和外部转让。对于不同的转让方式，公司法规定了不同的限制。

1. 内部转让。内部转让是指有限责任公司股东之间相互转让其所持有的部分或者全部股权。对于股权的内部转让，《公司法》第72条第1款规定："有限责任公司的股东之间可以相互转让其全部或者部分股权"。从该款规定看，对于内部转让，公司法没有强制性的限制。这是因为，内部转让不会有第三人加入公司，因此不会从根本上改变公司的人合性。但股东持股数量的变化，将可能改变公司内部股东之间的平衡，为此公司法允许公司章程对股权的内部转让另外作出限制。《公司法》第72条第4款规定："公司章程对股权转让另有规定的，从其规定。"

公司章程属于公司自治规则，体现了股东的共同意志，只要不违反公司法和其他法律的强制性规定，就应当肯定其效力。因此，如果公司章程对股东相互转让股权作出了限制性规定，且没有违反法律的强制性规定，则股东转让其股权时就应当遵守该规定。例如，为了防止股东相互转让股权、改变公司的控制权从而损害其他股东的既有利益，公司章程可以约定"公司股权在股东间转让时，须经其他股东过半数同意，且其他股东依持股比例在同等条件下享有优先购买权"。此种约定不违反公司法及其他法律的强制性规定，因此股东在向其他股东转让股权时应当遵从此约定。

2. 外部转让。外部转让是指股东向公司股东以外的人转让其持有的股权。股权的外部转让通常会影响到公司的人合性，因此各国公司法对股东向外部第三人转让股权均作出了明确的限制。德国《有限责任公司法》第 17 条第 1 款规定："只有经过公司承认时，才可以让与部分出资额"；第 2 款规定："此项承认需采取书面形式；在承认书上，必须指明取得人的身份，并指明在未分割的基本出资中，因分割而产生的各出资额应得的数额"。法国《商事公司法》第 45 条第 2 款规定："只有在征得至少代表 3/4 公司股份的多数股东同意后，公司股份才可转让给与公司无关的第三人。"我国台湾地区、日本、韩国公司法也存在类似的规定。

依据 2005 修改后的《公司法》第 72 条第 2、3 款的规定，有限责任公司股东对外转让其持有的股权受到以下限制：

（1）股东向股东以外的人转让股权，应当经其他股东过半数同意。所谓"其他股东过半数同意"，是指股东人数的过半数，并不要求其他股东所持出资额也超过半数。由于有限责任公司本身具有较强的人合性特征，股权的外部转让可能致使这种人合性丧失，从而危及公司的存亡。因此，公司法对于股权外部转让规定了较多的限制。

（2）股东应就其股权转让事项书面通知其他股东征求其同意。这是对股权外部转让的形式要件的规定。《公司法》第 72 条第 2 款要求出让股权的股东以书面方式征求其他股东的同意。如果股东没有发出书面通知征求其他股东的同意而发生争议时，则可能会承担不利的法律后果。

（3）如果其他股东自接到书面通知之日起满 30 日未答复，则视为同意转让。其他股东半数以上不同意转让的，不同意的股东应当购买该转让的股权；不购买的，视为同意转让。公司法虽然对股东向外部第三人转让股权作出了限制，但是并不意味着禁止。否则如果股东既不同意转让又不购买，有限责任公司的股权就丧失财产权的可转让性这一特性。因此，《公司法》第 72 条第 2 款规定，如果股东不同意转让又不购买的，视为同意转让。

（4）经股东同意转让的股权，在同等条件下，其他股东有优先购买权。两个以上股东主张行使优先购买权的，协商确定各自的购买比例；协商不成的，按照转让时各自的出资比例行使优先购买权。所谓优先购买权，是指股权出让人以外的股东，享有在同等条件下优先购买转让股权的权利。此种优先购买权是一种选择权，股东既可以行使，也可以放弃。赋予股东优先购买权，同样是为了维护有限责任公司人合性的特点而作出的制度设计。

二、股权的强制执行及其限制

股权的强制执行，是指人民法院根据债权人的申请，依据生效的法律文书，对被执行人在公司中的股权所采取的一种强制转让措施。股权的强制执行实际上也产生股权转让的法律效果，因此应符合股权转让的规定。

2005 年修改前的《公司法》没有股权强制执行的规定，仅在最高人民法院发布的《关于人民法院执行工作若干问题的规定（试行）》中作出了规定。但是该规定效力较低，且规定得过于简单，缺乏可操作性，新《公司法》则对此予以了完善。《公司法》第 73 条规定："人民法院依照法律规定的强制执行程序转让股东的股权时，应当通知公司及全体股东，其他股东在同等条件下有优先购买权。其他股东自人民法院通知之日起满 20 日不行使优先购买权的，视为放弃优先购买权。"该条关于股权强制执行的规定，包含了以下几个方面的内容：

（1）应有合法的执行依据，即已经生效且具有给付内容的法律文书。依《民事诉讼法》的规定，申请强制执行必须提供相应的法律依据。一般来讲，执行依据包括判决书、裁定书、仲裁裁决书、债权文书、支付令等。

（2）其他股东有优先购买权。人民法院强制执行有限责任公司股东的股权，应当及时地通知公司及全体股东，其他股东有优先购买权。但是如果其他股东在 20 日内不行使其权利，则视为放弃优先购买权，第三人就可以购买该股权。应注意在一般的股权对外转让中，其他股东行使优先购买权的期限为 30 日，而股权强制执行中其他股东行使优先购买权的期限为 20 日。

三、股权的继承

自然人股东死亡后其所持有的股权如果发生继承，其法律效果实际上等同于股权的转让。与一般意义上的股权转让不同，股权的继承由股东死亡的事实引发。

原《公司法》没有关于股权继承的规定。但是随着市场经济的发展，私人设立的有限责任公司的数量不断增长，属于财产权的股权的继承日益成为法律需要予以规范的问题。为了满足现实生活的需要，新《公司法》在第76条增加了关于股权继承的规定，即"自然人股东死亡后，其合法继承人可以继承股东资格；但是，公司章程另有规定的除外"。

新《公司法》第76条首先承认了股权继承的合法性。此外，依据本条规定，如果公司章程对股权的继承作出了限制性规定，则继承人必须在满足这些限制条件后方可继承被继承人的股权。当然，为了维护公司的人合性特征，公司章程也可以规定禁止股权的继承。如果公司章程作出了这样的规定，就意味着应由公司的其他股东购买死亡股东生前所持有的股权，从而与股权的内部转让相同。

如果公司章程没有就股权的继承作出规定，是否还需要其他股东的过半数同意，也就是说是否适用股权外部转让的限制？股权如果发生继承，实际上导致的法律后果与股权的外部转让是相同的。因此，依照公司法关于股权转让的规定，如果其他股东不同意继承人继承，则应当购买被继承人的股权，否则就应当视为同意股权的继承。

四、股权转让的程序

依照《公司法》及《公司登记管理条例》的规定，有限责任公司股权转让的程序一般为：

1. 订立股权转让合同。一般情况下，股权转让由当事人通过合同的方式来实现。因此，首先应当由出让人与受让人达成意思表示一致，签订股权转让合同。对于合同的形式，法律没有强制性规定。因此股权转让合同既可以是书面合同，也可以是口头合同。但是多数情况下，由于股权转让涉及股东的同意、价款的支付、股权的过户等诸多内容，当事人大多选择订立书面的股权转让合同。

如果是因为强制执行、继承等原因而发生股权转让，则无需订立转让合同，仅有相关的法律事实即可实现股权的转让。

2. 外部转让股权须由出让人书面通知其他股东，取得过半数股东的同意。

通过合同方式进行外部股权转让时，应由出让人书面通知其他股东，取得过半数股东的同意，方可进行转让。如果通过继承等方式发生的股权转让，则应由受让人征求其他股东的同意。内部股权转让无需征求其他股东的同意，除非公司章程有另外规定。如果未能取得过半数股东的同意，则不同意的股东应购买该部分股权。不同意转让又不愿意购买该部分股权的股东，视为同意转让。此外，同意出让的股东在同等条件下享有优先购买的权利。

3. 公司内部股东变更登记。无论是协议转让股权、强制执行导致的股权转让，还是股权的继承，都应该进行公司内部的股东变更登记。依《公司法》第74条的规定，发生股权转让后，公司应当注销原股东的出资证明书，向新股东签发出资证明书，并相应修改公司章程和股东名册中有关股东及其出资额的记载。

如果股权转让不符合公司法或者公司章程的规定，公司有权拒绝登记。此时，股权转让应认定为无效，公司不承担任何法律责任，转让人与受让人之间的纠纷依股权转让合同来处理。

4. 工商变更登记。股权转让发生后，除了进行公司内部变更登记外，还应当履行工商登记变更手续。《公司登记管理条例》第35条第1款规定："有限责任公司股东转让股权的，应当自转让股权之日起30日内申请变更登记，并应当提交新股东的主体资格证明或者自然人身份证明。"第2款规定："有限责任公司的自然人股东死亡后，其合法继承人继承股东资格的，公司应当依照前款规定申请变更登记。"

特殊情况下，某些有限责任公司股权的转让履行审批手续。如《中外合资经营企业法实施条例》第20条规定："合营一方向第三者转让其全部或者部分股权的，须经合营他方同意，并报审批机构批准，向登记管理机构办理变更登记手续。"

五、异议股东股权回购请求权

（一）概述

异议股东股权回购请求权，又称估价权或退出权，是指当股东会作出对股东利益关系有重大影响的决议时，对该决议表明异议的股东享有请求公司依法以公平价格收买其所持股权，从而退出公司的权利。

公司资本是公司成为独立法人主体的财产条件，也是公司进行日常经营活动所必需的物质基础，同时还是公司承担债务的唯一担保。我国公司法实行法定资本制，禁止公司收购本公司的股权。公司回购自己公司的股权相当于股权未能发行，从而导致资本的虚假，将风险转嫁给了债权人。此外，股东可以通过依照公司法规定转让其股权从而退出公司，因此公司法规定股东不得退股，也不得抽逃出资。

这样的规定虽然可以保护债权人的利益，却可能导致不公平的现象。一方面，虽然股东通过转让股权退出公司在理论上可行，但现实中却可能因有限责任公司较强的"人合性"以及股权转让所假设的存在一个开放的交易市场并不存在，而使得股权转让实际无法实现。另一方面，在公司发生重大变故、直接关系到股东切身利益时，由于多数股东的意志通过"资本多数决原则"上升为公司的意志，在股东会决议时投反对票的少数股东的意志被淹没于多数股东意志之中，可能给其权益造成极大的侵害。因此，应该对这些股东予以救济，允许其在获得补偿的基础上退出公司。

修改后的《公司法》增加了有限责任公司异议股东股权回购请求权制度。该制度起源于美国，并为英国、德国、意大利、日本、韩国以及我国台湾地区等国家或地区所借鉴，成为公司法上的重要制度。当然，该权利行使的前提必须是公司将要作出重大决议而导致公司发生重大变故，异议股东将遭受巨大的利益损失。如果无论何种情况都可以行使异议股东股份收买权的话，必定会影响公司的正常经营运转。因此，公司法严格限制了行使异议股东股权回购请求权的适用条件。

（二）异议股东股权回购请求权的适用范围

根据《公司法》第75条的规定，有下列情形之一的，对股东会该项决议投反对票的股东可以请求有限责任公司按照合理的价格收购其股权：

1. 公司连续5年不向股东分配利润，而公司该5年连续盈利，并且符合本法规定的分配利润条件的。股东投资于公司的目的是为了获得收益，因此，利润分配请求权是股东权利的核心。如果公司5年连续盈利，并且符合法定的分配利润条件，却连续5年不向股东分配利润，实际上是变相地剥夺了股东的利润分配请求权。因为公司是否分配利润由股东会决议来决定，但是在资本多数决原则下，即使少数股东提出分配利润的请求，也可能被控股股东否决，从而使得利润分配请求权名存实亡。这也是大股东欺压小股东的一种常见手段。因此，为了保护少数股东利益，应当对异议股东予以救济。

本项中所谓的"符合本法规定的分配利润条件",是指应当符合《公司法》第167条规定的条件,即公司的税后利润在弥补亏损、提取法定公积金后还有剩余的,才能进行利润分配。否则,依据该条第4款的规定,在公司弥补亏损和提取法定公积金之前向股东分配利润的,股东必须将违反规定分配的利润退还公司。

2. 公司合并、分立、转让主要财产的。公司合并、分立会导致公司结构的重大变更。变更后公司的经营前景如何,大股东与少数股东可能作出不同的判断。虽然《公司法》第44条要求公司合并、分立的股东会决议须经代表2/3以上表决权的股东通过,但是即使少数股东反对公司合并或者分立,该项决议仍然可能获得通过。在此种情况下,股东进入公司时的期望可能落空。为了保护少数股东的利益,公司法允许股东要求公司回购其持有的股权以退出公司。

公司转让主要财产将直接导致公司资产发生重大变更,公司原定的经营事业则难以实现。即使确定了新的经营方向,但其前景仍然无法预料,这就违背股东投资于公司的初衷。因此,在这种情形下,股东有权要求公司回购其股权。

3. 公司章程规定的营业期限届满或者章程规定的其他解散事由出现,股东会会议通过决议修改章程使公司存续的。当公司章程规定的营业期限届满或者其他解散事由出现时,公司应当解散。股东加入公司时,也是基于章程的规定而作出投资决策的。如果在公司解散事由出现时,股东会通过决议修改公司章程使公司得以存续,使得异议股东无法退出,这就违背了异议股东投资时的预期。但是,股东会决议使公司得以存续并不违反法律的规定。此时,异议股东可以要求公司回购其股权从而退出公司。

(三)异议股东股权回购请求权的行使程序

根据各国立法,异议股东股权回购请求权的行使程序一般包括:

(1)告知权利。公司在作出将导致公司发生重大变更的决议前应告诉股东享有异议权。

(2)提前书面反对通知。若股东反对该事项,应该在股东会就该项决议作出决议前向公司提交书面的反对通知。

(3)提出股权收买请求。在股东会通过该决议的法定期限内,异议股东应该书面请求公司以公平合理的价格购买其股权。

我国《公司法》第75条对于异议股东行使回购请求权的程序并没有作出具体的规定。依照该条规定,异议股东只需在该项决议表决时投反对票即可。此外，该条第 2 款规定，如果自股东会会议决议通过之日起 60 日内，股东与公司不能达成股权收购协议的，股东可以自股东会会议决议通过之日起 90 日内向人民法院提起诉讼。该 90 日期间属于除斥期间。如果股东未能在股东会决议通过 60 日内与公司达成股权收购协议，即应在此后的 30 日内向人民法院提起诉讼。如果在股东会决议通过 90 日内没有向人民法院提起诉讼，则股东将丧失其享有的回购请求权。

六、股权的质押

股权质押，是指股东以其持有的股权出质作为履行债务的担保，如果债务人不履行其债务，债权人享有将该股权折价或者以拍卖、变卖所得价款优先受偿的一种担保制度。股权是股东投资于公司而取得的权利，具有财产权的性质，因此可以被股东用作债务的担保。股权作为担保财产所形成的担保权属于权利质权，是担保物权的一种。股权质押具有以下法律特征：

1. 股权质押的目的是担保债务的履行、债权的实现。股东以股权作为质押的标的，实际上发挥了股权的财产价值，其目的是担保债务的履行。股权具有财产权的性质，具有可转让性，因此可以用于债务履行的担保。

2. 用于质押的股权应为可以转让的股权。如果股权质押所担保的债务到期未能履行，债权人有权就该股权折价或者变卖所得价款优先受偿。因此，该股权必须可以转让，否则就丧失了担保的功能。

3. 股权质押应当依照法律的规定履行公司内部登记手续，否则对公司不发生质押的效力。《担保法》第 78 条第 3 款规定，以有限责任公司的股份（此处的"股份"应为"股权"，下同）出质的，适用公司法股份转让的有关规定。质押合同自股份出质记载于股东名册之日起生效。

股权质押的效力表现为，当质押所担保的债权到期没有得到清偿时，债权人有权以该股权折价或者以拍卖、变卖所得价款优先受偿。股权质押期间如果产生孳息，依照《最高人民法院关于适用〈中华人民共和国担保法〉若干问题的解释》第 104 条的规定，质权的效力及于该孳息。因此，对于股权所产生的孳息，质权人即债权人，也享有优先受偿的权利。但是，在股权质押期间，质权的效力仅限于股权的财产价值部分，并不影响股东行使表决权、提案权、知情权等权利。

【理论拓展】

一、优先购买权的部分行使

优先购买权的部分行使是指股东向外部第三人转让股权时，其他股东仅就该股权的一部分主张优先购买。《公司法》第72条第3款没有明确其他股东能否部分行使优先购买权，公司法学界则存在两种观点。持肯定的观点认为，该款并没有明确禁止股东部分行使优先购买权，因此可以部分行使。而且，允许部分行使优先购买权，一方面有利于维护公司的人合性特征，另一方面也有利于原有股东根据自身能力决定增持公司多少股权。

但分析第72条第3款的规定，可以发现优先购买权是不可以部分行使的，因为该款规定在"同等条件下，其他股东有优先购买权"。该"同等条件"包括的不仅仅是价格，而且包括标的即股权的数量。因为不同数量的股权，其价值可能是不同的，如可以实现控股的股权与不能实现控股的股权其估值就存在差别。因此，股东对外转让股权时，其他股东不可以部分行使优先购买权。但是，如果公司章程作出了另外的约定，明确股东可以部分行使优先购买权，则依据公司自治原则，该约定为有效，优先购买权即可以部分行使。

二、侵害股东优先购买权的股权转让的效力

《公司法》第72条规定，股东对外转让股权应当经其他股东过半数同意，且在同等条件下，其他股东有优先购买权。但实践中，常常发生股东虽经其他股东同意对外转让股权，但没有给其他股东提供行使优先购买权的条件就变更了工商登记的情形。此时，其他股东可否以该转让侵害其优先购买权为由主张转让无效，同时撤销工商变更登记？

优先购买权是有限责任公司股东的一项法定权利，除非权利人明示或者默示放弃该权利，否则法律就应当保障其权利。股东对外转让股权时，应当尊重其他股东的优先购买权，并将转让的数量、价格、付款方式等内容告知其他股东，以确保其他股东能够依法行使优先购买权。法律推定受让人知道公司法关于优先购买权的规定，不能以不知法律规定为由而免责。《公司法》第72条关于优先购买权的规定为强制性规范，当事人必须遵守。此外，如果认定侵害其他股东优先购买权的股权转让是有效的，依照我国法律的规定，其他股东的权利将难以得到救济。因为其他股东的损失是难以量化的，从而无法得到合理的

赔偿。

因此，股东侵害其他股东优先购买权而转让股权的，其他股东可以请求撤销该股权转让，同时撤销已经进行了变更的工商登记。如果其他股东不主张撤销，就意味着其放弃了优先购买权，从而该股权转让确定的有效。

【法律链接】

1.《公司法》第 72～76 条。

2.《中华人民共和国公司登记管理条例》第 35 条　有限责任公司股东转让股权的，应当自转让股权之日起 30 日内申请变更登记，并应当提交新股东的主体资格证明或者自然人身份证明。

有限责任公司的自然人股东死亡后，其合法继承人继承股东资格的，公司应当依照前款规定申请变更登记。

有限责任公司的股东或者股份有限公司的发起人改变姓名或者名称的，应当自改变姓名或者名称之日起 30 日内申请变更登记。

3. 最高人民法院《关于适用〈中华人民共和国公司法〉若干问题的规定（一）》第 3 条　原告以公司法第 22 条第 2 款、第 75 条第 2 款规定事由，向人民法院提起诉讼时，超过公司法规定期限的，人民法院不予受理。

4.《公司注册资本登记管理规定》第 16 条　有限责任公司依据《公司法》第 75 条的规定收购其股东的股权的，应当依法申请减少注册资本及相应的实收资本的变更登记。

5.《中外合资经营企业法实施条例》第 20 条　合营一方如向第三者转让其全部或部分股权的，须经合营他方同意，并报审批机构批准，向登记管理机构办理变更登记手续。

合营一方转让其全部或部分出资额时，合营他方有优先购买权。

合营一方向第三者转让出资额的条件，不得比向合营他方转让的条件优惠。

违反上述规定的，其转让无效。

专题十

【思考案例】

案例1[1] 河南海普赛能源科技有限责任公司（以下简称"海普赛公司"）于2001年8月由河南环宇电源股份有限公司（以下简称"环宇公司"）与王安保共同设立。2003年，梁金、丁茗、邹卫平三人加入公司。此时公司股权结构为：环宇公司46.363 6%、王安保37.272 7%、梁金9.818 3%、丁茗3.272 7%、邹卫平3.272 7%的股份。由于公司经营业绩不断上升，股东有意增加公司资本，而王安保则准备转让所持股份，4位股东均希望认购王安保股份。2004年5月，环宇公司与王安保签订《股权转让协议》，约定将王安保所持海普赛公司股份转让给环宇公司。其后，环宇公司与王安保提议召开股东会，环宇公司提出将公司注册资本再增加2150万元，全部由环宇公司认购。梁金、丁茗、邹卫平同意增加公司资本，反对新增资本由环宇公司认购，同时提出王安保与环宇公司的《股权转让协议》无效，全体股东对王安保拟转让股份和公司拟增资本应当具有等额的认购权。表决中，全体股东同意增资，但就变更公司股东、新增资本全部由环宇公司认购的议案，环宇公司、王安保赞成，梁金、丁茗、邹卫平反对。2004年7月，环宇公司在工商部门办理了变更股东、增加资本的登记手续。梁金、丁茗、邹卫平诉至法院，要求确认《股权转让协议》无效，变更公司股东、注册资本的股东会决议、修改章程无效，并要求确认3原告对王安保转让股份和公司新增股份有等额的认购权。

问题：梁金等3名股东主张股权转让、股东变更、增加资本无效的请求是否符合法律规定？

案例2[2] 上海中福企业投资发展有限责任公司（以下简称"中福公司"）、王慧及黄淑玲均系上海兴昆建材有限责任公司（简称"兴昆公司"）股东，三方于2003年4月签署的股东会决议中载明：同意王慧将其83%的股权转让给上海佰分佰通讯设备制造有限责任公司（以下简称"佰分佰公司"）和王琦，中福公司和黄淑玲均放弃优先购买权。同年5月，王慧等人签订股权转让

---

〔1〕 梁金、丁茗、邹卫平诉王安保、河南环宇电源股份有限公司股权转让协议、股东会决议无效案，参见赵旭东主编：《新公司法案例解读》，人民法院出版社2005年版，第180~181页。

〔2〕 上海中福企业投资发展有限责任公司诉王慧、上海佰分佰通讯设备制造有限责任公司、王琦股权转让侵权纠纷案，参见李盛："股东优先购买权与非股东善意受让权冲突时的保护原则——上海中福企业投资发展有限责任公司诉王慧、上海佰分佰通讯设备制造有限责任公司、王琦股权转让侵权纠纷上诉案"，载上海第一中级人民法院网，访问日期：2004年12月5日。

协议，约定佰分佰公司和王琦各以 1 元每股的价格受让 49.8% 和 33.2% 的股权，并按持股比例继承兴昆公司的债权债务，后兴昆公司为此进行了工商变更登记。同年 7 月，中福公司以王慧等人伪造股东会决议、侵犯其优先购买权为由，诉请法院判令股权转让协议无效、由其支付 2 元每股的价格优先受让上述股权。股东会决议上的中福公司印鉴经鉴定确认并非其于 2003 年使用的真实印鉴，而王慧等人也未能举证证实该印鉴的真实性。

问题：王慧与佰分佰公司、王琦签订的股权转让协议是否有效，中福公司能否以 2 元的价格优先受让王慧持有的股权？

案例 3[1]　胡加招是浙江乐清人。2000 年 3 月，胡与他人在上海成立新七浦投资发展有限责任公司（简称新七浦公司），胡出资 2100 万元，占 70% 股权。2002 年 2 月，胡加招与张明娣登记结婚，后生下女儿胡奕春。同年 10 月，胡加招去世。因生前未留遗嘱，其妻张明娣、女儿胡奕春、母亲郑松菊以及胡与前妻所生之子胡奕飞之间就所谓"上亿"遗产分割问题引发争议。2003 年 1 月，张明娣、胡奕春将郑松菊、胡奕飞诉至上海市第二中级人民法院，请求法院确认张明娣、胡加招二人在夫妻关系存续期间的夫妻共同财产的范围、张明娣、胡奕春母女俩在遗产中应得份额以及在新七浦投资发展公司中所享有的股权。上海二中院审理认为，胡加招死亡时，没有留下遗嘱，也没有遗赠抚养协议。因此，对于胡加招的遗产，应当按照法定继承处理。本案的双方当事人均为胡加招的法定继承人，均有权依法继承遗产。修订后的《公司法》规定，自然人股东死亡后，其合法继承人可以继承股东资格，因此本案 4 继承人有权继承胡在新七浦投资公司的股东资格，即胡名下的 2100 万元出资额由 4 位继承人均等继承。据此，上海市第二中级人民法院日前对此案作出一审判决，胡加招的妻子、女儿及母亲、前妻所生儿子四人均分胡在公司里 70% 的股权，即各得 17.5% 股权。

问题：胡加招的继承人能否继承其持有的新七浦公司的股权？

---

[1]　胡加招巨额遗产继承纠纷案，参见吴艳燕："浙商胡加招巨额遗产继承案宣判　法院判定其亲属均分公司股权"，载《人民法院报》2002 年 12 月 26 日。

专题十一
股份有限公司股份的转让

【应用指南】

一、股份概述

（一）股份的概念与特征

股份的概念有广义和狭义之分。广义上的股份指公司资本的构成部分，包括股份有限公司的股份和有限责任公司的出资。狭义上的股份仅指股份有限公司的资本组成部分，我国公司法上采用狭义的股份的概念。《公司法》第 126 条第 1 款规定："股份有限公司的资本划分为股份，每一股的金额相等。"本节所谓股份指的是狭义上的股份。因此股份可以定义为：股份是股份有限公司股东所持有的公司资本的构成部分，也是划分股东权利和义务的基本构成单位。股份具有下列几个法律特征：

1. 平等性。股份是对公司资本的等额划分，每一股份所代表的资本额都是相等的，表示一个独立的股东权，股东权的增多与减少与持股数一致。《公司法》第 126 条第 1 款规定："股份有限公司的资本划分为股份，每一股的金额相等。"第 127 条规定："股份的发行，实行公平、公正的原则，同种类的每一股份应当具有同等权利。同次发行的同种类股票，每股的发行条件和价格应当相同；任何单位或者个人所认购的股份，每股应当支付相同价额。"每一股份的金额相等，这样便于计算股东的权利和义务。但是股份金额相等，不意味着股东取得同种股份的对价完全相等。只是同次发行的股份，其发行条件和价格应当相同。

2. 不可分性。股份是公司资本构成的最小单位，因此不可以再分割。股份不可分不排除股份可以为数人共有。当股份为数人共有时，股东权应由共有人推定的一人代表行使，因为每一股份只代表一个股东权，共有人不能分别就同一股份行使股东权，共有人对股份利益的分享也不是对股份的分割。此外，股份可以拆分，但拆分并不是对股份的分割，而是公司资本最小构成单位的变化。如将原来面额为一元的一股拆分为十股，拆分后公司股份的面额将变为一角。新的面额为一角的股份为拆分后公司资本的最小构成单位，同样具有不可分的性质。

3. 可转让性。可转让性是股份的本质属性。股份有限公司是典型的资合公司，其信用基础在于公司资本，与股东个人没有直接关系，因此也就没有必要限制股份的自由转让。而且，国家还专门设立了股份转让的交易市场，以保证股份转让的顺利进行。《公司法》第 138 条明确规定：“股东持有的股份可以依法转让。”这是对股份可转让特征的肯定。当然，为了维护交易的安全，防止出现操纵市场的行为，公司法对公司的发起人、董事、监事、高级管理人员所持有股份的转让进行了一定程度的限制，但这并不是对股份可转让性的否定。

4. 证券性。股份的表现形式是股票，股票是代表股份的有价证券，因此股份具有证券性。将股份以股票形式有价证券化，保证和促进了股份的可转让性。

（二）股份与股票

股票是公司签发给股东的，证明股东所持股份的凭证，即股票是股份的表现形式。《公司法》第 126 条第 2 款规定，“公司的股份采取股票的形式”。因此，股份是股票的实质内容，股票是股份的外在表现，二者具有不可分离的性质。股票的转让实际上就是股份的转让，持有股票也就是持有股份。股票是有价证券，具有不同于股份的法律特征。

1. 股票是有价证券。“有价证券是一种表示具有财产价值的民事权利的证券，权利的发生、移转和行使均以持有证券为必要。”[1] 股票代表了一定的股份，股票的价值在于股份的价值，也即在于该股份所代表的资本金额及股权的大小。股东权利的转移和行使均以持有股票为条件。股票的转让意味着股份的转让，股东权利也随之发生移转。

2. 股票是证权证券。有价证券有设权证券与证权证券之分。所谓设权证

---

〔1〕　谢怀栻：《票据法概论》，法律出版社 1990 年版，第 8 页。

券，是指权利的发生以证券的制作和存在为条件，《票据法》上的汇票、本票、支票就属于设权证券。证权证券则以证明权利为目的，其本身并不创设权利。股票是公司签发的证明股东所持股份的凭证，股东所享有的股东权并非由股票而创设，股票只是股份的外在形式，因此其属于证权证券。股票的作用类似于有限责任公司的出资证明书，但是股东可以通过转让股票而实现股份的转让，出资证明书则不可以直接转让。

3. 股票是要式证券。要式证券，是指证券的制作及记载事项必须按照法律的规定进行，否则不产生证券的效力。《公司法》第129条规定："股票采用纸面形式或者国务院证券监督管理机构规定的其他形式。股票应当载明下列主要事项：①公司名称；②公司成立日期；③股票种类、票面金额及代表的股份数；④股票的编号。股票由法定代表人签名，公司盖章。发起人的股票，应当标明发起人股票字样。"第130条第2款规定："公司向发起人、法人发行的股票，应当为记名股票，并应当记载该发起人、法人的名称或者姓名，不得另立户名或者以代表人姓名记名。"因此，公司法上规定的股票属于要式证券。股票的制作必须符合公司法的要求，否则股票无效。

4. 股票具有流通性。依照公司法的规定，股份具有可转让性。作为股份外在表现形式的股票，当然具有可转让性。与此同时，股票属于有价证券，其转让更加方便、快捷，可以在市场上自由流通。

5. 股票具有永久性。股票没有固定期限，除非公司终止，否则它将一直存在。股票的持有者可以依法转让股票，却不能要求到期还本付息，因为股票没有到期日。

（三）股份的分类

依据不同的标准，股份可以分为不同的种类。根据《公司法》、我国公司实践及公司法理论，股份大致上可以分为以下几类：

1. 普通股和特别股。这是依股东承担的风险和享有的权益的大小为标准进行的分类。

普通股是股份有限公司最基本、最重要的股票种类，也是发行量最大的股票种类。普通股的股东一般都享有表决权，即参与公司重大问题决策的权利。普通股的股东在分配股利时，不享有特别利益，均按当年营业年度终了时的分配比例参加分配，且其分配比例也是不确定的，完全依照当年公司盈利状况确定，而且只能在支付了公司的债息和优先股股东权益得到满足后才可参加分配。

在公司因破产等原因进行清算时，持有普通股的股东有权分得公司剩余财产，但普通股股东必须排在公司的债权人、优先股股东之后。

特别股是有某种特别权利或者某种特别义务的股份，包括优先股与后配股两类。优先股在享有权利方面较普通股优先，而后配股则逊于普通股。特别股主要有下列类型：

（1）分配公司盈余的特别股。公司有可分配的盈余时，应先分配给优先股；如有剩余，再分配给普通股；再有剩余，才分配给后配股。分配公司盈余的优先股按其优先的内容可分为几种情况：

第一，累积性优先股与非累积性优先股。前者是指公司本年度可分配的盈余如不敷优先股分配时，则由下年度盈余补足，公司只有在历年积欠的优先股的股利足额分配以后，才能分配给普通股；后者指公司本年度盈余不足支付优先股股利时，其余额不得累积到下一年度，而仅以本年度盈余为限。依我国现行做法，优先股为累积性优先股。

第二，参与优先股与非参与优先股。因为优先股的股利有固定比率，如果该优先股还能再同普通股一起分配其余的利润，此即参与优先股，否则即为非参与优先股。我国现行公司法对此未作规定。

（2）分配公司剩余财产的特别股。这是指公司解散清算时，这些特别股可以优先于普通股分配公司剩余财产。但也有些国家对于这些剩余财产的分配，规定各种股东应享有同等的权利。依我国公司立法的规定，公司于清偿债务后的剩余财产，优先股应优先分配。

（3）行使表决权的特别股，即赋予某些股份表决权。德国较早实行表决权股，将此种股份售给公司董事、监察人，使其每一股享有表决权。英国也有所谓管理股。鉴于此种特别股份有增加董事们特权的弊端，所以各国或地区的立法很少采用。美国于20世纪初采用过发行限制或取消表决权股份的做法。这种做法迎合了众多股东只追求优厚的股利而无意参与公司管理的心理，造成把大量股东排斥在公司管理之外，便于少数大股东操纵公司事务的局面。此外，还有许多国家规定，对于那些与部分股东有特别利害关系的事项，必须经过该部分股东决议的，可发行包含这种规定的特别股，使之能够对那些特定事项行使表决权。我国公司立法现无行使表决权特别股的规定。

（4）可赎回的特别股。一般的股份在发行之后公司不得随意赎回，但公司可以发行可赎回的特别股。公司在发行这种股份后的一定时期，可以将其赎回。

比如，英国公司法规定，发行这种可赎回的优先股，必须在公司章程中加以核准；赎回股份所需款项的来源和其他条件与方式必须符合公司条例的规定；在赎回或准备赎回旧股时，公司可以发行不超过该旧股票票面金额的新股。我国当前无发行可赎回股的做法。

（5）发起人股。这是公司将其作为对公司设立中提供服务的对价而发行给创办人的一种特别股，通常称为发起人股或经理人股。这种股份在分配公司股利方面，与后配股所享有的权利是一样的，即这两类股份都必须在其他各类股份分配股利之后，才能够分配。但是，对于所有各类股份分配股利之后的剩余利润，这两类股份则往往可以享受其全部或较大部分。但是，在表决权方面，发起人股和后配股却不同，发起人股往往有较多表决权。我国公司法设有发起人股，但对其权利义务没有特别规定。

2. 记名股与无记名股。这是以是否在股票票面和股东名册上记载股东姓名为标准进行的分类。

记名股是在股票票面和股东名册上记载股东姓名的一种股票。否则，即为无记名股。记名股的优点在于有利于公司对股东状况的掌握，便于公司对股份流通情况的了解，可以有效地防止股票投机行为；而无记名股最显著的优点是便于股份的流通。各国或地区的公司立法一般均对记名股和无记名股的转让方式做不同的规定。

依我国《公司法》第 130 条及国务院的有关规定：①公司向发起人、法人发行的股票，应当为记名股票，并应当记载该发起人、法人的名称或者姓名，不得另立户名或者以代表人姓名记名。②境外上市的外资股也应采取记名股票的形式。③公司向社会公众发行的股票可以为记名股票，也可以为不记名股票。

3. 额面股和无额面股。这是以股票是否载有一定金额为标准进行的分类。

额面股是指股票票面上表示了一定金额的股份。许多国家或地区的公司法对公司股票的最低票面值做了规定。比如，德国公司法规定股份有限公司的股票的最低面值为 50 马克，也可以是 100 马克，或者是能被 100 马克整除的数额。法国公司法规定，股份有限公司的股票票面值的最低额为 100 法郎。我国对股票的面值没有最低限额的规定。

无额面股是指股票票面不表示一定金额，只表示其占公司资本总额一定比例的股份。这种股份的价值依据其所占公司的资本总额的一定比例确定，随公司财产的增减而增减，其实际上占公司资本总额比例的价值也是一个变数。这种股份的好处主要在于：当公司增资时，无需再发行或增加新的股份，只要实际上增加每股所代表的资本额即可。其弊端主要在于，股份所代表的金额经常处于不确定的状态，增加了股份转让和交易的难度。德国在19世纪后半叶即发行过无面额股。公司法允许发行无面额股的，目前只有美国、加拿大以及卢森堡等少数国家。

我国《公司法》第128条规定："股票发行价格可以按票面金额，也可以超过票面金额，但不得低于票面金额。"第168条还规定："股份有限公司以超过股票票面金额的发行价格发行股份所得的溢价款以及国务院财政部门规定列入资本公积金的其他收入，应当列为公司资本公积金。"

4. 其他特殊类型的股份（票）。

（1）国家股、法人股、社会公众股和外资股。这是以投资主体为标准对股份进行的分类。

国家股，是指国家以国有资产向股份有限公司投资所形成的股份。在我国股份制改造过程中，根据各地的不同做法，国家股的代表曾经主要有以下几种模式：①由政府国有资产管理部门来代表国家；②由国家授权的其他政府部门来代表国家；③由国家专门成立的国有资产经营公司来代表国家；④由原国有企业的经营班子代表国家。在后两种情况下，在形式上是以法人股的出现，但实际上国家是股东。

法人股，是指具备法人资格的社会组织向股份有限公司投资而形成的股份。

社会公众股，是指社会个人向股份有限公司投资而形成的股份。在我国公司法实践中，社会公众股包括一般社会公众股和公司职工股。一般社会公众股是指股份有限公司采取募集设立方式设立时向社会公众（非内部职工）募集的股份。公司职工股是指股份有限公司在本公司公开向社会发行股份时，由公司的职工按照发行价格所认购的股份。需要说明的是，公司职工股和内部职工股是两个完全不同的概念。在我国进行股份制改革试点初期，出现了一批不向社会公开发行股票，只对公司内部职工募集股份的股份有限公司，该股份有限公司发行的股份被称为内部职工股。1993年国务院已正式发文明确规定停止内部职工股的审批和发行。

外资股，有广义和狭义之分。狭义的外资股是指外国投资人所持有的我国股份有限公司的股份；广义的外资股还包括我国香港、澳门、台湾地区的投资人所持有的我国股份有限公司的股份。

专题十一

值得注意的是，因为上述分类采取了混合标准，所以在国家股与法人股、法人股与外资股、社会公众股与外资股之间存在交叉关系。

（2）流通股与非流通股。如上一分类所述，我国上市公司的股权结构很复杂，有国家股、法人股、社会公众股和外资股等。在这些股份中，可以在股票二级市场上自由转让的股份属于流通股，如社会公众股，否则就属于非流通股。

鉴于流通股和不流通股的差别待遇和价格差异导致同股同权、同股同利的原则无法兑现，中国证券监督管理委员会、国务院国有资产监督管理委员会、财政部、中国人民银行、商务部于 2005 年 8 月颁布了《关于上市公司股权分置改革的指导意见》。依该意见的规定，流通股和非流通股的划分是我国经济体制转轨过程中形成的特殊问题，股权分置不能适应当前资本市场改革开放和稳定发展的要求，必须通过股权分置改革，消除非流通股和流通股的流通制度差异。为此，证券监管部门要通过必要的制度安排和技术创新，有效控制可流通股份进入流通市场的规模和节奏，依据股权分置改革进程和市场整体情况，择机实行"新老划断"，对首次公开发行的公司股份不再区分流通股和非流通股。

（3）A 股、B 股、H 股、N 股、S 股等。这是以认购股份的货币不同为标准进行的分类。

A 股，又称人民币股票，是指以人民币标明股票面值，由中国境内大陆投资者以人民币认购和交易的股票，中国香港、澳门和台湾地区的投资者不得买卖。

B 股，又称人民币特种股票。国务院最初规定 B 股是指以人民币标明股票面值，由外国和我国港澳台地区投资者认购和买卖的股票（以外汇买卖），中国境内大陆投资者不得购买。但现在经国务院批准，中国证券监督管理委员会已经决定允许境内大陆居民以合法持有的外汇开立 B 股账户，交易 B 股股票，持有 B 股股份。

H 股、N 股、S 股等。H 股是指获得香港联合交易所批准上市的人民币特种股票，即以人民币标明股票面值，以港币认购和进行交易，专供外国和中国港澳台地区的投资者购买的股票。N 股是在纽约批准上市的股票，S 股是在新加坡批准上市的股票。这些均是以外币认购和进行交易的股票。

二、股份转让的方式和限制

（一）股份转让的概念

股份转让是指所有人依法将其持有的股份转移给他人的法律行为。股份的表现形式为股票，因此股份随股票的转让而转让。因股份转让，股东地位也随之转移，受让人取得股权成为公司新的股东。

股东在向股份有限公司投资后，不能以退股的方式要求公司返还财产，也不能直接支配自己的投资所构成的公司财产。但是，股东可以根据自己的需要和市场情况，随时转让其持有的股份，实现退出公司的目的。股东通过转让股份而退出并不会导致公司资本减少，而且对于股份有限公司来讲，股东个人的身份对于公司并不重要，因此股份转让自由原则就成为公司法的基本原则之一，同时也是股份有限公司的重要特点和优势之一。

通过股份转让，股东可以收回投资，转移投资风险，实现投资收益。例如，股东如果因为其他原因或者急需收回原来的投资，可以随时转让其持有的股份实现收回投资的目的。在公司股票价格上涨时，股东通过转让股份不仅可以将其变现，而且还可以实现股份增值的利益。借助受让股份，股东还可以扩大自己的表决权，实现对公司的股权控制。此外，股东对股份的处分形成了对公司行为的制约，从而有利于促进公司经营管理水平的不断提高和公司治理结构的不断完善。

与有限责任公司股权转让比较，股份有限公司的股份转让主要在两个方面不同于有限责任公司的股权转让：①股份有限公司具有典型的资合性，存在大量的公众股东，因此股份转让的自由程度较高；有限责任公司则具有较强的人合性，同时股东人数较少，股东之间的信任关系是有限责任公司存在的基础，因此公司法对有限责任公司的股权转让，尤其是股权的外部转让，规定了较多的限制。②股份有限公司股份转让存在公开的市场，股东可以通过该市场转让其持有的股份；有限责任公司股权的转让不存在公开的市场，股东只能通过个人协议的方式转让其股权。

（二）股份转让的方式

股份转让的方式因股票的记名与无记名、上市与否等特征而存在不同。

1. 记名股票的转让。《公司法》第140条第1款规定："记名股票，由股东以背书方式或者法律、行政法规规定的其他方式转让；转让后由公司将受让人

专题十一

的姓名或者名称及住所记载于股东名册。"因此，对于实物券式的记名股票，其转让必须经过背书，而且转让后要将受让人的姓名及住所记载于公司股东名册之上，方能生效。簿记式记名股票的转让则无法采取背书形式，而是通常先由证券登记公司托管，再由证券登记公司将股票交证券交易所二次托管。每一股东的持股数表现为证券交易所中央电脑中的电子信息，股东本人仅有股东账户簿或账户卡，上面记载股东持有某种股份的总数及其增减情况。

2. 无记名股票的转让。无记名股票属于不要因证券，持有证券即可行使证券权利，因此随股票的交付而发生转让的效力，占有股票即视为享有股东权益。《公司法》第141条规定："无记名股票的转让，由股东将该股票交付给受让人后即发生转让的效力。"此为对无记名股票这种属性的确认。也就是说，无记名股只要交付便发生转让的法律效力，不需要背书，也无须过户。

3. 上市公司股票的转让。对于上市股票的转让，《公司法》第145条规定："上市公司的股票，依照有关法律、行政法规及证券交易所交易规则上市交易。"《证券法》第39条也规定："依法公开发行的股票、公司债券及其他证券，应当在依法设立的证券交易所上市交易或者在国务院批准的其他证券交易场所转让。"在我国，上市公司股票首先由证券登记结算机构托管，股票的转让通过经纪人进行，股票和资金通过证券账户和资金账户进行划转。

（三）股份转让的限制

公司法虽然确定了股份转让自由原则，但是股份转让可能影响公司的稳定，某些股东转让其股份可能损害其他股东的利益，股份转让还可能带来股票投机。因此，为了保护公司、股东、公司债权人的利益，公司法、证券法对股份转让作出了必要的限制，以尽可能避免股份转让可能产生的损害。根据公司法、证券法的规定，股份转让主要受到下列限制：

1. 对转让场所的限制。《公司法》第139条规定："股东转让其股份，应当在依法设立的证券交易场所进行或者按照国务院规定的其他方式进行。"本条中的"证券交易场所"并非指特定的证券交易所，而是包括全国性的证券交易所、地方性证券交易中心等交易机构在内的交易场所。其中，上海证券交易所和深圳证券交易所是我国最主要的股票交易所，在国内上市的公司的股票均在这两个交易所进行交易。但实际上，对于非上市公司而言，其股票的交易大多是通过私下协议的方式进行转让的。

2. 对发起人所持股份转让的限制。股份有限公司的发起人对公司的成立及公司成立初期的财产稳定和经营管理具有重要的影响，为了保护其他股东和公众的利益，防止发起人利用设立公司进行投机活动和逃避发起人责任，保证公司成立后的一段时期能够顺利经营，公司法一般对发起人所持股份的转让予以一定限制。《公司法》第 142 条第 1 款规定："发起人持有的本公司股份，自公司成立之日起 1 年内不得转让。"发起人违反本条规定的股份转让，应当无效。

3. 对董事、监事、高级管理人员所持本公司股份转让的限制。限制董事、监事、高级管理人员持有的本公司股份的转让，一方面是为了防止这些人员利用内幕信息从事股票交易，操纵股票价格，非法牟利；另一方面是为了将公司经营同这些人员的利益联系起来，促使其更好地履行职责。《公司法》第 142 条第 2 款规定："公司董事、监事、高级管理人员应当向公司申报所持有的本公司的股份及其变动情况，在任职期间每年转让的股份不得超过其所持有本公司股份总数的 25%；所持本公司股份自公司股票上市交易之日起 1 年内不得转让。上述人员离职后半年内，不得转让其所持有的本公司股份。公司章程可以对公司董事、监事、高级管理人员转让其所持有的本公司股份作出其他限制性规定。"

4. 对公司收购自身股份的限制。公司收购自身的股份，会导致公司资本事实上的减少，损害债权人利益。而且，由于公司具有绝对的信息优势，如果允许其收购自身股份，则公司可以通过收购自身股份又以发行新股的方式操纵股票的价格，同时还可能导致内部交易。这显然违反了公平、公正原则，影响了证券交易的安全。此外，公司收购自身股份还会导致公司在形式上成为自身的股东，进一步导致权利、义务不清的局面。因此，公司法一般禁止公司收购自身股份。在例外情况下，公司法允许公司收购自身股份，但是规定了严格的限制。我国《公司法》第 143 条对公司收购自身股份作出了具体规定。

5. 为公司出具审计报告、资产评估报告、法律意见书等文件的专业机构和人员持有公司股票转让的限制。为公司出具审计报告、资产评估报告、法律意见书等文件的专业机构和人员由于业务的需要，可能事先获知公司的内幕信息，因此应对其持有的股票的转让进行一定的限制。《证券法》第 45 条规定："为股票发行出具审计报告、资产评估报告或者法律意见书等文件的证券服务机构和人员，在该股票承销期内和期满后 6 个月内，不得买卖该种股票。除前款规定外，为上市公司出具审计报告、资产评估报告或者法律意见书等文件的证券服务机构和人员，自接受上市公司委托之日起至上述文件公开后 5 日内，不得买卖该种股票。"

除了上述五个方面的限制以外，为了防止内幕交易、操纵市场等不公正交易行为的发生，《公司法》对上市公司公开发行股份前股东的转让行为作出了限制。《公司法》第 142 条第 1 款规定："公司公开发行股份前已发行的股份，自公司股票在证券交易所上市交易之日起 1 年内不得转让。"

三、股份的回购

（一）股份回购概述

股份回购又称股份的回赎，是指公司依照法律规定从股东手中买回本公司股份的行为。如上文所述，为了维持公司资本稳定，保护公司债权人、股东、社会公众的利益，维护证券交易的安全，公司法原则上禁止公司购买自身的股份。但是在例外情况下，公司法允许公司回购自身的股份。

对于公司可否回购自身股份，各国或地区的公司立法规定不尽相同，大体上存在三种立法模式：①公司可以自由回购自己的股票，这种模式以美国为代表；②公司可以有限度地回购自己的股票，如荷兰规定，在不违反公司章程的条件下，公司可以用其利润购买股款已全额缴足的自身股份，购买额可占授权资本的 1/2；③原则禁止、例外允许公司回购自身股份，如法国规定，原则上公司不得回购自己的股票，但在减资等情况下可以回购。我国《公司法》的规定属于第三种模式。

（二）股份回购的法定事由

根据《公司法》第 143 条第 1 款的规定，公司在下列情形下可以回购自身的股份：

1. 减少公司注册资本。减少公司资本即股份有限公司依照法定程序减少公司的股份总额。公司减资可以采取减少每股金额的方式，也可采取减少股份数额的方式。本项的规定实际上就是采取减少股份数额的方式来减少公司资本。

2. 与持有本公司股份的其他公司合并。此处的"合并"主要是指吸收合并。在与持有本公司股份的公司合并时，应当先回购被合并方持有的本公司股份，然后才能继续进行合并程序，否则会导致公司与股东身份的混乱。

3. 将股份奖励给本公司职工。这是我国《公司法》修改后新增的公司可以回购自身股份的事由，为股票期权计划的实施提供了一种合法的方式。

4. 股东因对股东大会作出的公司合并、分立决议持异议，要求公司收购其股份的。这也是我国《公司法》修改后新增的公司可以回购自身股份的事由，旨在尊重公司合并、分立过程中异议股东的意思表示，为其提供合理的退出机制，事实上赋予了异议股东股份收购请求权。

（三）股份回购的限制

根据《公司法》第 143 条第 2、3 款的规定，在符合法定事由的情形下公司可以回购自身股份，但应该遵守下列程序与条件：

（1）公司为减少注册资本或者为与持有本公司股份的其他公司合并或者为将股份奖励给本公司的职工而回购自身股份时，应当经股东大会作出减少资本、合并公司或者将股份奖励给本公司职工的决议。

（2）为减少公司注册资本而回购自身股份的，公司应当自收购之日起 10 日内注销该部分股份；与持有本公司股份的其他公司合并，或者因股东行使股份收购请求权而回购自身股份的，应当在 6 个月内转让或者注销。

（3）为将股份奖励给本公司的职工而收购自身股份的，不得超过公司已经发行股份总额的 5%，用于收购的资金应当从公司的税后利润中支出，所收购的股份应当在 1 年内转让给职工。

四、股份的质押

股份质押是指为了担保债务履行而以股份作为质押标的而设定的质押，性质上属于权利质押。股份作为一种可转让的财产，具有很强的流通性，因此可以被公司股东用于设定质押，用以担保自己或者第三人债务的履行。《担保法》第 75 条规定，依法可以转让的股份、股票可以质押。

依照《公司法》第 143 条第 4 款的规定，公司不得接受本公司的股票作为质押权的标的。一般认为，这样限制的原因主要有两个：①如果公司接受本公司的股票作为质押权的标的，无异于用自己的财产担保自己的债权，显然不妥；②当公司的债务人无力清偿到期债务而拍卖质押的股份又无人应买时，公司就会成为质押股票的所有人，从而违背了公司不得拥有自身股份的原则。

股份质押与有限责任公司股权质押的效力相同，当质押所担保的债权到期没有得到清偿时，债权人享有以质押的股份折价或者以拍卖、变卖所得价款优先受偿的权利。质权的效力及于股权质押期间产生的孳息，股份质押不影响股东行使表决权、提案权、知情权等非财产权利。

五、记名股票被盗、遗失或者灭失的处理

《公司法》第144条的规定，记名股票被盗、遗失或者灭失的，股东可以依照《民事诉讼法》规定的公示催告程序进行处理。

（一）依公示催告程序宣告股票无效

《民事诉讼法》规定的公示催告程序如下：

（1）以背书转让的票据持有人，因票据被盗、遗失或者灭失，可以向票据交付地的基层人民法院申请公示催告。申请人应当向人民法院递交申请书，写明票面金额、发票人、持票人、背书人等票据的主要内容和申请理由、事实。

（2）人民法院决定受理申请的，应当同时通知支付人停止支付，并在3日内发出公告，这是为了催促利害关系人申报权利。公示催告的期间由人民法院根据情况决定，但不得少于60日。

（3）支付人收到人民法院停止支付的通知后，在公示催告程序终结前应当停止支付。公示催告期间转让该股票的行为无效。

（4）利害关系人应当在公示催告期间向人民法院申报权利。人民法院收到利害关系人的申报后，应当裁定终结公示催告程序，并通知申请人和支付人。

（5）没有人申报的，人民法院应当根据申请人的申请，作出判决，宣告票据无效，判决应当公告并通知支付人。自判决公告之日起，申请人有权向支付人请求支付。

（6）利害关系人因正当理由不能在判决前向人民法院申报的，自知道或者应当知道判决公告之日起1年内，可以向作出判决的人民法院起诉。

（二）申请补发股票

依照公示催告程序，人民法院宣告该股票无效后，股东可以向公司申请补发股票。

【理论拓展】

公司章程能否限制股东转让其股份？

股份有限公司的股份具有流通性，大部分国家和地区都对股份的自由转让原则作出了明确的规定，我国公司法也作出了类似的规定。《公司法》第138条规定："股东持有的股份可以依法转让。"这样的规定符合股份有限公司的资合性特征。此外，一些国家和地区的公司法还明确规定股份转让的自由，但是，

股份自由转让不得以章程加以限制或者禁止。例如我国台湾地区"公司法"第
163 条第 1 款规定："公司股份之转让，不得以章程禁止或限制之。"1995 年修
改前的《韩国商法》第 335 条第 1 款也规定："股份的转让，不得以章程加以禁
止或限制。"

但是，股份自由转让原则并非绝对，除了法律明确规定的限制外，一些国
家的公司法明确规定公司章程可以加以限制。例如，1995 年修改后的《韩国商
法》第 335 条第 1 款规定："股份可以转让给他人，但股份的转让可以规定为需
要按照章程的规定获得董事会的承认"；第 2 款规定："违反第 1 款但书的决定，
没有董事会的承认而进行的股份转让对公司不具效力"。德国《股份法》第 68
条第 2 款规定："章程可以使转让（指记名股票的转让）受公司的同意的拘束。
同意由董事会给予。但章程可以规定由监事会或股东大会决议同意的给予。章
程可以规定据以拒绝同意的理由。"美国《示范公司法》第 6.27 条则对股份转
让的限制作出了详尽的规定：（a）公司章程、内部细则、股东协议或者股东与
公司之间的协议可以对公司股票的转让或者转让登记加以限制。该限制对被通
过之前已发行的股票不产生影响，除非股票的持有者是限制协议的当事人或者
投票赞成此种限制。

显然，以公司章程限制股东转让其持有的股份在上述国家是完全可行的。
我国《公司法》仅在第 142 条第 2 款中规定，"公司章程可以对公司董事、监
事、高级管理人员转让其所持有的本公司股份作出其他限制性规定"，但没有涉
及其他股东。因此，依照现行的《公司法》，公司能否通过章程限制股东转让股
份并没有明确的答案。但从学理上看，通过章程限制股东转让记名股份是可以
的。首先，实践中存在着相当数量的人合性较强的股份有限公司，如家族式股
份有限公司。为了确保家族控股，防止外人收购以控制家族公司，其完全可以
通过章程限制股东转让股份。其次，如果章程对股东转让股份作出了限制，就
意味着股东接受该限制，是股东意思自治选择的结果，只要不违反法律的强制
性规定即为有效。当然，此项限制仅及于记名股份，对于无记名股并不适用。
因为无记名股东持有股票即可行使权利，从而在性质上不能加以限制。但是，
章程限制股东转让股份的权力也不是没有限制的。如果章程规定的限制使股东

根本不可能出让其股份，这种限制就是没有法律效力的。[1]

【法律链接】

《公司法》第 138~146 条。

【思考案例】

案例 1[2]　西安交大博通资讯股份有限公司（简称"交大博通"）是 2001 年 7 月由原西安博通资讯有限责任公司整体改制而来的股份有限公司。2004 年 3 月 29 日，交大博通在上海证券交易所挂牌上市，在该公司 2004 年 3 月上市前公布的招股说明书中，发起人股东王卫东、于雷、刘斌、邬树新承诺，其所持有交大博通的股份在上市 3 年内不进行转让。2005 年 4 月 15 日，王卫东、于雷、刘斌、邬树新、郭征旭 5 名发起人股东分别与西安经发国际实业有限责任公司（简称"经发国际"）签订《股权转让协议》，将持有的非流通个人股共计 4 457 563 股，转让给经发国际。同日，交大博通董事兼副总经理谢晓、董事兼副总经理张敬朝及董事兼总经理李台元的配偶舒燕伶、孟进娥、赵桂霞也分别与交大博通的第一大股东西安交通大学产业（集团）总公司（简称"交大产业集团"）签订《股权转让协议》，将其三人持有的全部交大博通的非流通股共计 5 342 634 股，转让给交大产业集团。上述 8 名转让公司股份的自然人股东均是交大博通的发起人，其中王卫东任公司总经理助理、行业应用事业部经理；邬树新任公司总经理助理、系统集成事业部经理；刘斌任公司总经理助理、软件中心主任；于雷任公司行业应用事业部经理；郭征旭任公司审计部经理。8 位发起人通过此次股权转让，共计可得现金 4124.442 万元。

问题：如何评价本案中 8 位公司发起人转让股份的行为？

案例 2[3]　1999 年 12 月，郑百文欠建设银行的 20 多亿元债务被转移到中国信达资产管理公司。此后不久，信达公司向郑州市中级人民法院提出申请，

〔1〕　［德］托马斯·莱塞尔、吕迪格·法伊尔：《德国资合公司法》，高旭军等译，法律出版社 2005 年版，第 123 页。
〔2〕　交大博通发起人、高级管理人员转让股份案，参见"交大博通发起人股东致歉"，载《京华时报》2005 年 5 月 13 日。
〔3〕　李香玲等六人诉郑百文证券回购合同纠纷案，参见党玉红、王琴："郑百文重组：漫漫诉讼路"，载《人民法院报》2004 年 8 月 9 日。

要求郑百文破产还债。2001 年 2 月 22 日，郑百文召开了 2001 年度第一次临时股东大会，审议通过了《关于股东采取默示同意和明示反对的意思表达方式的议案》和《关于授权董事会办理股东股份变动手续的议案》。在 2001 年 3 月 5 日至 3 月 19 日间，包括原告在内的 32 名股东提交了股东声明，表示不参加重组，既不同意所持 50% 股份过户给三联公司，也不同意由公司以 1.84 元/股的价格回购其股份。同年 11 月 8 日，因郑州市市区农村信用合作社联合社等 8 名股东在郑州市中级人民法院起诉郑百文及其董事会，请求确认郑百文 2001 年第一次临时股东大会决议和郑百文及其董事会履行股东大会决议的效力，并办理股份变动手续。郑州市中级人民法院作出民事判决书，判令郑百文及其董事会于判决生效后即按照上述两项决议之规定完成股份过户手续。后依照民事判决书、民事裁定书及协助执行通知书，截至 2003 年 7 月 4 日，除尚有 2 个股东账户因司法冻结无法办理外，其余郑百文股东所持股份已全部办理完股份变动手续，其中 6 位原告所持有的股票，办理了股份回购注销登记手续。至此，李香玲等 6 位股民于 2003 年 8 月 21 日向郑州市金水区人民法院起诉，称被告郑百文在原告明示反对的情况下强制回购原告的股票，无法律依据。请求被告返还原告各自所持有的郑百文发行的流通股股票。被告三联商社称，股份过户及回购曾经过临时股东大会通过，郑百文办理股份回购手续是在履行司法裁决，是按原告的选择办理的。原告买股票时，郑百文资产、债务重组方案已经公告，原告应该了解其内容，应自行承担其可能面临的风险。目前已重组成功，原告无权分享重组的成果，否则，对参加重组的广大股东不公平。故原告的主张于法无凭，于理无据。

问题：郑百文是否有权强行回购股东持有的股票？

专题十二

股东会、股东大会

【应用指南】

一、有限责任公司股东会、股份有限公司股东大会的职权及行使

《公司法》第38、100条[1]对股东会、股东大会的职权作出了相同的规定，看起来是赋予了股东会、股东大会相当大的职权，但实际上股东会、股东大会只拥有对董事会提案赞成或否决的权利，即只拥有赞成或否决董事会提案的权利，这使得股东会、股东大会的决议成为"橡皮图章"。为此，《公司法》第103条第2款特别规定，股份有限公司单独或合计持股3%以上的股东，可以在股份有限公司召开股东大会前10日向董事会提出临时提案，而董事会也应当在收到提案后2日内通知其他股东，并将该提案提交股东大会审议。

股东会、股东大会的上述职权是通过召开会议的方式行使。具体来说，包括两类会议：有限责任公司的股东会定期会议和股份有限公司的股东大会年会，以及股东会、股东大会临时会议。当然根据《公司法》第38条第2款的规定，若有限责任公司全体股东以书面形式一致同意股东会就该条第1款所列事项所作决议，也可以不召开有限责任公司股东会会议。

---

[1]《公司法》第38条规定，股东会行使下列职权：①决定公司的经营方针和投资计划；②选举和更换非由职工代表担任的董事、监事，决定有关董事、监事的报酬事项；③审议批准董事会的报告；④审议批准监事会或者监事的报告；⑤审议批准公司的年度财务预算方案、决算方案；⑥审议批准公司的利润分配方案和弥补亏损方案；⑦对公司增加或者减少注册资本作出决议；⑧对发行公司债券作出决议；⑨对公司合并、分立、变更公司形式、解散和清算等事项作出决议；⑩修改公司章程；⑪公司章程规定的其他职权。对前款所列事项股东以书面形式一致表示同意的，可以不召开股东会会议，直接作出决定，并由全体股东在决定文件上签名、盖章。《公司法》第100条规定，本法第38条第1款关于有限责任公司股东会职权的规定，适用于股份有限公司股东大会。

1. 有限责任公司股东会定期会议、股份有限公司股东大会年会。依《公司法》第40条的规定，有限责任公司的定期会议依有限责任公司章程的规定召开，这就是说，有限责任公司章程对股东会定期会议的召开拥有自治权，这显然是基于有限责任公司封闭性和人合性特点的考量。与此相对应，依《公司法》第101条的规定，股份有限公司的股东大会则应依《公司法》每年召开一次。这是因为股份有限公司股东一般人数较多、规模较大，属于学理上的公众公司，其股东大会的形式应当规范化。

2. 有限责任公司股东会、股份有限公司股东大会临时会议。有限责任公司依《公司法》第40条的规定，1/10以上表决权的股东，1/3以上的董事，监事会或不设监事会的有限责任公司的监事可以提议董事会或执行董事召集临时股东会会议。与此相对应，股份有限公司依《公司法》第101条的规定，在董事人数不足法定人数（<5人）或章程规定人数的2/3时、公司未弥补的亏损达实收股本的总额的1/3时、单独或合计持股10%以上股东请求时、董事会认为必要时、监事会提议召开时、章程规定的其他情形时，股份有限公司董事会应在2个月内召开临时股东大会会议。

二、有限责任公司股东会会议和股份有限公司股东大会会议的基本规则

（一）召集与主持

2005年《公司法》修订前，召集和主持股东会、股东大会会议的职权只属于董事会和董事长，但实际中往往发生董事会和董事长怠于行使职权的情形，使本应依法召开的股东会、股东大会会议，因为事实上无人召集和主持而无法召开。典型的情况是，在股东会、股东大会会议议题涉及罢免现任董事时，现任董事组成的董事会往往拒绝召集此类股东会、股东大会会议。为改变董事会消极不召集股东会或股东大会会议的实际状况，公司法赋予公司监事会或不设监事会的有限责任公司的监事，在董事会或执行董事怠于行使其召集权时，召集和主持股东会或股东大会会议的职权。而在监事会或不设监事会公司的监事也怠于召集股东会或股东大会时，有限责任公司持有1/10以上表决权的股东，或股份有限公司连续90日以上单独或合计持有10%以上股份的股东可以召集和主持股东会或股东大会会议。

需要说明的是，股东会、股东大会会议的召集和主持是配套行使的。即如果会议由董事会召集，主持人则为董事长，董事长不能或不履行职务时则为副

董事长，若副董事长不能或不履行职务时则为半数以上董事共同推举一名董事主持。而如果会议由监事会或不设监事会公司的监事召集，则主持人为监事会主席；再如果会议由有限责任公司持 1/10 以上表决权的股东或股份有限公司连续 90 日以上单独或合计持有 10% 以上股份的股东召集时，则主持人为股东代表。

当然上述规定在实际操作中还有待司法解释的细化，因为实践中已经出现某上市公司股东大会临时会议分别由持一定表决权股东（持股超过 10%）和董事会召集和主持，并且决议内容相同，但决议结果相反的情况，依现行公司法似乎不能得出这两次股东大会临时会议都合法有效，或都无效或可撤销的结论[1]。因此笔者认为，应当在司法解释中明确，若董事会怠于行使召集和主持股东会、股东大会会议的职权，而由监事会行使时，则就同样会议议题，董事会和董事长无权再召集和主持股东会或股东大会审议。同理，若监事会也怠于行使，而由有限责任公司持 1/10 以上表决权股东或股份有限公司连续 90 以上单独或合计持有 10% 以上股份的股东召集和主持时，则就同样会议议题，监事会也无权再召集和主持股东会或股东大会审议[2]。

（二）通知

依照《公司法》第 42 条的规定，有限责任公司召开股东会会议，应当在 15 天前通知全体股东，但公司章程或全体股东另有约定的除外。而依《公司法》第 103 条，股份有限公司召开股东大会会议，应当在 20 天前将召开会议的时间、地点、审议事项通知股东，召开临时股东大会会议是则应当在 15 天前通知；若股份有限公司发行无记名股票，还应当在 30 日前公告会议时间、地点、审议事项。

公司法对股东会、股东大会会议通知作出强行性规定的目的在于，使股东表决权在股东会、股东大会会议上的行使有程序上的保障，并且《公司法》第 103 条还规定股份有限公司股东大会不能对通知中未列明的事项作出决议，这一方面可以使股份有限公司股东根据通知事项作出是否参加会议的决定，另一方面也使得股份有限公司股东在召开股份有限公司股东大会前可以对会议要决议的议案有充分的准备，以更好地行使其参与公司重大决策和选择管理者的表

---

〔1〕 请参考本章思考案例中的宏智科技案。
〔2〕 当然，笔者上述观点还有待进一步细化。

决权。

以下是一家上市公司：华天酒店（股票代码：000428），召开 2009 年第二次临时股东大会会议通知的原文。[1]

本公司及其董事、监事、高级管理人员保证公告内容真实、准确和完整，公告不存在虚假记载、误导性陈述或者重大遗漏。

按照《中华人民共和国公司法》及公司章程等有关规定，根据董事会决议，公司定于 2009 年 4 月 2 日召开 2009 年度第二次临时股东大会，现将有关事宜通知如下：

一、召开会议基本情况

1. 会议召集人：公司董事会。

2. 会议召开方式：本次股东大会会议采取现场投票的方式。

3. 会议召开时间：2009 年 4 月 2 日（星期四）上午 11：00 时。

4. 会议地点：本公司贵宾楼会议厅。

5. 股权登记日：2009 年 3 月 26 日。

6. 出席对象：

（1）截至 2009 年 3 月 26 日下午交易结束后在中国证券登记结算公司深圳分公司登记在册的本公司全体股东。股东可以委托代理人出席会议表决，该代理人可以不必为公司股东（授权委托书见附件）。

（2）公司董事、监事、其他高级管理人员。

（3）本公司聘请的律师。

二、会议审议事项

1. 审议《关于收购湖南湘潭国际金融大厦有限责任公司的议案》。

2. 审议《关于公司变更部分募集资金用途的议案》。

3. 审议《关于为全资子公司湖南国际金融大厦有限责任公司潇湘华天大酒店 5000 万银行贷款提供担保的议案》。

议案内容见同日《证券时报》或巨潮资讯网《湖南华天大酒店股份有限公司第四届董事会第七次会议决议公告》。

---

[1] 来自搜狐财经网站，访问日期：2009 年 5 月 6 日。

三、会议登记办法

1. 登记方式：法人股东持股东账户卡、营业执照复印件、加盖公章的法人授权委托书（授权委托书式样见附件）和出席人身份证办理登记手续；公众股股东持股东账户卡、本人身份证（委托代理人还须持有授权委托书、代理人身份证）办理登记手续；异地股东可以以信函或传真方式登记。

2. 登记地点：湖南华天大酒店股份有限公司证券部。

3. 登记时间：2009 年 3 月 29 日、30 日上午 8：30 ~ 11：30，下午 14：30 ~ 17：30。

异地股东可用信函或传真方式登记。

四、其他事项

1. 联系地址及联系人：（略去）

2. 出席会议者食宿费、交通费自理。

湖南华天大酒店股份有限公司　　董事会

二〇〇九年三月十七日

附件：授权委托书

兹委托＿＿＿＿＿＿＿＿先生/女士代表本人出席湖南华天大酒店股份有限公司 2009 年第二次临时股东大会，并代为行使表决权。

委托人签名：＿＿＿＿＿＿＿

委托人身份证号码：＿＿＿＿＿＿＿

委托人证券账户号码：＿＿＿＿＿＿

委托人持股数：＿＿＿＿＿＿＿＿＿

受托人签名：＿＿＿＿＿＿＿受托人身份证号码：＿＿＿＿＿＿

委托权限：＿＿＿＿＿＿委托日期：＿＿＿＿＿＿＿

（三）表决规则

有限责任公司股东会会议和股份有限公司股东大会会议要形成合法的决议，依大多数国家公司法的要求，需要满足两方面的要求：一方面，出席会议的股东所持表决权达到法定最低比例的要求；另一方面，决议事项得到出席会议股东所持表决权的多数同意。但我国公司法对出席会议股东所持表决权的法定最低比例没有要求。

依我国《公司法》第 44 条的规定，有限责任公司股东会会议除就修改公司章程，增减注册资本，合并、分立、解散或变更公司形式作出决议须经代表 2/3 以上表决权股东同意外，其他事项的表决规则由章程规定。虽然该条实际上意味着公司法要求有限责任公司股东会就上述三类特殊事项作出决议时，出席会议股东所持的表决权必须占到 2/3 以上，但我国公司法对出席股东会会议股东所持表决权的法定最低比例的要求也仅只于此。依公司法的规定，有限责任公司股东会会议就以上三类事项以外的其他事项作出决议既无需出席会议股东表决权达到法定比例，也无需同意股东的表决权占出席会议股东表决权的过半数，其表决规则由章程自行制定。并且，依《公司法》第 43 条，有限责任公司股东表决权只在章程没有另行规定时，方依出资比例行使，所以在统计有限责任公司股东表决权时一定要注意公司章程是否对不良出资比例行使表决权另有规定。

依我国《公司法》第 104 条的规定，股份有限公司股东大会会议要形成合法的决议，无需出席会议股东表决权达到一定比例，而只要出席会议股东所持表决权过半数，即可形成决议。但修改公司章程，增减注册资本，合并、分立、解散或变更公司形式的决议须经出席会议股东所持 2/3 以上表决权同意[1]。这就是说，股东大会会议要通过某项决议，只要控制出席会议股东的表决权，使其同意比例过半数或 2/3 以上即可。

（四）会议记录

依公司法第 42、108 条的规定，有限责任公司股东会会议记录由出席会议的股东签名后置备于公司，股东有权对其查阅和复制；而股份有限公司股东大会会议记录由主持人、出席会议董事签名，并和出席会议股东的签名册、代理出席委托书一并保存，股东有权查阅但无权复制。

三、异议股东回购请求权

依《公司法》第 75 条的规定，有限责任公司股东，如果对股东会的三类决议，即连续 5 年不向股东分配利润，而该 5 年连续盈利，并且符合公司法规定的分配利润条件；合并、分立、转让主要财产；在章程规定的营业期限届满或章程规定的其他解散事由出现时，股东会会议通过决议修改章程使公司存续的决

---

[1]　笔者认为，这会使某些人通过操纵出席股东大会会议人数达到操纵会议决议结果的目的成为可能，也有悖于资本多数决原则。也就是说，公司法应当对出席股东大会会议股东所持表决权的底线有所规定。

议持有异议，可以请求公司按照合理的价格收购其股权，股东与公司自会议决议通过之日起60日内不能达成股权收购协议的，可以自会议决议通过之日起90日内向人民法院提起诉讼。

而股份有限公司股东依《公司法》第143条第1款第4项，如果对股东大会会议作出的公司合并、分立决议持异议，可以要求公司回购其股份的。公司回购该股份后，应当在6个月内转让或者注销。

这两个法条确立了我国公司法中的异议股东回购请求权制度。通过对这两个法条的对比可以看出，股份有限公司股东异议回购请求权的适用范围比有限责任公司股异议回购请求权的范围要窄，股份有限公司股东只在对股东大会会议就公司合并、分立所作决议持异议时，才享有回购请求权。原因在于：有限责任公司是兼有封闭性与人合性特点的公司，正因为如此，有限责任公司股东转让股权，就受到法律或章程基于封闭性和人合性特点所作的限制。而且，实际中有限责任公司股权转让还因为没有公开的交易场所，很难找到合适的买主。因此，可以说有限责任公司股东更需要借助法律赋予的异议股东回购请求权来维护自身的权益。而由于公司法立法者认为股份有限公司属于典型的资合公司，不存在因股份对外转让破坏公司原有之人合性、封闭性的问题，并且上市股份有限公司的股东更可以通过证券市场卖出股份，用"脚"投票。所以公司法规定股份有限公司股东只在对公司合并、分立的股东大会会议决议持异议时才能行使异议回购请求权。

1. 公平的回购价格如何确定。异议股东回购请求权的行使需要以完备的诉讼机制为基础，而保障该权利有效行使的关键是确定公平回购价格。然而究竟如何确定公平的回购价格，依《公司法》第75条第2款，显然是应当先由公司与异议股东自由协商，在双方无法达成一致时，股东可以起诉请求人民法院确定公平的回购价格。需要特别指出的是，该条没有说明在股东和公司无法就回购价格达成协议时，公司是否也可像股东那样起诉，请求人民法院确定合理的价格。对此我们认为，赋予公司诉权，使公司在不能和股东就回购条件达成一致协议时，也能通过起诉请求人民法院确定公平的回购价格，不仅并不损害异议股东的利益，而且还有利于促进回购价格争议的尽快解决，所以公司应有权起诉请求人民法院确定公平的回购价格。

2. 股份有限公司股东向公司行使异议股东回购请求权受阻时的救济措施。《公司法》第75条仅针对有限责任公司股东，规定了行使请求权受阻时可以在

90 日内起诉，但没有在第 143 条中明确股份有限公司股东在行使请求权受阻时是否也可以在 90 日内起诉？对此我们认为，不论是有限责任公司股东的异议回购请求权，还是股份有限公司股东的异议回购请求权，其制度功能均在于使少数对股东会、股东大会会议决议持有异议的股东可以安全退出，免受大股东压榨；同时也使公司以股权回购为代价，降低了因决议摩擦、冲突而产生的公司运行成本。因而应该允许股份有限公司异议股东在行使请求权受阻时享有同样的诉讼权利。

3. 公司向异议股东回购股权应考虑债权人利益。股东向公司行使异议回购请求权，请求公司购回自己的股权，意味着公司将得到对自己没有任何收益的本公司股权[1]，而代价却是公司的资金流向股东。但公司资金先于债权人流向股东，将导致公司可能无法清偿到期债务，从而损害债权人利益。这显然违背了公司法上债权人的分配请求权优先于股权人的分配请求权的基本法理，使得股东通过行使异议回购请求权将商业活动的风险转嫁给了债权人，为此，有必要在公司法中限制公司回购异议股东股权的资金来源。但遗憾的是现行公司法对此没有规定，而仅仅在第 143 条将公司奖励职工的股份回购资金来源限定为税后利润，我们认为这是不周全的。既然奖励职工的股份回购和异议股东的股份回购都使公司资金流向股东，破坏公司法中债权人的分配请求权优先于股权人的分配请求权得到实现的基本法理，我们认为上述限制也应同样适用于公司向异议股东回购股权的情形。而且，即使将回购资金限定为税后利润，我们认为也还不够，因为这并不能保障债权人的到期债权在公司向异议股东回购股权后可以得到有效清偿，因为税后利润中有可能包含公司对外享有的债权，而这些债权若后于公司债务到期，则公司即使有税后利润，也存在不能偿还到期债务的风险，此时若允许公司向异议股东回购股权，也将导致回购股权后，因股权人优于债权人得到公司财产，使公司不能偿还到期债务。

因此我们认为，公司法应当对公司回购异议股东股权的资金作出如下限定：向异议股东回购股权的资金应来自于公司的税后利润，并且回购不能导致公司不能清偿到期债务。

---

[1]　我们认为公司持有的本公司股份或出资不仅没有表决权，也没有利润分配请求权和剩余财产分配权等股权的其他内容。

专题十二

【理论拓展】

一、公司治理中权力分配的演变路径

（一）股东会中心主义

公司经营的重大事项由股东会决策，董事会执行公司业务完全依照章程的授权和股东会的决议，股东会权力至高无上，董事会完全依附于股东会权力的分配格局被称为股东会中心主义。股东会中心主义出现在资本主义早期，它以"资本中心主义"为理论基础，以规模小、股东人数少、业务相对简单、股东有可能也有能力经营管理与决策的公司为实践基础。股东会是董事会的委托人，董事会职权的行使完全依附于股东会。

（二）董事会中心主义

股东会中心主义随着公司资本的不断扩张，越来越和实际中的公司，尤其是大型股份有限公司的经营运作脱节。因为对公司来说，资本的不断扩张使股份有限公司尤其是大型股份有限公司开始向巨型化方向发展，由股东大会充当公司的最高权力机构，不仅开会成本高、效率低，并且股东大会会议基本上不经常召开，无法对公司的业务经营作决策。最重要的是，绝大多数的大型股份有限公司股权高度分散，不存在控股股东，没有人能主宰股东大会会议的决议结果。而对股东来说，公司资本不断的扩张使股东越来越社会化，绝大多数股东缺乏经营公司所需要的知识与经验，不具有经营公司的能力，实际上大多数股东本身也缺乏经营公司的兴趣，心理学上"搭便车"的心理预期存在于绝大多数持股分散的股东身上，这使得股东大会的决策能力大大弱化。在这样的背景下，公司中的常设机构——董事会，因为其不仅熟悉公司业务，有经营管理公司的相关知识和经验，而且还能根据市场情况及时作出经营决策，所以渐渐取代股东大会成为公司事实上的权力中心。公司治理中权力分配的这一趋势被美国公司法学者伯利（Berli）和米恩斯（Means）在其1932年的著作《现代公司与私有财产》中，被表述为"没有控制权的财产所有权与没有财产所有权的控制权乃是股份有限公司发展的逻辑归结"。

（三）经理中心主义

随着大型公众公司的不断发展，董事会也渐渐不再直接参与公司的经营和管理，对公司重大问题的决策往往由经理层作出。经理层不仅全天供职于公司，而且掌握和公司日常经营有关的各类信息，成为公司实际的权力中心。而董事的权力则日渐萎缩，甚至在美国公司治理实践中已经出现经理层中的首席执行官通过控制董事候选人提名，控制董事人选，进而控制经理层自身的任命等现象。经理层不仅实际控制公司的运作，并且其权力行使缺乏董事会应有的监督，这导致公司治理中出现经济学上的所谓管理者自肥、懒惰和保位的"公司机会主义"[1]。

二、股权结构与公司治理之间的关系

1932 年，伯利和米恩斯在其著作《现代公司与私有财产》中指出，总体上美国公司的股权高度分散，公司的实际控制权事实上已为管理者所控制并由此提出了著名的"两权分离"理论，即所有权和经营权分离。尔后，许多学者据此认为公司治理的目标[2]，就是克服因"两权分离"而引发的管理者偏离股东，或者说如何控制管理者按照股东利益最大化的目标行事。然而也有学者指出，上述观点没有普遍性意义。因为实际经济生活中，公司的股权结构千差万别，伯利和米恩斯所谓的股权高度分散型只不过是其中的一种类型，此外至少还存在其他两种类型：①股权高度集中型，即存在拥有 50% 以上的股权，能够绝对控制公司的绝对控股股东；②股权相对集中型，即公司拥有控股较多的相对控股股东，其所持股权在 10% ~ 50% 之间。而我国大多数股份有限公司，特别是上市公司的股权结构则表现为国有股"一股独大"的股权高度集中型。

公司股权的分散与集中程度不同，决定了公司治理所要解决的根本问题必然不同。股权高度分散时，公司治理所要解决的根本问题是如何控制管理者按照公司股东的利益最大化来行事；公司股权相对集中或高度集中时，公司治理所要解决的根本问题则是如何防止控股股东或大股东侵占公司和中小股东的利益，以及控股股东缺位时，内部人滥用职权的问题。

三、上市公司国家股"一股独大"导致的公司治理问题分析

我国股份有限公司中有相当一部分由国有企业转化而来，国有资产一直是上市公司资产的主要组成部分，上市公司普遍存在国家股"一股独大"的现象。

---

[1] 施天涛：《公司法论》（第 2 版），法律出版社 2006 年版，第 297 页。

[2] 此处所谓公司治理仅指公司内部治理，即股东会（股东大会）、董事会、监事会和经理之间的关系。完善内部公司治理的核心是明确划分股东会（股东大会）、董事会、监事会和经理各自的权利、责任和利益，最终使得公司有效盈利。

比如，根据证监会指定网站巨潮资讯网的信息，截至 2009 年 3 月 31 日工商银行这家上市公司中前两大股东中央汇金投资有限责任公司和中华人民共和国财政部共持有该公司 70.742% 的股份，国有股居绝对统治地位。在这样的大背景下，保护国有资产不流失、维护国家的利益，就成为公司法的立法重点。由于股东会中心主义被普遍认为是最有利于保护股东利益的制度安排，因此我国公司法在公司权力分配问题上采纳了股东会中心主义。这导致我国的控股股东成为上市公司实际的权力中心，上市公司的股东大会沦落为大股东会，股东大会会议的决议被国家股操纵。而由于我国证券市场建立之初所特有的股权分置制度[1]，在我国的资本市场上，大股东和流通股股东之间产生了根本性的利益分歧。大股东所持的非流通股不能在证券交易所上市交易，只能通过股份转让协议来转让，因此大股东并不关心上市公司股票在证券交易所的交易价格，而只关心能影响股份转让协议价格的公司净资产值。虽然经营业绩的提升和发行新股都能提高公司净资产值，但二者相比较，发行新股无疑更容易、更快捷，这导致国家股东无意改善公司经营而是通过增发新股提高净资产以转让股权，但上市公司的股价却因公司经营业绩没有改善和不断发行新股而狂跌不已[2]。

此外，国家股控股的上市公司还普遍存在所有者缺位的问题，依我国公司法，行使上市公司国家股股东的权利是国务院国家资产监督管理机构和各级人民政府国家资产监督管理机构，但实际上担任国家股出资人代表的各级政府官员并非企业风险的真正承担者，因此这些官员完全有可能利用手中的股权，根据自身的利益来选择董事、经理和监事，从而在代理权竞争中大肆进行权力寻租，这样一来，公司的绩效就成为权力寻租的牺牲品，内部管理者成为公司事

---

[1] 在上市公司发行的股份中，国家和法人持有的股份不具有 A 股那样在证券交易所交易的权利，只有向社会公众发行的 A 股才能在证券交易所自由流通。该制度是为解决国有企业的股份制改革而特殊设计的，在 1990 年底开始的国有企业改制过程中，所有国有股均定价为 1 元，国有企业以其现有的净资产折换股价，以每股 1 元的价格取得股份，为保持公有制和国有资产不流失，国家股和法人股不能在证券交易所上市交易。而与此同时，对社会公众发售的流通股份，则采取以市场定价的方式，以远远高于 1 元的价格发售，其定价方式一般是以公司净资产价值乘以一定的市盈率倍数，而确定流通股价格的市盈率倍数有的甚至达到 40～50 倍，这样流通股股东取得股份付出的成本远高于非流通股东。吴晓求：《中国资本市场：股权分类与流动性变革》，中国人民大学出版社 2004 年版，第 5 页。

[2] 证监会 2005 年 4 月 29 日发布的《关于上市公司股权分置改革试点有关问题的通知》和 2005 年 9 月 4 日发布的《上市公司股权分置改革管理办法》标志着我国股权分置改革的全面启动，目前绝大多数上市公司已经完成了股权分置改革。

实上的主人。更为值得关注的是，由于我国公司各机关间制衡与监督机制的欠缺，董事、监事、高级管理人员沆瀣一气，使得国家股一股独大的上市公司既没有有效的监事会制约，也没有有效的股权所有者制约，因此董事、高级管理人员滥用职权的案例屡见不鲜，公司的"内部人"控制与西方国家的发达公司中的公司机会主义相比有过之而无不及。

四、表决权代理和表决代理权的征集

（一）表决权代理

表决权代理是指股东以书面方式授权他人就该股东所持股份进行表决的制度。在表决权代理情形下，代理权限的获得是由股东委托授予，而不由代理人主动争取。我国《公司法》在第107条中明确股东可以委托代理人出席股东大会，代理人应当向公司提交股东授权委托书，并在授权范围内行使表决权，这表明我国公司法只认可股份有限公司股东通过代理人行使表决权，但否认有限责任公司股东通过代理人行使表决权。这当然是为了在制度上保证股份有限公司股东更方便地行使表决权[1]，使股东大会切实地发挥决策功能，监督并制裁无效率、不负责任的董事、经理层，从而优化股份有限公司的治理结构。另外，由于大多数国家的公司立法一般都有出席股份有限公司股东大会会议股东表决权的法定最低要求，因此在其他国家表决权代理制度中，还有使股东大会的出席人数达到法定比例，保证股东大会的顺利召开的功能，当然依我国《公司法》第104条，我国股份有限公司的股东大会没有股东表决权出席比例的最低要求，因此我国股份有限公司的表决权代理制度没有这一方面的制度功能。

需要指出的是，我国现行《公司法》并没有对表决权代理人的资格作出任何限制，因此，可以认为享有表决权的股东可自行委托其信任的任何人，比如其配偶、子女、亲友或债权人，甚至公司的经营管理人员等，担任其表决权代理人。股东资格不应成为选定表决权代理人的限制，因为这种限定将加重股东选定代理人时的负担，不利于表决权代理制度发挥其应有的制度功能。当然，依《公司法》第104条中"公司持有的本公司股份没有表决权"的法理可以推导出一个唯一的例外，即公司本身不应成为股东表决权的代理人。

---

〔1〕 我国公司法否认有限责任公司股东通过代理人行使表决权被学者认为是公司法的法律漏洞之一，施天涛：《公司法论》（第2版），法律出版社2006年版，第324页。

（二）表决代理权的征集

表决代理权的征集是指代理人以主动、公开的方式向股东征集代理权，请求股东授予其表决代理权的行为，其通常方式是征集人将已经格式化的征集书发送给股东，在股东签章后，征集人取得表决代理权。实践中的表决代理权征集人通常是公司管理层或反对股东[1]。这一制度在韩国、日本被称为"表决权代理行使的劝诱"，在我国也被称作投票权征集。我国上市公司的表决代理权征集实践以 2001 年山东胜利股份表决代理权的争夺为标志[2]，接连发生了 20 多起，其法律依据则是我国自 2006 年起施行的《公司法》第 107 条，根据该条规定，上市公司股东在股东大会行使表决权有两种途径，即亲自行使和委托他人代理行使。其实早在 2002 年 1 月 7 日，根据我国证监会发布的《上市公司治理准则》第 9、10 条[3]，上市公司董事会、独立董事和符合有关条件的股东就可以向上市公司股东征集其在股东大会上的表决权（或投票权）。但征集必须采取无偿的方式进行，并应向被征集人充分披露信息。

表决代理权征集能够防止能力欠佳的管理人员长期控制公司，从而对现有管理层施加影响。尤其在现代证券市场上，上市公司的表决代理权征集逐渐成为公司并购的一种手段，但与直接收购股权相比，表决代理权征集不仅可以大大降低并购目标上市公司的成本，而且能够使目标公司股东对并购方的意图一目了然。随着我国股份分置改革的完成和上市公司股权收购制度的完善，可以想见股份的全流通必将加剧对上市公司控制权的争夺，而表决代理权的征集作

专题十二

---

〔1〕 施天涛：《公司法论》（第 2 版），法律出版社 2006 年版，第 327 页。

〔2〕 2000 年 3 月 25 日，广州市通百惠服务有限责任公司（下称通百惠）作为上市公司胜利股份的第二大股东，为争夺公司的控制权，向胜利股份全体社会公众股股东公开征集出席股东大会投票代理权。在这之前，胜利股份第一大股东山东胜邦企业有限责任公司（下称胜邦企业）持有胜利股份 17.35% 的股份，通百惠则持股 16.67%，二者持股相差 0.68%。公开征集获得了社会公众股股东的热烈响应，通百惠共征集到授权委托 1500 份，约 3200 万股，其中有效委托 2625.7781 股，占公司总股本的 10.96%。由于胜邦企业及其关联股东所持股份为 29.16%，仍比通百惠自有股份及受托股份多，因此在 3 月 30 日的股东大会上，通百惠所提名的董、监事均未当选，其通过公开征集投票代理权以控制上市公司的目的也以失败而告终。这是我国证券市场第一次真正意义上的代理权征集事件。参见时建中主编：《公司法原理：精解、案例与运用》，中国法制出版社 2006 年版，第 231 页。

〔3〕 2002 年 1 月 7 日中国证监会发布的《上市公司治理准则》第 9 条规定，股东既可以亲自到股东大会现场投票，也可以委托代理人代为投票，两者具有同样的法律效力。该准则第 10 条规定，上市公司董事会、独立董事和符合有关条件的股东可向上市公司股东征集其在股东大会上的投票权。投票权征集应采取无偿的方式进行，并应向被征集人充分披露信息。

为争夺上市公司控制权的又一利器，必将在公司治理方面大展其威力。

但表决代理权征集的负面效应也不容忽视，比如它很容易成为在位董事长期留任、滥用经营权的工具或成为在野股东干扰公司运作，甚至要挟在位经营者而牟取私利的法宝。表决代理权成为一种商品而被作为市场买卖标的，还会促成公司控制权的恶性竞争，这无疑将损害公司治理的效率。为此，各国在公司法和证券法上都对此制度作出了严格规制。其规制的核心与基点一方面在于征集过程的公开、信息披露及非欺诈性、非隐瞒性等要求；另一方面则对征集人的资格作出特别限制。我国证监会也正是基于同样的考虑，在《上市公司治理准则》第10条中将征集人限定为上市公司董事会、独立董事和符合有关条件的股东，并且只允许无偿方式进行的表决代理权征集，且征集人应向被征集股东充分披露信息。但笔者认为上述规定中的"符合有关条件的股东"及应当"充分披露"哪些信息，还有待证监会的进一步细化，这样才能够切实规范我国上市公司表决代理权征集的实践活动。

五、表决权信托

表决权信托指公司股东在一定期间内，依据其与受托人之间签订的表决权信托合同，以暂时但不可撤销的方式将其在公司簿册上登记的股份变更登记于受托人名下，使股份的表决权作为信托财产与股份收益权相分离[1]，受托人集中持有股份并行使股份上的表决权，股东则只享有股份受益权。股东是委托人，接受股东委托的是受托人，信托财产是基于股份的表决权，受托人有权以自己的名义行使基于股份的表决权并对外承担责任。表决权信托制度在两大法系皆有规定，但美国公司法上的表决权信托制度尤为完善，在实践中也被广泛运用。我国公司法中目前还未明确规定该制度，但依照法无明文禁止即许可的法理，以及我国2001年10月1日施行的《信托法》，可以认为目前我国实践中对该制度的运用是有其合法根据的。

2002年，青岛啤酒公司和世界最大的啤酒酿造商安海斯－布希公司——百威啤酒品牌的拥有者（即"A－B公司"）正式签订的战略性投资协议被公认为

专题十二

---

〔1〕　施天涛：《公司法论》（第2版），法律出版社2006年版，第331页。

我国目前运作表决权信托制度较成功的案例[1]。为此，学术界普遍呼吁应当在我国的公司法中明确规定该制度，以使实践中已悄然兴起的表决权信托实践具有公司法上的正当性和可规范性[2]。

【法律链接】

中国证监会 2006 年 3 月 16 日发布《上市公司股东大会规则》，该规则自发布之日起施行。但上市公司股权分置改革过程中所涉及的相关股东会议，按照其他有关规定执行。以下是对该规则的部分节选。

第 4 条　股东大会分为年度股东大会和临时股东大会。年度股东大会每年召开 1 次，应当于上一会计年度结束后的 6 个月内举行……上市公司在上述期限内不能召开股东大会的，应当报告公司所在地中国证监会派出机构和公司股票挂牌交易的证券交易所（以下简称"证券交易所"），说明原因并公告。

第 7 条　独立董事有权向董事会提议召开临时股东大会。对独立董事要求

---

〔1〕　"A－B 公司"和青岛啤酒公司（下称青啤）签订的战略性投资协议其主要内容是，青啤将向 A－B 公司分三次发行总额为 1.82 亿美元的定向可转换债券。该债券在协议规定的 7 年内将全部转换为青啤 H 股，总股数为 30 822 万股。A－B 公司在青啤的股权比例将从此前的 4.5%，逐次增加到 9.9% 和 20%，并最终达到 27%。协议执行完毕后，青岛市国资办仍为青啤最大股东，持股 30.56%，A－B 公司将成为青啤最大的非政府股东。A－B 公司拥有青啤超出 20% 的股权的表决权将通过表决权信托的方式授予青岛市国资办行使。A－B 公司对青啤的兴趣由来已久，但青啤人对其品牌"纯洁性"的维护有着近乎执着的坚持。对于外资进入既有需求的一面，又有对其控股之心和自有品牌丧失疑虑、抗拒的一面。双方之间寻求进一步合作的努力十年间一波三折，终至成功，能够成功的关键因素之一就是引入了表决权信托。按照双方的战略合资协议，青啤公司股权变更后的国有股份为 30.56%，虽仍处于相对控股地位，但与 A－B 公司 27% 的股份相差也很微小，且整体 H 股扩容近一倍，占总股本比例达 50.07%，但在 H 股全流通和股票流动渠道顺畅的市场经济环境中，股权的变动会很容易，第一大股东有轻易易主的股权安排方面的隐患，这在青啤第一大股东——青岛市国资办看来是不能接受的。而引入表决权信托之后则既能保证青啤融到资金，也能确保青啤的国有控股地位不发生变化的同时，进而确保青啤这一民族品牌。可以说表决权信托的成功运用是双方之间促成合作的关键，它使双方之间的控股权之争得到回避，破除了双方合作道路上的阻碍和坚冰。转引自熊宇翔："表决权信托运用的一个成功范例——青啤股权变更案的深层次解读"，载《税收与企业》2003 年第 4 期。

〔2〕　此外，还有学者主张表决权信托有助于解决长期困扰我国国有资产管理的"所有权主体缺位"的问题。按照信托的方式，在国有企业资产清产核资量化的前提下，由国有资产管理部门采取信托方式，委托有管理能力且值得信赖的资产管理公司或信托公司为国家管理和运用这部分国有资产。这样的优势在于一方面将国有资产通过信托方式转移于非行政化的受托人名下，使国有资产有明确具体的、市场化的产权主体经营而得以"显形"；另一方面，信托制度中委托人、受托人和受益人之间定型化和法律化的权利、义务和责任体系，又能充分保障受托人对于受益人利益的忠实，使国家利益得到维护。

召开临时股东大会的提议，董事会应当根据法律、行政法规和公司章程的规定，在收到提议后 10 日内提出同意或不同意召开临时股东大会的书面反馈意见。董事会同意召开临时股东大会的，应当在作出董事会决议后的 5 日内发出召开股东大会的通知；董事会不同意召开临时股东大会的，应当说明理由并公告。

第 8 条　监事会有权向董事会提议召开临时股东大会，并应当以书面形式向董事会提出。董事会应当根据法律、行政法规和公司章程的规定，在收到提议后 10 日内提出同意或不同意召开临时股东大会的书面反馈意见。董事会同意召开临时股东大会的，应当在作出董事会决议后的 5 日内发出召开股东大会的通知，通知中对原提议的变更，应当征得监事会的同意。董事会不同意召开临时股东大会，或者在收到提议后 10 日内未作出书面反馈的，视为董事会不能履行或者不履行召集股东大会会议职责，监事会可以自行召集和主持。

第 9 条　单独或者合计持有公司 10% 以上股份的股东有权向董事会请求召开临时股东大会，并应当以书面形式向董事会提出。董事会应当根据法律、行政法规和公司章程的规定，在收到请求后 10 日内提出同意或不同意召开临时股东大会的书面反馈意见。董事会同意召开临时股东大会的，应当在作出董事会决议后的 5 日内发出召开股东大会的通知，通知中对原请求的变更，应当征得相关股东的同意。董事会不同意召开临时股东大会，或者在收到请求后 10 日内未作出反馈的，单独或者合计持有公司 10% 以上股份的股东有权向监事会提议召开临时股东大会，并应当以书面形式向监事会提出请求。监事会同意召开临时股东大会的，应在收到请求 5 日内发出召开股东大会的通知，通知中对原请求的变更，应当征得相关股东的同意。监事会未在规定期限内发出股东大会通知的，视为监事会不召集和主持股东大会，连续 90 日以上单独或者合计持有公司 10% 以上股份的股东可以自行召集和主持。

第 18 条　股东大会通知中应当列明会议时间、地点，并确定股权登记日。股权登记日与会议日期之间的间隔应当不多于 7 个工作日。股权登记日一旦确认，不得变更。

第 20 条　上市公司应当在公司住所地或公司章程规定的地点召开股东大会。股东大会应当设置会场，以现场会议形式召开。上市公司可以采用安全、经济、便捷的网络或其他方式为股东参加股东大会提供便利。股东通过上述方式参加股东大会的，视为出席。股东可以亲自出席股东大会并行使表决权，也可以委托他人代为出席和在授权范围内行使表决权。

第25条　召集人和律师应当依据证券登记结算机构提供的股东名册共同对股东资格的合法性进行验证，并登记股东姓名或名称及其所持有表决权的股份数。在会议主持人宣布现场出席会议的股东和代理人人数及所持有表决权的股份总数之前，会议登记应当终止。

第34条　股东大会审议提案时，不得对提案进行修改，否则，有关变更应当被视为一个新的提案，不得在本次股东大会上进行表决。

第39条　股东大会决议应当及时公告，公告中应列明出席会议的股东和代理人人数、所持有表决权的股份总数及占公司有表决权股份总数的比例、表决方式、每项提案的表决结果和通过的各项决议的详细内容。发行境内上市外资股的上市公司，应当对内资股股东和外资股股东出席会议及表决情况分别统计并公告。

第46条　在本规则规定期限内，上市公司无正当理由不召开股东大会的，证券交易所有权对该公司挂牌交易的股票及衍生品种予以停牌，并要求董事会作出解释并公告。

【思考案例】[1]

上市公司宏智科技股份有限公司（现更名为华丽家族，股票代码：600503），在2004年1月11日由其第一大股东王栋召集召开临时股东大会。11日上午8：30，纷争出现在福州美伦华美达酒店。宏智科技的董事长黄曼民要求主持王栋召集并主持的临时股东大会会议，遭到拒绝后，董事会作出决议，更改宏智科技2004年第一次临时股东大会的时间和地点，时间为10时，地点为美伦华美达酒店三楼。此后，黄曼民多次跑上跑下宣布这一决定，并到四楼劝王栋到三楼开会，被王栋一方的工作人员以会场不得喧哗为由支走。由股东召集并主持的临时会议在9：45分正式开始，出席股东共计50多位，各项议程进行顺利。表决的结果是，除一张近5万股的废票外，几乎全票通过了更换宏智科技现任董、监事会成员的议案。根据见证律师介绍，该次会议到会股东及股东代理人51人，登记股份共计2 469.382 7万股，占宏智科技总股本22.45%；其中的49 800股由于登记问题成为废票，有表决权股份共计2 464.402 7万股，占出席会议总股数的99.80%，占宏智科技总股本的22.40%。会议审议议案获得

有表决权股份全部通过。王栋提名的董事会候选人包括原来的盟友林起泰、雄震集团的董事长姚雄杰、福建大乾信息方面的李忠以及宏智科技的一些骨干。

黄曼民一方召开的股东大会会议在 10 时左右开始，相同的议案，不同的表决结果，4000 多万股的反对票否决了换班子的议案。参加这个会议的有第二大股东李少林、第三大股东福建大乾、第四大股东闽发物业、第七大股东石狮融盛及持有 0.26 万股的股东连清华，登记股份共计 4 071.46 万股，占宏智科技总股份的 37.01%。上述两次会议之后，双方的律师均认为己方的股东大会决议合法有效。

请依据现行公司法，思考上述两个股东大会临时会议决议是否有效？有人认为，宏智科技所以能够同时召开两次股东大会临时会议，根本原因在于我国《公司法》没有对出席股东大会会议的最低股份比例作出规定[1]。也就是说，依现行《公司法》无论参加会议的股东持有多少股份，只要同意会议决议的表决权达到出席会议表决权的过半数（当然在特殊决议中，需达到 2/3 以上表决权），该决议就是合法的。这明显和立法者力求股东大会决议代表多数股东意志的精神相违背。与此相对应，绝大多数国外公司法通常都要求出席会议的股东所持股份必须代表表决权股份的多数，你是否同意上述看法？也有人认为股东召集并主持临时股东大会会议后，即意味着董事会或监事会不能就相同议题再召开临时会议，对此你又怎么看？

专题十二

---

[1]　我国《公司法》第 104 条仅规定，股东出席股东大会，所持每一股份有一表决权。股东大会作出决议，必须经出席会议的股东所持表决权的过半数通过。但股东大会作出修改公司章程、增加或者减少注册资本的决议，以及公司合并、分立、解散或者变更公司形式的决议，必须经出席会议的股东所持表决权的 2/3 以上通过。

专题十三
股东会、董事会决议的无效与撤销

【应用指南】

一、股东会、董事会决议的无效事由

股东会是公司的意思形成机构，对公司的重大事项有决策权。[1] 董事会是公司的经营管理机构，对公司的经营管理具有决策权。股东会与董事会的决策权都必须通过开会表决并形成决议的方式来行使。股东会、董事会的决议在法律上即公司的意思，故又被统称为公司的决议。公司决议一经依法形成，即发生法律效力。股东会决议实际上是代表多数表决权的股东的意思，出于各种原因，多数股东的意思也有可能违反法律或章程，即可能存在瑕疵。同理，董事会的决议是大多数董事的意思，也可能存在瑕疵。对于股东会会议、董事会会议所作的瑕疵决议的救济措施，各国公司法普遍规定了决议无效与撤销之诉两个救济途径，即诉权人向法院申请宣告股东会或董事会决议无效或申请撤销决议的诉讼。

我国《公司法》在 2005 年修订时借鉴西方国家的做法，在第一章"总则"中增加了股东会、董事会决议无效与撤销的规定，即《公司法》第 22 条。此条规定在促进股东会、董事会依法决议以及保障中小股东利益方面有积极作用。因此，在我国公司实务中，有关人员应当注意股东会及董事会所作的决议必须符合法律、行政法规及公司章程的规定，否则决议就可能被法院宣告无效或撤

---

〔1〕 我国公司法中的"股东会"与"股东大会"分别指有限责任公司与股份有限公司的权力机构，本
专题中不作区分，一律称为股东会。

销，从而不但不能实现多数股东或董事会预期的目标，而且会给公司造成额外损失。

那么在我国，哪些原因可以导致股东会、董事会决议无效？根据《公司法》第 22 条，股东会、董事会决议的无效事由是股东会、董事会决议内容违反法律、行政法规。显然，明确《公司法》第 22 条中的"法律、行政法规"的内涵与外延是明确决议无效事由的关键。《公司法》及相关司法解释对此并未作出解释，根据法理及相关法律来分析，这里的"法律、行政法规"应当包含以下内容：

（一）公序良俗原则

《民法通则》第 7 条规定："民事活动应当尊重社会公德，不得损害社会公共利益。"《合同法》第 52 条中的损害社会公共利益的合同无效的规定也体现了公序良俗原则。《公司法》第 5 条规定的"公司从事经营活动，必须遵守法律、行政法规，遵守社会公德、商业道德"也体现了公序良俗原则，故当公司决议的内容违背公序良俗时，决议应为无效。

（二）公司法中的强制性规定

1. 公司法中的基础性制度。股东有限责任制度，董事、监事的忠实义务和勤勉义务，控股股东的诚信义务等公司法的基础性制度是公司法律制度的基础，在公司法中表现为强制性规范，因而违反上述制度所作的决议也应该被认定为无效的决议。

2. 公司法中的其他强制性规定。公司法中的其他强制性规范主要包括，关于公司经营范围中的许可经营项目需经有关部门批准的规定；关于股东固有权利、公司股份回购、公司发行新股和债券的条件、转投资的限制的规定等。违反这些强制性规范的决议，会损害股东或债权人的合法权益，危害交易安全，应属无效。

（三）其他法律及行政法规的强制性规定

法律是指由全国人大及其常委会依法制定的法律，行政法规是指国务院制定的行政规范性文件。通常法律、行政法规中既有强制性规范，也有任意性规范，但足以影响公司决议效力的只能是强制性规范。公司决议违反其他法律、法规中的强制性规范的情形主要包括以下几类：

1. 公司决议违反其他法律、法规有关当事人资质的规范，如《建筑法》第 26 条规定，承包建筑工程的单位应当持有依法取得的资质证书；《合同法》第

272 条第 3 款禁止承包人将工程分包给不具备相应资质条件的单位等。公司不具有相应资质而决议从事此项经营的，决议应当无效，除非公司及时取得资质，及时补正瑕疵。

2. 公司决议违反环境法、劳动法、税法等法律、法规中的强制性规范，损害社会公共利益或国家利益的，也应属于无效。

另外，还有一个问题应注意，即是否决议只要违反了法律、法规的强制性规定就一定无效？笔者认为，依据《公司法》第 22 条，答案是肯定的，除非法律、法规有特别规定。[1]

二、股东会、董事会决议的撤销事由

股东会、董事会决议的撤销适用于决议瑕疵相对比较轻微的情形，根据《公司法》第 22 条，撤销事由分为两种。

（一）决议程序违反法律、法规或章程

决议程序违反法律、法规或章程，是指股东会、董事会的会议召集程序、表决方式违反法律、行政法规或者公司章程，具体包括以下几种情形：

1. 会议的召集人不适格。会议召集人不适格包括两种情形：

（1）无召集权的人擅自召集。依据《公司法》第 39、41、48 条，有限责任公司首次股东会由出资最多的股东召集，其余股东会通常应由董事会（执行董事）召集；董事会通常由董事长召集。依据《公司法》第 102、111 条，股份有限公司的股东会通常也应由董事会召集；董事会通常由董事长召集。召集人不符合上述规定的，为召集人不适格。个别股东、董事、经理、财务负责人等擅自召集股东会，普通董事擅自召集董事会，通常表现为上述人员擅自向股东或董事发出会议通知，均属于无召集权人的召集，因该类通知而召开的会议所作的决议，属于可撤销决议。

（2）法律规定特定条件下有召集权的人在未达到法定条件的情况下擅自召集。如《公司法》第 41 条第 3 款和第 102 条第 2 款规定，董事会不能履行或者不履行召集股东会会议职责的，监事会或者不设监事会的公司的监事应当召集

---

〔1〕 2009 年 5 月 13 日起实施的《最高人民法院关于适用〈中华人民共和国合同法〉若干问题的解释（二）》第 14 条规定，合同法第 52 条第 5 项规定的"强制性规定"，是指效力性强制性规定。此解释的目的在于限制合同无效的范围。公司决议与合同仍有区别，此问题应进一步研究。

股东会；监事会或者不设监事会的公司的监事不召集的，有限责任公司代表1/10以上表决权的股东可以自行召集股东会，股份有限公司连续90日以上单独或合计持有公司10%以上股份的股东可以自行召集股东会。倘若股东或监事会在不符合上述法定条件的情况下自行召集股东会，也属于召集人不适格。

2. 会议通知的瑕疵。股东会及董事会会议召开前应依法通知股东或董事。《公司法》未明确规定谁负有通知义务，但从有关条款来看，应当是召集人负责通知。通知的瑕疵包括以下情形：

（1）未将会议的召开通知全体股东或全体董事。关于股东会会议的通知，依据《公司法》第42条，有限责任公司召开股东会应在法定期限以前通知全体股东，但章程另有规定或全体股东另有约定的除外。也就是说，章程可以规定或全体股东可以约定对某些事项的决议不必通知某些股东参加，但假如章程无此规定或全体股东未作此类约定的，召开股东会前不通知全体股东显然是会议召集程序上的明显瑕疵。根据《公司法》第103条，股份有限公司召开股东会会议前必须依法通知各位股东，章程不能作出不同规定，全体股东也不能另行作出约定。

关于董事会会议的通知，《公司法》未规定有限责任公司召开董事会会议的通知规则，但《公司法》第111条规定了股份有限公司召开董事会会议的通知方式和通知时限。有限责任公司章程可以规定召开董事会的通知程序，但从法理上来说，即使章程未规定，不通知全体董事就召开董事会应当也属于程序瑕疵。

（2）违反法定通知时限。有限责任公司股东会会议召开的通知期限为会议召开15日前，但允许有限责任公司章程作出不同规定或全体股东作出不同约定（《公司法》第42条第1款），如股东人数较少的有限责任公司的章程可以缩短通知时限；股份有限公司召开定期股东会议则应当在会议召开20日前通知各股东，临时股东会议应在会议召开15日之前通知，发行无记名股票的还应当于会议召开30日前公告会议召开的时间、地点和审议事项（《公司法》第103条第1款）。有学者指出，这里有一个问题规定得不够清楚，就是15日和20日是指日历日还是工作日？笔者认为从法律条文表述来看，没有作出特别说明的，应当均指日历日。当然，这个问题最好由司法解释予以明确，否则可能影响公司实践的顺利进行及对股东权的保护。

《公司法》对有限责任公司召开董事会会议应如何通知没有规定，但对股份有限公司则作出了规定。《公司法》第111规定，股份有限公司召开董事会定期会议，应在会议召开10日前通知全体董事和监事；董事会召开临时会议的，可以另定通知方式和通知时限。《公司法》第111条在此没有明确规定谁有权另定通知方式和通知时限，从理论上讲有好几种可能：股东会、董事会、董事长，甚至立法机关或司法机关都可能作出另定通知方式和时限的决定，因此在实践中可能引起公司或司法机关的无所适从，最高人民法院应对此作出解释。

3. 决议的事项未在开会通知中列明。股份有限公司无论是召开定期股东会议还是召开临时股东会议，都应在开会通知中列明会议审议事项，会议不得对通知中未列明的事项作出决议（《公司法》第103条第3款）。所以，股份有限公司股东会会议对会议通知中未列明的事项进行表决属于决议程序的瑕疵。

4. 决议方法违反法律、行政法规或公司章程。决议方法的瑕疵主要表现为以下两种：

（1）表决权受限制的股东或董事在股东会或董事会会议上行使表决权。表决权受限制，只能源于法律、法规或者公司章程的规定。我国《公司法》对股东及董事的表决权作了如下限制：

第一，对有特定利害关系的股东的表决权的限制。《公司法》第16条规定，公司为公司股东或实际控制人提供担保的，必须经股东会决议，该股东或受该实际控制人支配的股东，不得参加前款规定事项的表决。

第二，有限责任公司章程对股东表决权的限制。有限责任公司股东会会议由股东按照出资比例行使表决权，但如果公司章程对股东表决权作出限制的，股东就应按照章程的规定行使表决权（《公司法》第43条）。

第三，公司持有的本公司股份没有表决权（《公司法》第104条）。除此之外，我国公司法未对股份有限公司股东表决权进行其他限制。有的国家如德国的公司法还对公司相互持有的股份的表决权进行了限制，原因在于公司相互持股容易违反资本充实原则，扭曲股份表决权的决定性功能，我国公司法对相互持股的表决权未作限制是一种遗憾。

第四，与董事会会议决议事项所涉及的企业有关联关系的上市公司董事表决权的限制。在董事会上的表决权，《公司法》仅规定实行一人一票制，表决权的限制主要针对上市公司。《公司法》第125条规定："上市公司董事与董事会会议决议事项所涉及的企业有关联关系的，不得对该项决议行使表决权，也不得代理其他董事行使表决权……出席董事会的无关联关系董事人数不足三人的，应将该事项提交上市公司股东大会审议。"此规定的目标在于排除董事与所议事项的利益冲突，保护上市公司广大投资者的利益。

上述按照法律或章程表决权受到限制的股东或董事，如果违反法律或章程在有关事项上进行了表决，则所形成的决议属于可撤销决议。

（2）以不足法律或章程规定的最低表决权数通过决议。这种情形主要包括决议通过的表决权数不足法律或章程要求，以及表决权的计算违法。

股东会会议的表决原则上实行资本多数决。对于普通事项，决议的作出只需要普通多数即半数以上表决权通过即可，但对于重大事项，则需要以特别决议通过，即以 2/3 以上表决权通过。特别决议事项必须由公司法明确规定。根据《公司法》第 44 条，有限责任公司股东会的普通决议事项的议事方式与表决程序除公司法有规定的外由公司章程规定；特别决议事项包括修改公司章程、增加或者减少注册资本、公司合并、分立、解散或者变更公司形式，必须经代表 2/3 以上表决权的股东通过。根据《公司法》第 104 条，股份有限公司股东会的普通决议必须经出席会议的股东所持表决权的过半数通过，不允许公司章程另外作出规定；特别决议事项必须经出席会议的股东所持表决权的 2/3 以上通过。股份有限公司的特别决议事项除《公司法》第 104 条规定的修改章程、增加或者减少注册资本、公司合并、分立、解散或者变更公司形式以外，还包括上市公司在 1 年内购买、出售重大资产或者担保金额超过公司资产总额 30% 的情形（《公司法》第 122 条）。

关于董事会会议的表决，无论股份有限公司还是有限责任公司，均实行一人一票制，但《公司法》对有限责任公司的规定同样比较宽松灵活，《公司法》第 49 条明确将董事会会议的具体议事方式与表决程序授权公司章程进行规定；对于股份有限公司董事会会议的表决，《公司法》的规定明显严格许多，《公司法》第 112 条首先要求有过半数的董事出席方可举行董事会会议，而且规定董事会决议必须经全体董事（注意不是出席会议董事）的过半数通过。

总之，如果表决权不足上述法定或章定比例，而仅仅由于公司的大股东、实际控制人或者董事、高级管理人员的特殊身份而强行通过决议，应属于违反程序要件的决议，属于可撤销决议。但是从法理逻辑上来讲，以不足法定或者章定最低表决权数通过的决议，应属于决议不成立，在有些国家或地区，股东可以提出决议不存在之诉，由于我国未规定决议不存在之诉，对这种情形只能通过撤销决议之诉来实现。

5．表决权的计算错误。表决权的计算有着法定或章定标准，特别是《公司法》推出了累计投票制以后，使得表决权的计算更加复杂。如果在通过决议时对表决权计算错误，必然导致通过的决议具有程序瑕疵，属于可撤销决议。

（二）决议的内容违反章程

股东会、董事会决议违反章程的情形在现实中并不少见，如将不具备章程规定的董事资格者选任为董事，选任董事的人数超过章程规定人数，向董事支付超过章程所规定金额的报酬等。章程是公司治理的基本准则，对公司、全体股东以及董事都有约束力，因此股东会及董事会决议不得违反章程。《公司法》第 22 条将决议内容违反章程作为决议可撤销事由，原因有二：①内容违反章程的决议，其瑕疵程度低于违反法律、法规，将内容违反章程作为撤销事由可体现私法领域内的意思自治；②章程的效力只及于公司内部，当股东会或董事会决议违反公司章程时，公司之外的第三人往往难以知悉，如果将内容违反章程作为决议无效事由将不利于保护交易安全。

三、股东会、董事会决议无效与撤销之诉的有关问题

（一）决议无效与撤销之诉的当事人

1．公司决议无效之诉的原告。《公司法》对公司决议无效之诉的原告未作规定。从理论上来讲，由于决议在内容上存在违法性，这种无效属于当然无效，自始无效，且不以特定的人提起诉讼为无效要件，只要是依据《民事诉讼法》具有诉权的人即可起诉。那么，具体而言，哪些人具有提起决议无效之诉的诉权呢？根据《民事诉讼法》第 108 条的规定，原告与本案必须有直接利害关系，据此，可以作为公司决议无效之诉的原告人范围比较广，应包括公司的股东、董事、监事、职工、工会以及公司之外的直接利害关系人，如公司的债权人、与公司有交易、投资或合并、分立关系的另一公司及其股东。

2．决议撤销之诉的原告。提起公司决议撤销之诉的原告，《公司法》第 22 条限定为股东，也就是说只有公司股东才能提起决议撤销诉讼。之所以作这种限制，是因为导致公司决议撤销的瑕疵比较轻微，为了维护公司法律关系的稳定，尽量减少决议被撤销的情形出现，我国《公司法》将此项诉权仅仅赋予与公司决议的利害关系最为密切的人，即股东。但这种限制使得原告范围过窄，没有赋予与决议有直接利害关系的董事、监事以诉权，显得不够合理。

3．决议无效或撤销之诉的被告。我国《公司法》没有规定此类诉讼的被

告。从法理上来说，股东会及董事会分别是公司的决策意思和经营管理意思的形成机关，它们的决议就是公司的意思，因此决议无效或撤销之诉的被告均应是公司。西方公司法通常也规定被告为公司，如依据《德国股份责任公司法》第246、249条，对股东会决议提起无效之诉和撤销之诉均应以公司为被告，[1]《日本公司法》第834条规定被告为股份有限公司，而且该法第834条对所有公司诉讼的被告进行了罗列，此立法方法清晰明了，对我国很有借鉴意义。[2]

（二）提起决议无效与撤销之诉的期限

关于提起公司决议无效之诉的期限，《公司法》未作限制，因此依据《民事诉讼法》规定的一般诉讼时效即可。对于提起公司决议撤销之诉，出于减少公司决议被撤销的数量、有利于诉讼中取证的目的，《公司法》第22条第2款规定出现决议撤销事由的，股东必须在一定期间内（自决议作出之日起60日内）提出诉讼，最高人民法院《关于适用〈中华人民共和国公司法〉若干问题的规定（一）》第3条还明确规定，超出此期限的，法院不予受理。

（三）决议撤销之诉的担保

《公司法》第22条第3款规定："股东依照前款规定提起诉讼的，人民法院可以应公司的请求，要求股东提供相应担保。"从该条款中使用的"前款"及"股东"字眼来看，此担保规则仅仅适用于决议撤销之诉，并不适用于决议无效之诉。法律作此规定可以促使股东提起决议撤销之诉时持谨慎态度，防止股东滥用决议撤销之诉来谋求不当利益，保护公司的正常经营。

四、股东会、董事会决议无效与撤销的法律后果

（一）公司决议无效或撤销之诉判决的效力范围

公司决议无效或撤销之诉的判决对哪些人有约束力，我国《公司法》对此没有作出明确规定。一般民事诉讼判决的既判力只及于诉讼当事人，但从法理上来看，公司决议无效或撤销判决的效力应当具有扩张性，即不仅对诉讼当事人有约束力，对有关第三人也产生约束力，否则就无法实现诉讼的目的。有些国家公司法明确规定此类诉讼的判决具有扩张性效力。例如《日本公司法》第

---

〔1〕本专题中所有《德国公司法》条文均引自贾红梅、郑冲译：《德国股份责任公司法》，法律出版社1999年版。

〔2〕本专题中所有《日本公司法》条文均引自吴建斌、刘惠明、李涛合译：《日本公司法典》，中国法制出版社2006年版。

838 条规定："任何有关公司组织的诉讼请求的生效判决，对第三人也产生效力。"《德国股份责任公司法》第 248 条第 1 项规定："只要决议被具有法律效力的判决宣布为无效，判决即对所有赞成或反对的股东以及董事会和监事会成员生效，即使他们不是诉讼当事人。"我国《公司法》对此问题也应作出明确规定。

（二）公司决议无效或撤销之诉判决的溯及力

瑕疵决议作出后，决议的执行往往会引起其他法律关系的产生、变更或消灭，若该决议本身被确认无效或被撤销，如何处理其所影响到的其他法律关系？例如，董事会通过决议，决定对其他公司提供担保，而该担保决议超越了公司章程规定的限额，被股东诉至法院请求撤销，那么依该决议所为担保行为的效力及法律后果如何，就涉及决议无效或撤销判决是否具有溯及既往效力的问题。

我国《公司法》第 22 条第 4 款规定："公司根据股东会或者股东大会、董事会决议已办理变更登记的，人民法院宣告该决议无效或撤销该决议后，公司应当向公司登记机关申请撤销变更登记。"从这项规定来看，公司法部分地承认了决议无效或撤销判决的溯及力，也就是说对于根据该决议所发生的股权变更、公司章程变更以及其他登记事项的变更登记，公司应履行登记回转义务，恢复登记原状。但在实务中这一条可能无法操作，如依据甲公司股东会的合并决议，甲公司被另一家公司吸收合并，后因股东起诉导致甲公司合并决议被法院撤销，因甲公司已注销登记，这时已无法按照《公司法》第 22 条规定由"公司"申请撤销变更登记。

但这项规定只解决了一部分问题，如前面例子中提到的担保决议，担保行为并不属于登记事项，因此关于不涉及登记事项的决议的无效或撤销判决的溯及力问题，依然无法可依。司法实践中，解决的办法就是法院判决股东会、董事会决议无效或撤销时，应当确定决议失去法律效力的时间以及该判决对因履行该决议发生的其他法律关系是否具有溯及力。

从法理上讲，因为公司决议无效或撤销判决具有扩张性效力，会涉及众多第三人，一概承认判决的溯及力会影响公司法律关系的稳定，损害第三人利益及交易安全。但如果一概否认判决的溯及力，会使相当一部分诉讼失去意义，胜诉方的目的落空。因此法院在确定决议无效或撤销判决的溯及力时，应非常慎重，考虑多方面因素，包括：①决议的履行情况，对于尚未履行、部分履行及全部履行情形，其溯及力应相应逐级减弱；②宣告无效或撤销的决议是否引起其他法律关系，若引起的法律关系越多，溯及力应越弱，相反如股东会所作的董事报酬决议被撤销的，因该决议只直接影响董事利益，不引起其他法律关系，因此法院应确定决议自始失去效力；③决议的无效或撤销对所涉及的法律关系的影响，法院应考虑避免经济资源浪费及保护善意第三人利益的因素。总之，法院应原则上承认决议无效或撤销判决的溯及力，同时针对个案情况谨慎地适用溯及力切断。

【理论拓展】

股东会、董事会决议不存在制度

（一）股东会、董事会决议不存在制度的概述

所谓股东会、董事会决议不存在，又称为决议不成立，是指股东会、董事会会议决议程序明显违法，导致在法律上不能认为有股东会决议或董事会决议成立的情形。例如，根本未召开股东会会议却虚构股东会会议以及会议记录而产生了决议，又如无召集权人所召集的股东会或董事会会议所作的决议。我国《公司法》没有规定股东会或董事会决议不存在制度，但有的国家和地区的公司法对此作出了规定。

关于股东会、董事会瑕疵决议的效力，世界各个国家和地区存在两种不同的立法体例：二分法和三分法。[1] 所谓二分法，就是指瑕疵决议依其瑕疵的不同被赋予可撤销或无效两种效力。德国公司法和我国台湾地区"公司法"即采用二分法。《德国股份公司法》第1编第7部分（第241～255条）对决议无效和可撤销的理由分别进行了列举。我国台湾地区"公司法"也规定了股东会决议无效和撤销制度，该法第189条规定："股东会之召集程序或其决议方法，违反法令或章程时，股东得自决议之日起30日内，诉请法院撤销其决议。"第191条规定："股东会决议之内容，违反法令或章程者无效。"[2] 我国现行《公司法》也采用二分法。

所谓三分法是指瑕疵决议依其瑕疵的不同被分为决议不存在、决议可撤销及决议无效三种效力。《日本商法典》第252条、《日本公司法》第830条第1

---

〔1〕 关于二分法与三分法的详细论述，请参阅钱玉林："股东大会决议瑕疵的救济"，载《现代法学》2005年第3期。

〔2〕 本专题中的我国台湾地区"公司法"（2009年1月最后修订）条文均来自植根法律网，访问日期：2009年1月21日。

款明确规定了确认决议不存在之诉[1]《澳门商法典》第 228 ~ 231 条规定了股东会决议无效或撤销制度，而第 227 条规定："以任何股东或任何一类股东之特别权利为标的之股东会决议，在未得到拥有该特别权利之人明示或默示同意前，不产生任何效力；但法律或章程另有规定者除外。"可以看作是对股东会决议不成立的规定。我国台湾地区"公司法"虽然采用了二分法，但司法实践中有裁判股东会决议不存在的案例[2]

相比于二分法，三分法在法律逻辑上更为合理。因为从逻辑上来讲，无论是决议无效还是可撤销，都以决议的存在为前提，故法律采用二分法会造成有些瑕疵决议无法救济的问题，如根本没有召开股东会而伪造股东会决议的。从法理上来看，股东会作出决议是一种特殊的意思表示，可以适用瑕疵法律行为不成立、可撤销、无效理论，因此我国《公司法》应引进股东会、董事会决议不存在制度。

（二）股东会、董事会决议不存在的事由

股东会、董事会决议不存在是一种事实判断而非价值判断，对这一事实的判断，有赖于法律所设置的决议成立的要件。因决议属于团体法律行为，其是否成立与一般法律行为的成立要件有所不同，不单要有意思表示，更要有将单个意思表示转化为团体意思表示的合法程序。这一合法程序正是判断决议是否存在的标准，因此决议不存在的事由只能属于程序上的瑕疵。《韩国商法典》第380 条将股东会决议不成立之诉的诉由规定为"股东大会的召集程序和决议方法中存在辨认不出股东大会的决议存在与否的严重瑕疵"[3] 股东会或董事会决议不成立的事由应包括以下两类：

1. 决议未经依法召集的股东会或董事会会议表决。该事由具体可分为

---

[1] 本专题中的《日本商法典》（1999 年最后修订）条文均源自王书江、殷建平译：《日本商法典》，中国法制出版社 2000 年版。

[2] "最高法院"92 年台上字第 1174 号裁判书要旨："股东会决议之瑕疵，与法律行为之瑕疵相近，有不成立、无效、得撤销等态样。所谓决议不成立，系指自决议之成立过程观之，显然违反法令，在法律上不能认为有股东会召开或有决议成立之情形而言。因必须先有符合成立要件之股东会决议存在，始有探究股东会决议是否无效或得撤销事由之必要，故股东会决议不成立应为股东会决议瑕疵之独立类型。我国台湾地区'公司法'虽仅就决议之无效及撤销有所规定，惟当事人如就股东会决议是否成立有争执，以决议不成立为理由，提起确认股东会决议不成立之诉，应非法所不许。"该裁判书全文来源于月旦法学知识库网站，访问日期：2009 年 6 月 5 日。

[3] 本专题中的《韩国商法》（1998 年最后修订）条文均源自吴日焕译：《韩国商法》，中国政法大学出版社 1999 年版。

两种：

（1）虚构股东会或董事会会议。即根本没有召开股东会或董事会会议，却虚构召开会议的事实并虚构相关决议。因股东会及董事会的决议只能以会议方式作出，如果没有召开会议，就可以推断出该"决议"不是股东会或董事会的决议，当然属于决议不存在的情形。

（2）股东会或董事会的会议不合法。有些国家或地区的公司法规定了股东会召开必须具备的出席股东所持股份的最低数额。如我国台湾地区"公司法"第 174 条要求"股东会之决议，除本法另有规定外，应有代表已发行股份总数过半数股东之出席"，《日本公司法》第 309 条第 2 款对特别决议要求"须由在该股东大会上可行使表决权股东的过半数表决权（章程规定 1/3 以上比例的，为该比例以上）股东出席"。但有的国家，如韩国和我国，没有规定股东会开会必须具备的出席股东所持股份的最低数额，因此不存在此种情况下股东会会议不合法的情形。大多数国家公司法均规定股份有限公司董事会会议，要经过半数董事出席。[1] 从理论上讲，如果实际上出席会议的股东或董事达不到达定或章定最低出席数，则该会议本身不合法，缺乏作出决议的资格，故所作的决议在法律上应不成立。

无召集权人所召集的股东会或董事会会议是否属于会议不合法？笔者认为这要视情况而定：如果无召集权人所召集的会议的出席股东或董事达到了法定或章定最低出席人数，法院就应当承认会议召开的既成事实，即认可会议作出决议的资格；反之，如果无召集权人所召集的会议的出席股东或董事达不到法定或章定最低出席人数，会议显然不合法，不具备作出决议的资格，所作的决议在法律上应不成立。

2. 股东会或董事会决议方式不合法。多数国家或地区的公司法对股东会或董事会决议都规定了最低表决权数，达到最低表决权数是决议成立的法定要件，如《日本公司法》第 309、369 条，我国台湾地区"公司法"第 174、206 条的规定。如果对股东会、董事会决议的同意表决权数没有达到法定最低数，决议显然不成立。对于同意表决权数已达最低法定数要求，未达章程所定最低数的，从章程的法律效力上讲，决议同样不成立；但从瑕疵程度上讲，因其瑕疵程度

〔1〕　见《日本公司法》第 369 条，《韩国公司法》第 391 条，我国台湾地区"公司法"第 206 条，我国《公司法》第 112 条第 1 款。

显然比未达到法定最低数轻微，所以作为可撤销事由也未尝不可。甚至就连同意表决权数未达到法定最低数的，立法上也可将其作为可撤销事由，因为采用二分法的国家立法已经如此。可见，决议方式不符合法律或章程既可作为决议不存在的事由，也可以作为决议撤销的事由。

（三）股东会、董事会决议不存在与可撤销的关系

由于决议不存在之诉的事由与可撤销之诉的事由均属程序上的瑕疵，有重合的地方，所以在现实中对两种诉讼的事由很难分辨。在理论上，决议不成立和决议可撤销的事由的关系主要有以下两点：

（1）作出决议的机关是否具备决议资格，是决议可撤销与决议不存在的明显区别。当作出决议的机关根本不具备决议资格的，其所作决议在法律上不成立；而作出决议的机关具备决议资格，但召集程序方面存在程序上不合法、不合章程的情形的，作出的决议在法律上属于可撤销决议。

（2）决议是否具备成立要件既可以成为决议可撤销原因，也可以成为决议不存在原因。具体而言，就是对决议事项的同意表决权数未达到法定或章程所定的最低数，既可以构成决议不存在确认之诉的事由，也可以构成决议撤销之诉的事由，其区别关键在于各国立法的取舍，也许这就是有些国家采用二分法的原因。

股东会、董事会决议无效、可撤销、不存在的事由示意图：

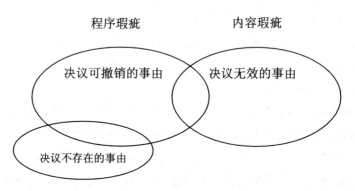

　　程序瑕疵　　　　　　　　内容瑕疵

决议可撤销的事由　　　　决议无效的事由

决议不存在的事由

如上图所示，决议不存在的原因不能为决议可撤销的原因完全包含，如虚构股东会开会及决议的情形，故采用二分法会导致这种瑕疵无法得到法律救济。笔者认为，我国公司法应当借鉴日本、韩国公司法，引进公司股东会、董事会决议不存在制度，同时对决议不存在的事由进行明确列举，以免造成因决议不

存在事由与决议可撤销事由的边界不清所引起的司法实践的混乱。

【法律链接】

《公司法》第 22 条。

【思考案例】

A 公司系中外合资股份有限公司，B 是 A 公司股东之一。2006 年 3 月，A 公司召开第六次临时股东大会组成了第二届董事会，其中林女士（B 公司委派）当选为董事。2006 年 6 月 19 日，A 公司召开第二届董事会第一次临时会议，会议审议并通过了四项议案。议案一涉及 A 公司出售其持有的另一公司 25% 股权事宜，议案二改选了董事长（法定代表人）。B 公司向法院起诉，主张：①A 公司未将该次董事会会议的召开通知董事林女士和另一董事李女士，剥夺了董事的合法权益，在会议召集程序不合法的前提下，A 公司董事会第一次临时会议所作出的决议应视为无效，请求法院撤销该议案一与议案二的决议。②根据被告 A 公司章程的规定，股东大会有权审议收购或出售资产事项，被告 A 公司董事会无权对出售股权事项作出决议，同时也无权改选法定代表人，因此，该两项决议应当确认为无效。

专题十四
董事、监事、高级管理人员的义务与责任

【应用指南】

一、忠实义务的内容

现代法治社会中，权利与义务总是相伴而生，因此董事、监事及高管人员在对公司拥有权利的同时对公司还负有法律义务。以代理说或信托说为理论依据，这种义务被称为受信义务。我国《公司法》第六章专章规定了董事、监事、高级管理人员的资格和义务，根据《公司法》第148条，忠实义务是董事、监事和高管人员对公司的一项重要义务。

我国《公司法》没有对忠实义务下一个概括性定义。美国《布莱克法律词典》（第8版）（Black's Law Dictionary）将忠实义务（duty of loyalty）定义为：不从事自己交易或者利用其地位谋取更多个人利益而不是受益人利益的义务。[1]正如我国学者所说："忠实义务是为了克服董事、高级管理人员的贪婪和自私行为。"[2] 从《公司法》第149条的列举规定来看，忠实义务是一种消极不作为义务，即不得从事不正当行为的义务。

因为董事及高级管理人员有权直接参与企业的经营管理，监事只有监督职权，不能直接参与企业的经营管理，特别在现代公司法的董事会中心主义制度

---

[1] 《布莱克法律词典》原文：Duty of Loyalty. A person's duty not to engage in self-dealing or otherwise use his or her position to further personal interests rather than those of the beneficiary. See Bryan A. Garner, Editor in Chief, *Black's Law Dictionary* (8th ed. 2004), West Thomson, p.545.

[2] 施天涛：《公司法论》（第2版），法律出版社2006年版，第408页。

下，董事和高管人员对公司的实际控制力表现得更为突出，因此实务中应特别注意董事、高级管理人员所负的忠实义务与监事的忠实义务应有所不同。

（一）董事、高管人员的忠实义务

（1）股份有限公司的董事、高管人员不得直接或者通过子公司从公司借款（《公司法》第116条）。董事、高管人员从自己任职的公司借款的行为明显存在利益冲突，因而应受到禁止或限制。《德国股份责任公司法》第89条对向董事会成员提供信贷进行了详细规定，不是一律禁止，而是规定了监事会许可的程序条件，并规定超出董事会成员收入的提款等同于信贷，并且这些规则扩展到了利益相关第三人；对于违反上述规定提供的信贷，监事会有权立即收回。[1]相比之下，我国《公司法》第116条关于"公司不得直接或者通过子公司向董事、监事、高级管理人员提供借款"的规定，采取了完全禁止的态度，更为严格，但未将利益相关人纳入进去，容易规避。

（2）不得利用职权收受贿赂或者其他非法收入，不得侵占公司的财产（《公司法》第148条第2款）。

（3）不得挪用公司资金（《公司法》第149条第1款第1项）。挪用公司资金是指非为公司生产经营所需，将公司资金挪归自己或他人使用的行为。

（4）不得将公司资金以其个人名义或者以其他个人名义开立账户存储（《公司法》第149条第1款第2项）。这种行为从表面看只是违反了公司财务会计制度，实际上加大了公司资金的风险，本金及利息极易被个人非法侵占。

（5）不得违反公司章程的规定，未经股东会、股东大会或者董事会同意，将公司资金借贷给他人或者以公司财产为他人提供担保（《公司法》第149条第1款第3项）。从该项的表述来看，若章程未禁止或者经股东会（股东大会）或董事会同意后，董事、高管人员可以将公司资金出借或以公司财产为他人提供担保；仅董事、高管人员违反章程或不经正当程序私自进行，方属于违反忠实义务、损害公司利益的行为。

也就是说，上述规定仅是对董事、高管人员忠实义务的规定，我国公司法没有剥夺公司对外提供借款或担保的能力。从公司经营角度来看，给他人提供借款或担保虽然可能增加公司风险，但仍是正常的经营行为，法律不应禁止。但事实上，由于我国的金融规章禁止非金融机构经营金融业务，因此实际上我

---

[1]　贾红梅、郑冲译：《德国有限责任公司法》，法律出版社1999年版，第51~52页。

国除金融机构以外的大部分公司没有对外提供借款的能力。因此，公司章程未禁止并且经股东会（股东大会）或董事会同意对外提供借款的，即使借款合同被法院宣布无效，有关董事或高管人员也不属于违反该项义务。

（6）不得违反公司章程的规定或者未经股东会、股东大会同意，与本公司订立合同或者进行交易（《公司法》第149条第1款第4项）。这种行为被称为自己交易或自我交易（self-dealing），是公司中利益冲突交易的典型形式。自己交易极易损害公司利益，早期西方法律通常对此加以禁止或规定为无效或可撤销。到20世纪，西方法律的态度开始转变，抛弃了简单否认的态度，开始承认此种交易，因为在某些情况下自己交易很难避免，如董事或高管人员购买本公司股票，或者确实为了公司利益而从事自己交易，实际上公司也可能从自己交易中得益。我国公司法借鉴了西方经验，并不禁止自己交易，而是采取了有条件许可的态度，即在不违反公司章程且经股东会、股东大会同意的条件下董事、高管人员方可进行自己交易。我国公司法自己交易的规定与西方国家相比，存在两方面差异：

（1）西方国家的自己交易既包括直接自己交易，也包括间接自己交易，[1] 而我国将自己交易的范围限定于直接自我交易。所谓直接自己交易是指发生于董事或高管人员与公司之间的交易；间接自我交易则是董事、高管人员的关系人（如配偶、子女、孙子女、兄弟姐妹等）与公司之间的交易。由于实际中相当数量的自己交易都是采取较为隐蔽的间接方式，因而我国公司法对自己交易的规定显然不够细致，易被规避。

（2）我国公司法在判定自己交易是否合法时只规定了程序条件，没有实质判断条件。也就是说，即使董事或高管人员在紧急情况下未经股东会（股东大会）同意所进行的自己交易对公司是有益的，董事或高管人员也没有机会以该交易是公平的为由进行自我辩解。另外，不分公司类型均规定需经股东会同意，对于大型股份有限公司来说不太现实，甚至可能影响公司发展。对此，美国采取的"公平标准"（fair test）对我国很有借鉴意义，即"只要符合以下三种要求之一，交易就是有效的：①取得非利害关系董事同意（approval by disinterested

---

〔1〕　西方的有关法律如《美国标准公司法》第8.60条，参见沈四宝编译：《最新美国标准公司法》，法律出版社2006年版，第119～120页；《日本公司法典》第356条，参见吴建斌等译：《日本公司法典》，中国法制出版社2006年版，第181～182页。

directors）；②取得股东会同意（approval by the shareholders）；③证明该交易是公平的（proof that the transaction is fair）"。[1]

7. 不得未经股东会或者股东大会同意，利用职务便利为自己或者他人谋取属于公司的商业机会（《公司法》第149条第1款第5项前半部分）。此义务被称为不得篡夺公司机会义务，是忠实义务的一项重要内容。我国公司法对利用公司机会同样采取了有条件许可态度，也就是将利用公司机会是否具有正当性的判断权给予股东会（或股东大会）。这种规定方式的优点在于赋予股东会更多自由空间；不利之处在于对于大型股份有限公司，普通股东由于与董事、高管人员在信息上的不对称，可能无法知晓篡夺公司机会的真实情况，从而作出正确判断。另外，适用该条款的关键在于判断什么样的商业机会属于公司机会，我国《公司法》对此没有作出明确规定，若董事或高管人员因此被起诉，法官将面临很大难题。

关于如何判断该种机会属于公司的商业机会，美国法律研究所（ALI）《公司治理指南》对公司机会的如下定义可供我国借鉴："（1）任何公司董事或高级管理人员基于如下原因所获的与公司业务有关的机会均属于公司机会：（a）与董事或高级管理人员的职责履行有关，或者在相应环境下董事或者高级管理人员应合理地相信提供该机会的人是希望将该机会提供给公司；（b）利用公司信息或者财产，如果所发生的机会应为董事或高级管理人员合理地相信与公司利益有关。（2）任何为公司高级管理人员所获知的与公司正在从事的或者准备从事的商业活动有关的机会亦属于公司机会。"[2]

8. 未经股东会或者股东大会同意，不得自营或者为他人经营与所任职公司同类的业务（《公司法》第149条第1款第5项后半部分）。这种行为被称为同业竞争行为，不同国家或地区法律对此有不同态度，分为竞业禁止、竞业限制和竞业自由三种。我国《公司法》在2005年修订前采取的是竞业禁止态度，修订后采取的是竞业限制态度。从董事、高管人员角度而言，此义务被称为竞业回避义务更为恰当。

值得注意的是，英美法中不得篡夺公司机会是一项独立的忠实义务，而我国《公司法》将不得篡夺公司机会义务与竞业回避义务一同规定在第149条第1

专题十四

---

〔1〕　施天涛：《公司法论》（第2版），法律出版社2006年版，第412页。
〔2〕　施天涛：《公司法论》（第2版），法律出版社2006年版，第426~427页。

款第 5 项中，显示了立法者认为二者同属竞业限制范畴的态度。因篡夺公司机会行为与同业竞争行为客观上都存在与公司的业务竞争，因此将二者共同列入竞业限制规则的规范对象是可行的。[1]

9. 不得将他人与公司交易的佣金归为己有（《公司法》第 149 条第 1 款第 6 项）。目前我国多部法律、法规或规章中均采用佣金一词，但还没有对这一概念作出法律定义，公司法对本条款中所用佣金一词也未作定义。根据辞海的定义，佣金是指中间人介绍买卖所取得的收入。在现代商事活动中，佣金在对外贸易、证券交易、期货交易、旅游业、保险业、拍卖业等活动中都被广泛采用。我国《反不正当竞争法》在法律上明确了合法的中间人可以通过合法的服务获得合法的佣金，其第 8 条规定："经营者不得采用财物或者其他手段进行贿赂以销售或者购买商品。在帐外暗中给予对方单位或者个人回扣的，以行贿论处；对方单位或者个人在帐外暗中收受回扣的，以受贿论处。经营者销售或者购买商品，可以以明示方式给对方折扣，可以给中间人佣金。经营者给对方折扣、给中间人佣金的，必须如实入帐。接受折扣、佣金的经营者必须如实入帐。"董事、高管人员在公司与他人的交易活动中并不是合法的中间人，而是公司的代表机关，其所得收益均应归属于公司，私自接受他人与公司交易的佣金归为己有的，属于受贿行为。因此，此项义务中的"佣金"应理解为"账外收取的回扣"，是一种违法所得，应归于公司所有。

10. 不得擅自披露公司秘密（《公司法》第 149 条第 1 款第 7 项）。我国《公司法》对"公司秘密"的含义和范围未作具体规定。这里"公司秘密"通常指公司的商业秘密，但也不限于商业秘密。《反不正当竞争法》第 10 条第 2 款规定，商业秘密"是指不为公众所知悉、能为权利人带来经济利益、具有实用性并经权利人采取保密措施的技术信息和经营信息"。董事、高管人员因其职务原因很容易掌握公司的商业秘密，因而法律规定其负有保守公司秘密的义务。

另外，此条款中使用"擅自披露"一词，是为了与公司通过正常程序将公司秘密披露给他人相区别，如经股东会或董事会决议通过后，经理代表公司许可子公司使用本公司技术诀窍就是一种正常行为，不属于擅自披露。

11. 不得从事违反对公司忠实义务的其他行为（《公司法》第 149 条第 1 款

---

[1]　关于董事竞业在司法实践中的判断问题，可参阅郭升选："论董事竞业在司法中的认定"，载《河北法学》2009 年第 1 期。

第 8 项）。此所谓"兜底条款"，是对法律未列举的其他忠实义务的概括。

（二）监事的忠实义务

1. 股份有限公司监事不得直接或者通过子公司从公司借款（《公司法》第 116 条）。这项义务是股份有限公司董事、监事、高管人员共同的义务。

2. 不得利用职权收受贿赂或者其他非法收入，不得侵占公司财产的义务（《公司法》第 148 条第 2 款）。这项义务对董事和高管人员也适用。

可以看出，我国公司法所规定的监事的忠实义务远没有董事、高管人员的忠实义务的内容多，原因在于监事的职能仅在于监督。

二、勤勉义务的内容与判断标准

（一）勤勉义务的内容

我国《公司法》同样没有对勤勉义务下一个概括定义。我国学者对勤勉义务有不同的理解，张民安教授所作的以下解释较为妥当。他认为："所谓勤勉义务是指董事在担当公司董事职位之后，要认真地履行好董事的职责，要经常对公司的事务加以注意，要尽可能多地将时间和精力花费在公司事务的管理方面，要加强对公司其他董事和公司高级行政官员的控制和监督，并且要尽可能多地参加董事会会议。实际上，董事的勤勉义务本质上就是要求董事参加董事会会议，就公司所讨论和决议的事项加以注意。"[1] 可见，勤勉义务就是一种"在其位，谋其政"的积极作为义务。[2]

我国《公司法》虽然规定了董事、监事、高级管理人员的勤勉义务，但只有原则性规定，没有明确规定勤勉义务的具体内容，如果公司章程对此也未作规定，则勤勉义务基本上处于无强制力的状态，甚至可以说《公司法》对勤勉义务的规定客观上只是一种倡导性规定，很难作为诉讼依据，这与我国日新月异的公司实践极不协调。

从《公司法》相关条文来分析，董事、监事、高管人员的勤勉义务应包括以下内容：①董事应尽量参加每一次董事会会议，并依照法律及章程进行表决（参见《公司法》第 47~49、109~113 条）；②监事应尽量参加每一次监事会会

---

〔1〕　张民安：《公司法上的利益平衡》，北京大学出版社 2003 年版，第 392 页。

〔2〕　孔子说"不在其位，不谋其政"（《论语－泰伯》），意指不担任这个职务，就不去过问这个职务范围内的事情，现用其反意。

议，并依照法律及章程进行表决（参见《公司法》第 52 ~ 54、118 ~ 120 条）；③高管人员应认真履行职责（参见《公司法》第 50、114、124 条）；④股东会或股东大会要求的，董事、监事、高管人员应列席会议，接受股东质询（参见《公司法》第 151 条第 1 款）；⑤监事会或不设监事会的有限责任公司的监事要求的，董事、高管人员应如实提供有关情况和资料（参见《公司法》第 151 条第 2 款）。

（二）勤勉义务的判断标准

勤勉义务的核心问题是判断标准问题，关系到董事是否应承担赔偿责任，从而影响、指引董事的行为选择，对公司治理产生影响。若公司依据《公司法》第 150 条向违反勤勉义务的董事提起赔偿之诉，如何确定董事违反了勤勉义务成为急需解决的问题。如果依现行法不能确定，则董事不必承担赔偿责任，从而会纵容董事不对公司勤勉尽责，严重影响公司经营管理，因此明确勤勉义务的内容和判断标准是至关重要的。

依据前文对勤勉义务内容的分析，是否履行勤勉义务应综合以下标准进行判断：①董事会或监事会会议的出席率；②提议的主动性；③对职责范围内信息的了解程度；④培训的出席率；⑤是否应股东会、股东大会要求列席会议、接受质询；⑥是否如实向监事会或监事提供情况和资料。

例如，某董事无正当理由不参加董事会，其缺席的董事会会议作出了错误的决议导致公司利益严重受损，监事会代表公司向有关董事提起赔偿之诉，这时缺席的董事是否违反了勤勉义务？依上述第 3 项标准，即使董事缺席，在事后可能的情况下该董事应当主动了解所缺席董事会的有关决议，对决议有反对意见的，应将书面反对意见交给公司，这样，该董事才能对此错误决议免除责任。同理，不知情或放弃表决并不能作为董事未违反勤勉义务的理由。当然，上述标准纯属学术观点，目前在司法实践中类似案件仍完全依赖于法官的自由裁量，因国情所致，极易导致司法不统一，影响法律的权威性，故我国急需以司法解释对勤勉义务的内容与标准进行明确化、具体化。

三、董事、监事、高级管理人员违反义务的责任

董事、监事、高管人员违反义务，既有可能依法承担民事责任，也有可能依法承担行政责任甚至刑事责任，本专题只讨论民事责任。根据违反义务的责任对象不同，可以将董事、监事、高管人员的民事责任分为对公司的责任、对

股东的责任和对第三人的责任。

（一）对公司的责任

董事、监事和高管人员对公司负有忠实义务和勤勉义务，当他们违反了这些义务时，应当对公司承担法律责任，承担责任的具体方式有以下几种。

1. 赔偿损失。我国《公司法》第 21 条规定，董事、监事、高管人员利用其关联关系损害公司利益，给公司造成损失的，应当承担赔偿责任。《公司法》第 113 条第 3 款规定："董事会的决议违反法律、行政法规或者公司章程、股东大会决议，致使公司遭受严重损失的，参与决议的董事对公司负赔偿责任。但经证明在表决时曾表明异议并记载于会议记录的，该董事可以免除责任。"第 150 条规定："董事、监事、高级管理人员执行公司职务时违反法律、行政法规或者公司章程的规定，给公司造成损失的，应当承担赔偿责任。"上述条款是董事、监事、高管人员对公司承担赔偿损失责任的法律依据。尽管第 150 条没有明确规定赔偿责任的构成要件是否包括过错，但从法理上分析，应当是过错责任，表现为违反了忠实义务或勤勉义务。因为一方面，违反法定义务是董事、监事、高管人员承担责任的前提，由于经营活动的复杂性，没有违反义务却由于某种客观原因使得他们的职务行为违反法律、法规或章程，并给公司造成损失时，不应当承担责任；另一方面，严格责任既对董事、监事、高管人员不公平，也不利于鼓励其积极进取，反而有损公司发展。第 150 条未规定过错要件是不恰当的。

通常情况下，董事、监事或高管人员违反法律、法规或章程给公司造成损失的，应由公司作为原告起诉，即依据责任人的不同分别由董事会或监事会代表公司起诉。但可以想象，董事、监事、高管人员之间出于维护私利可能会阻止、干扰公司起诉，为防止这种情形发生，我国《公司法》在 2005 年修订时引进了代表诉讼制度，赋予股东在上述情形下代表公司起诉的权利，这对于强化董事、监事、高管人员的义务，完善公司治理具有积极意义。

2. 所得收归公司。我国《公司法》第 149 条第 2 款规定，董事、高管人员违反忠实义务所得的收入应当归公司所有。此种责任形式的主体只能是董事与高管人员，不包括监事。从公司方面来讲，公司对董事、高管人员违反忠实义务取得的收入有归入权。

关于所得收归公司和赔偿损失两种责任能否并用的问题，《公司法》没有明确规定。有学者提出可以并用，并举例说某董事长擅自利用本来属于公司的商业机会，应将其利用该商业机会所得收入收归公司所有，如果因此给公司造成损失的，还应赔偿损失。[1] 笔者同意此观点，并且认为公司在行使归入权后其损失仍未得到全部弥补的，仅可就其未弥补的损失要求赔偿；如果公司在行使归入权后已无损失，则不可再要求该董事长赔偿。

3. 返还公司财产。返还公司财产适用于董事、监事或高管人员侵占公司财产或挪用公司财产的情形，从公司方面来说，公司对这部分财产享有物的返还请求权。

4. 撤销交易。董事或高管人员违反公司章程或者未经股东（大）会同意，与本公司进行交易，董事会、监事会根据公司章程决定后，或者经股东（大）会决定，公司有权撤销该交易，并要求董事、高管人员或其利害关系人返还财产。尚未履行或尚未履行完毕的，不得履行；已经履行完毕的，自己交易者应赔偿公司因此遭受的损失。

（二）董事、高管人员对股东的责任

《公司法》第 153 条规定："董事、高级管理人员违反法律、行政法规或者公司章程的规定，损害股东利益的，股东可以向人民法院提起诉讼。"董事、高管人员对股东的损害赔偿责任在性质上属于侵权责任，责任人应有过错。因董事、高管人员对股东负有受信义务，其违反法律、行政法规或公司章程的规定，损害了股东利益的行为即可推定其过错。如果董事、高管人员合乎法律、法规和章程的行为客观上造成了股东利益的损害，无需承担任何责任。

（三）董事对第三人的责任

按照传统公司法理论，董事只对公司和股东负有受信义务，对第三人不负受信义务，因此当董事执行职务损害第三人利益时，第三人只能向公司追究侵权责任。但有些国家和地区的公司法为了更加周全地保护第三人利益，明确规定了董事对第三人的责任，如《日本商法典》第 266 条之 3 明确规定了股份有限公司董事对第三人负连带赔偿责任，[2] 我国台湾地区"公司法"第 226 条规定了股份有限公司董事与监察人对第三人的连带赔偿责任。[3] 我国《公司法》没有规定董事对第三人的责任。

专题十四

---

〔1〕 施天涛：《公司法论》（第 2 版），法律出版社 2006 年版，第 396～397 页。
〔2〕 王书江、殷建平译：《日本商法典》，中国法制出版社 2000 年版，第 71 页。
〔3〕 我国台湾地区"公司法"（2009 年 1 月最后修订），载植根法律网，访问日期：2009 年 1 月 21 日。

但应特别注意，我国自 2008 年 5 月 19 日起施行的《最高人民法院关于适用〈中华人民共和国公司法〉若干问题的规定（二）》第 18、19 条，将董事的责任扩展到公司债权人。公司债权人属于第三人中最重要的一种，因此可以说我国的司法实践已经有限度地采用了董事对第三人的责任制度，具体而言在公司解散清算事项上采用了董事、控股股东及实际控制人对第三人承担赔偿责任的制度。

【理论拓展】

勤勉义务与注意义务的辨析

（一）"勤勉义务"与"注意义务"的含义

我国大多数学者没有对"注意义务"与"勤勉义务"进行区分，有的甚至明确将二者等同起来，如有人认为，"公司董事负有认真谨慎地管理本公司事务的义务，此义务即勤勉义务，又称注意义务"。[1] 又如"董事勤勉义务（duty of diligence），又称注意义务或者谨慎义务，是指董事处理公司事务必须出于善意，并尽到普通谨慎之人在相似的地位和情况下所应有的合理的谨慎、勤勉和注意"。[2] 但也有学者对这二者进行了区分。施天涛教授认为："在用语上，'勤勉义务'究竟不如'注意义务'更科学一些。"更有学者明确指出："勤勉义务与注意义务应是两种制度设计，有其自己的价值理念，在内容方面也区别于注意义务。"[3]

笔者赞同最后一种观点，认为"勤勉义务"与"注意义务"不仅仅是用语的差别，而且含义有别，当然不能等同。从汉语词意来理解，"勤勉"与"注意"明显不同，"勤勉义务"针对的是懒惰行为，缺少"注意义务"包含的"谨慎"之意。《布莱克法律词典》（第 8 版）中的注意义务（duty of care），指因注意标准而引起的法律关系，违反此义务将致使行为人承担责任，属于侵权法领域。[4]《牛津法律词典》同样将注意义务与侵权联系起来，指出"如果在

---

〔1〕　任自力："公司董事的勤勉义务标准研究"，载《中国法学》2008 年第 6 期。

〔2〕　刘敬伟："董事勤勉义务判断标准比较研究"，载《当代法学》2007 年 9 月。

〔3〕　殷道飞："公司董事勤勉义务研究"，载《法制与社会》2009 年第 1 期。

〔4〕　《布莱克法律词典》原文：Duty of Care. See Duty（3）；Duty（3）. Torts. A legal relationship arising from a standard of care, the violation of which subjects the actor to liability. – Also termed duty of care. See Bryan A. Garner, Editor in Chief, *Black's Law Dictionary*（8th ed. 2004）, West Thomson, p. 545.

当时的情况下不存在注意义务，由此发生的损害都属于无侵权行为的损害"[1]实际上，上面两部权威的法律词典中并没有勤勉义务的词条，这至少可以说明"勤勉义务"在英美法中不是一种独立的义务，这一点在学者的观点中也可以得到证实。张民安教授将勤勉义务列为注意义务的一种表现形式。[2]其实，从英美法注意义务的内容来看，勤勉是履行注意义务的最基本要求，不勤勉尽职就根本不可能尽到注意义务，实际上注意义务对董事、高管人员的要求明显更高。

总之，"勤勉义务"与"注意义务"具有不同含义，我国《公司法》第148条使用了"勤勉义务"，从法律解释的规则来看，不应当依据英美法随意作扩张解释，偷换概念，解释成"注意义务"。

（二）注意义务的判断标准

因注意义务与勤勉义务的要求不同，为了更好地理解二者的不同，还应了解西方公司法中注意义务的判断标准。

注意义务的判断标准是履行董事义务时首先要明确的问题，这种判断标准在英美判例法中随着时代的变迁而变化。"英国的传统判例法对董事的注意义务要求的标准一直比较低。"1925年英国高等法院大法官罗默在审理"城市公正火灾保险公司上诉案"中对董事的注意义务作了经典阐述，提出的命题之一是"一个董事在履行其职务时，他的技能水平应合理地从他的知识和经验来判断，他不必展示出比此更高的水平"。[3]罗默大法官的标准过于强调"特定个人所具有的知识与经验"，过于偏向主观性。"但从1977年以来的判例来看，英国判例法对于董事的注意义务所采取的立场已趋向于客观化。"[4]所谓的客观标准即理性人标准，其出现是由于霍夫曼法官在公司案件中使用了1986年《英国破产法》第214条第（4）款的标准。第214条第（4）款规定："公司董事应当知晓或确定的事实、他应当作出的结论以及他应当采取的措施是被具有以下常识的合理勤勉的人知晓或确定、或者作出或采取的——（4.1）可以被合理期望的一般知识、技能及经验；以及（4.2）该董事具有的一般知识、技能及经验。"[5]第214条第（4）款实际上是理性人标准与主观标准的结合，是对董事

---

[1]　《牛津法律词典》，光明日报出版社1988年版，第137页。

[2]　张民安：《公司法上的利益平衡》，北京大学出版社2003年版，第391~392页。

[3]　张开平：《英美公司董事法律制度研究》，法律出版社1998年版，第182页。

[4]　张开平：《英美公司董事法律制度研究》，法律出版社1998年版，第188页。

[5]　丁昌业译：《英国破产法》，法律出版社2003年版，第160页。

承担公司破产的财产责任的限制标准，即董事不必对公司破产承担责任的情形。

美国《示范公司法》第 8.30 条及美国法律协会《公司治理准则》第 4.01 条所规定的董事、高级管理人员的注意义务的一般标准，可以归纳为以下三方面："①善意（in good faith）；②应具有像处于相似位置的普通谨慎人在类似情况下所应尽的注意（with the care that an ordinary prudent person in a like position would exercise under similar circumstance）；③合理地相信其行为是为了公司的最佳利益（in a manner the director reasonably believes to be in the best interests of the corporation）。如果董事、高级管理人员的行为符合上述要求，则可以免除其责任。"[1] 该义务要求董事将公司利益放在首位，但实际上，如果法官过于严格地理解和执行这一义务，很有可能影响董事管理公司的独立判断力和积极性，甚至使得没有人愿意当董事，因此美国法官在处理这一问题时非常慎重，往往借助于"商业判断规则"。

商业判断规则植根于美国判例法，已经有 170 年的历史，是美国法中关于注意义务的另一项重要标准，是勤勉义务的豁免规则，所以有人称其为董事的"保护伞"、"护身符"。商业判断规则与注意义务有着密不可分且又相互独立的关系，注意义务是法官适用商业判断规则的原因，商业判断规则是法官审查董事是否违反注意义务的司法标准，限定了成文法上的注意义务。美国学者对商业判断规则作了如下定义："所谓商事判断规则是指如果董事在作出某种决议时，是基于合理的资料而合理行为，则即使此种决议就公司来看是十分有害的，甚至是灾难性的，董事也不对公司承担法律责任。"[2]

（三）我国公司法是否应采用"注意义务"

综合以上分析，笔者认为我国《公司法》没有使用"注意义务"并不是一项失误。考虑到我国的市场经济和公司制度仍不成熟，对董事、高管人员的过高要求有损于他们的积极进取，进而损害公司与股东利益。而且，鉴于我国目前的公司实践和司法现状，即使规定了注意义务，司法实践也难以对注意的标准进行恰当审查从而会使义务落空，有损于法律的威信，因此我国现行法采用要求较低的"勤勉义务"是符合国情的，待到我国市场经济更加成熟、诚信制

---

[1]　施天涛：《公司法论》（第 2 版），法律出版社 2006 年版，第 400 页。

[2]　Robert W. Hamilton, *The Law of Corporations*, West, 1990, pp. 310～311. 转引自张民安：《现代英美董事法律地位研究》，法律出版社 2007 年版，第 196 页。

度更加完善、司法质量进一步提高时，再引进注意义务也为时不晚。

【法律链接】

1.《公司法》第 148～153 条。

2.《公司法解释二》

第 18 条　有限责任公司的股东、股份有限公司的董事和控股股东未在法定期限内成立清算组开始清算，导致公司财产贬值、流失、毁损或者灭失，债权人主张其在造成损失范围内对公司债务承担赔偿责任的，人民法院应依法予以支持。

有限责任公司的股东、股份有限公司的董事和控股股东因怠于履行义务，导致公司主要财产、账册、重要文件等灭失，无法进行清算，债权人主张其对公司债务承担连带清偿责任的，人民法院应依法予以支持。

上述情形系实际控制人原因造成，债权人主张实际控制人对公司债务承担相应民事责任的，人民法院应依法予以支持。

第 19 条　有限责任公司的股东、股份有限公司的董事和控股股东，以及公司的实际控制人在公司解散后，恶意处置公司财产给债权人造成损失，或者未经依法清算，以虚假的清算报告骗取公司登记机关办理法人注销登记，债权人主张其对公司债务承担相应赔偿责任的，人民法院应依法予以支持。

【思考案例】

沈阳娃哈哈有限责任公司成立于 1997 年，杭州娃哈哈饮料有限责任公司（达能和娃哈哈集团的合资公司）持股 95%，沈阳陵东实业发展总公司持股5%。2007 年 7 月初，沈阳陵东实业发展总公司以原告的身份将沈阳娃哈哈达能方的派出董事秦鹏（法国籍公民）告上法庭，沈阳娃哈哈作为第三人同时出现在诉讼中。原告认为，秦鹏违反竞业禁止规定，违规在与沈阳娃哈哈有竞争关系的其他公司中担任职务，给沈阳娃哈哈造成损失。原告据此要求，秦鹏停止在其他竞业公司中担任职务，停止担任沈阳娃哈哈董事，并向原告和沈阳娃哈哈支付各种款项高达 500 万元。2007 年 7 月 6 日，沈阳市中级人民法院依法受理此案。

法院经审理查明，秦鹏 1997 年开始先后担任上海达能酸乳酪有限责任公司、中山乐百氏食品有限责任公司等 25 家公司的董事和董事长职务，2007 以后，秦鹏先后辞去上述部分公司的职务，但现在除在沈阳娃哈哈担任董事以外，仍保留在中山乐百氏食品有限责任公司、中国汇源果汁集团有限责任公司、达能食品贸易（中国）有限责任公司、达能亚太（上海）有限责任公司的职务。而这些公司与沈阳娃哈哈的生产经营范围均为饮料产品。在此期间，秦鹏既参与沈阳娃哈哈的经营管理与决策，同时又在乐百氏的系列公司及其他公司任职并参与经营管理，掌握各公司的经营战略和重要信息。沈阳娃哈哈的利润和市场占有率近年来却呈下降趋势。

2008 年 6 月 25 日，沈阳市中级人民法院经审理认为，本案为侵权之诉，秦鹏虽为法国籍公民，但被控的侵权行为在中国，因此应以中华人民共和国法律作为审理依据。按照查明的事实，法院认为秦鹏违反了《公司法》中关于竞业禁止的规定，判决秦鹏停止在沈阳娃哈哈担任董事职务，其在担任其他竞业公司职务期间所得收入 20 万元人民币归沈阳娃哈哈所有，并另需赔偿沈阳娃哈哈经济损失 20 万元人民币。[1]

专题十四

---

〔1〕　本案例来源于北大法意中国司法案例数据库，本文作者作了少量文字改动。

专题十五

公司诉讼

【应用指南】

一、公司诉讼的类型

在理论上，依据所采用的标准不同，可以对公司的诉讼类型作出不同的划分。但一般可将公司诉讼概括归纳为五大基本类型：公司资本诉讼、公司人格否认诉讼、股权诉讼、股权转让诉讼和股东代表诉讼。公司资本诉讼是指因股东（发起人）出资和公司资本纠纷而产生的诉讼。公司人格否认诉讼是指因否认公司人格的独立性和股东有限责任而产生的诉讼。股权诉讼是指因股东权利行使或被侵害而产生的诉讼。股权转让诉讼是指因股权（股份）转让而产生的诉讼。股东代表诉讼"是指当公司的正当利益受到控制股东、高级管理人员或者其他人的侵害，而公司拒绝或者怠于通过诉讼追究侵害人的责任以及实现其他民事权利时，具备法定资格的股东为了公司的利益，依据法定程序以自己的名义提起的诉讼"。[1] 在上述每一基本诉讼类型之下又包含了多种具体的诉讼形式。

目前在我国具有司法意义的公司诉讼类型划分，是于 2008 年 4 月 1 日起施行的最高人民法院发布的《民事案件案由规定》。该规定将与公司有关的纠纷类型具体划分了 22 类。这些类型分别为：①股权确认纠纷；②股东名册变更纠纷；③股东出资纠纷；④公司章程或章程条款撤销纠纷；⑤公司盈余分配纠纷；⑥股东知情权纠纷；⑦股份收购请求权纠纷；⑧股权转让纠纷；⑨股东会或者股东大会、董事会决议效力纠纷（具体包括两种情况：其一，股东会或者股东

---

[1]　褚红军主编：《公司诉讼原理与实务》，人民法院出版社 2007 年版，第 455 页。

大会、董事会决议效力确认纠纷；其二，股东会或者股东大会、董事会决议撤销纠纷）；⑩发起人责任纠纷；⑪股东滥用股东权利赔偿纠纷；⑫股东滥用公司法人独立地位和股东有限责任赔偿纠纷；⑬董事、高级管理人员损害股东利益赔偿纠纷；⑭公司的控股股东、实际控制人、董事、监事、高级管理人员损害公司利益赔偿纠纷；⑮清算组成员责任纠纷；⑯公司合并纠纷；⑰公司分立纠纷；⑱公司减资纠纷；⑲公司增资纠纷；⑳公司解散纠纷；㉑公司清算纠纷；㉒上市公司收购纠纷。

二、公司资本诉讼

公司资本诉讼主要包括了股东（发起人）出资纠纷诉讼、股权（股东资格）确认纠纷诉讼和公司资本变更纠纷诉讼。

（一）股东（发起人）出资纠纷诉讼

1. 股东（发起人）出资纠纷诉讼类型。股东（发起人）出资纠纷诉讼在诉讼实践中又可根据股东（发起人）违反出资义务形式的不同划分为股东虚假出资、股东抽逃出资、股东未出资、股东迟延出资、股东出资不足纠纷诉讼等。

（1）股东虚假出资。股东虚假出资是指股东采用欺骗手段未真实履行出资义务，却持有公司股权（股份）的行为。所谓"未真实履行出资义务"，是指未真实履行出资协议（发起人协议）、公司章程所规定的货币、实物交付义务或未办理财产权转移手续。虚假出资既可以表现为"全部出资"均为虚假出资，也可以表现为"部分出资"为虚假出资。虚假出资在实践中有多种表现形式，如以虚假的银行进账单骗取验资报告；从专门提供验资"服务"的公司短期高息拆借验资资金；用土地、房产等实物资产作为出资并验资，但并不办理财产转移手续；以高估的无形资产出资等。不管虚假出资采取何种形式，所有的虚假出资都具有一个共同特点和一个共同目的，便是通过采用虚假方式骗取验资报告和公司登记，并最终取得股份证书或出资证明书。

（2）股东抽逃出资。股东抽逃出资是指股东在公司成立后通过采用直接或间接的方式将其出资部分或全部抽回或变相抽回的行为。股东抽逃出资在实践中也有多种表现形式，如利用控制权强行划转和长期占用方式、闲置实物资产置换货币资产方式、长期代为理财方式、长期借款方式等。

股东虚假出资和股东抽逃出资的共同点在于以不出资或先出资后抽回的方式，在最终未实际支付任何对价或不对称对价的前提下而获取公司的股权或股份。股东虚假出资和抽逃出资的区别在于虚假出资行为发生在公司成立之前，而抽逃出资发生在公司成立之后；虚假出资表现为完全未出资或部分未出资，而抽逃出资则表现为已出资后又抽逃全部出资或抽逃部分出资。

这里有一点是需要指明的，虽然在我国大多数学者和大部分理论著作均认为股东抽逃出资也是股东违背出资义务的一种表现形式，并将其作为出资瑕疵来对待，但从严格意义上来看，股东抽逃出资已与股东的出资无关，因为股东在公司成立前已完成了对公司的出资，其在公司成立后抽逃出资的行为已不再是出资问题，而是侵占公司财产的侵权问题。因为股东出资一旦完成，其出资便构成公司资本的一部分，股东在取得公司股权的同时便丧失了对其出资财产的所有权和独立支配权。股东将其出资抽逃是对公司财产权的侵害。

（3）股东未出资。股东未出资是指股东已实施了股份认购行为或签署了出资协议（发起人协议），但最终未履行股款认缴行为或实际出资行为。股东未出资包括了股东拒绝出资和股东不能出资两种情形。股东拒绝出资是股东以明示的主观意思表示公开表示拒绝履行出资义务（即使其具有出资的能力）；股东不能出资是指股东事实上还不具备或已丧失实际履行出资义务的能力。股东未出资是指股东完全未出资，而不是部分未出资。其未出资是指在公司成立前和公司成立后自始至终未出资。

（4）股东迟延出资。股东迟延出资是指股东虽然最终履行了其出资义务，但未按出资协议（发起人协议）、公司章程的规定在约定或法定期限内履行出资义务。

（5）股东出资不足。股东出资不足是指股东的出资在出资数额、非货币财产出资价额等方面和出资协议（发起人协议）、公司章程约定不符的情形。股东出资不足是一种具有瑕疵性质的出资，其特点是股东虽然部分或全部履行了其出资义务，但其出资存在瑕疵。股东出资不足可分为货币出资不足和非货币财产出资价额不足两种情形。

股东出资不足不同于虚假出资，前者虽然也存在着出资瑕疵，但该瑕疵并非是由于具有欺骗性的虚假出资行为所致；后者却恰恰相反，即其出资瑕疵是由于欺骗性的虚假出资行为所致。股东出资不足也不同于股东抽逃出资，前者是股东的出资自始至终处于"不足"状态，而后者是曾经处于"充足"状态，只是由于在公司成立后出现"抽逃"而转化为"不足"状态。同样，股东出资不足也不同于股东迟延出资，前者是自始至终处于"不足"状态，后者是先处于"不足"状态后转化为"充足"状态。

2. 股东（发起人）违反出资义务应承担的民事责任形式。依照我国《公司法》的相关规定，股东（发起人）违反出资义务主要应承担以下民事责任：

（1）差额补交责任或差额填补责任。差额补交责任或差额填补责任是指未足额出资的股东有义务就其出资差额予以补交或填补的责任。差额补交责任适用于在货币出资条件下的虚假出资、未出资和未足额出资情形。差额填补责任适用于在非货币财产出资条件下非货币出资的实际价额显著低于章程或出资协议所定价额的出资。[1] 我国《公司法》第28条规定："股东应当按期足额缴纳公司章程中规定的各自所认缴的出资额。股东以货币出资的，应当将货币出资足额存入有限责任公司在银行开设的账户；以非货币财产出资的，应当依法办理其财产权的转移手续。股东不按照前款规定缴纳出资的，除应当向公司足额缴纳外，还应当向已按期足额缴纳出资的股东承担违约责任。"《公司法》第94条第1款规定："股份有限公司成立后，发起人未按照公司章程的规定缴足出资的，应当补缴；其他发起人承担连带责任。"另外依据《公司法》第31条和第94条第2款的规定，有限责任公司成立后，发现作为设立公司出资的非货币财产的实际价额显著低于公司章程所定价额的，应当由交付该出资的股东补足其差额；公司设立时的其他股东承担连带责任。股份有限公司成立后，发现作为设立公司出资的非货币财产的实际价额显著低于公司章程所定价额的，应当由交付该出资的发起人补足其差额；其他发起人承担连带责任。从上述规定我们可以看出，凡出现股东虚假出资、股东未出资、股东未足额出资、非货币财产的实际价额显著低于公司章程所定价额情形的，负有出资义务的股东（发起人）有义务将未出资部分或存有差额的部分予以补交或予以填补。需要指明的是，差额补交责任和差额填补责任在商事立法中采用的归责原则是一种严格责任原则，即不问违反出资义务股东主观是否存有过错，其都应当承担差额补交或填补责任。

（2）缴纳担保责任。缴纳担保责任是指公司的发起人（出资人）对其他发起人（出资人）未履行出资义务的行为负有连带缴纳担保责任。依照我国《公司法》第31条的规定，有限责任公司成立后，发现作为设立公司出资的非货币财产的实际价额显著低于公司章程所定价额的，应当由交付该出资的股东补足

---

[1] 参见施天涛：《公司法论》（第2版），法律出版社2006年版，第178页。

其差额；公司设立时的其他股东承担连带责任。同样《公司法》第94条规定，"股份有限公司成立后，发起人未按照公司章程的规定缴足出资的，应当补缴；其他发起人承担连带责任。股份有限公司成立后，发现作为设立公司出资的非货币财产的实际价额显著低于公司章程所定价额的，应当由交付该出资的发起人补足其差额；其他发起人承担连带责任。"从上述立法中可以看出，缴纳担保责任主要适用于股份有限公司的发起人。对于有限责任公司，只有在公司成立后出现"设立公司出资的非货币财产的实际价额显著低于公司章程所定价额"情形时，公司设立时的其他股东才承担缴纳担保责任。也就是说，有限责任公司的股东对其他股东货币形式的虚假出资、未出资、未足额出资等不承担缴纳担保责任。对于此项立法规定，已有学者和专家指出其立法的局限性，认为缴纳担保责任亦应适用于有限责任公司股东以货币出资的场合。[1] 关于此点，最高人民法院在其《关于适用〈中华人民共和国公司法〉若干问题的规定（二）》中已作出了新的规定。即已确立了有限责任公司股东在货币出资情形下的缴纳担保责任。

差额补交或差额填补责任与缴纳担保责任，以及连同其他国家公司立法中确立的认购担保责任，共同构成了资本充实责任的内容。资本充实责任是公司法上特设的一种民事责任制度……资本充实责任是公司法上的法定责任，不得以当事人的约定或以公司章程或股东会决议来排除。[2]

（3）出资违约责任。出资违约责任是指违反出资义务的股东对其他已履行了出资义务的股东所承担的民事责任。依照我国《公司法》第28条的规定，有限责任公司的股东不能按期足额缴纳公司章程规定的认缴出资额的，除应当向公司足额缴纳外，还应当向已按期缴纳出资的股东承担违约责任。同样依据《公司法》第84条的规定，以发起方式设立股份有限公司的，发起人违反出资缴纳义务的，应当按照发起人协议承担违约责任。股东依照出资协议、发起人协议或者公司章程严格履行其出资义务是股东的法定责任，股东违反其出资义务可以被认定为是一种违反其意思表示的违约行为，故其应当向其违约行为的相对人承担违约责任。出资违约责任在大陆法系和英美法系国家的公司立法中，基本上都得到了确认，并认为股东出资违约责任是合同法原则在公司法领域的

〔1〕　参见李国光等："审理公司诉讼若干问题（上）"，载《人民法院报》2005年11月21日。

〔2〕　参见沈四宝：《西方国家公司法原理》，法律出版社2006年版，第179页。

运用。我国《公司法》虽然未规定有限责任公司股东的"出资协议"问题，但在有限责任公司的设立实践中往往会产生"出资协议"问题，即使没有"出资协议"也可以把公司章程视作股东共同意思表示的"协议"。出资违约责任也适用的是严格责任原则，即不管股东（发起人）是否有过错都应向已经履行出资义务的其他股东承担违约责任。

3. 出资纠纷诉讼的当事人。

（1）出资纠纷诉讼的原告。出资纠纷诉讼的原告包括：①公司。依照我国《公司法》第28条、第31条第1款、第84条的规定，在追究有限责任公司违反出资义务股东的差额补交责任、差额填补责任和其他股东的缴纳担保责任时，公司可以作为该类诉讼的原告。同样，在追究股份有限公司中违反出资义务的发起人的差额补交责任、差额填补责任和其他股东的缴纳担保责任时，公司亦为该类诉讼的原告。在此类诉讼中，公司的诉权到底是基于何种法律关系（或法律事实）而产生？在理论上似乎有进一步研究的必要。由于出资协议、发起人协议、公司章程均产生于公司成立之前，所以，公司不宜作为协议的一方当事人，以履行协议为由提起相关诉讼。可以借鉴的理论是，虽然公司对股东享有的出资请求权不能与股东的资格分离，但一旦股东履行出资期限界至，那么公司对股东享有的出资请求权便成为"普通债权"。[1] 公司可以基于与违反出资义务的股东（发起人）之间由此产生的债权债务关系提起此类诉讼，即向法院提起强制股东或发起人以债务人身份向公司清偿债务（交付出资）的诉讼。这里的"普通债权"可以认为是基于公司的章程而产生。因为公司章程对公司、公司股东等具有普遍的约束力，股东违反其出资义务也可以视为是违反了其章程义务，可以被视为章程性质的违约。根据债权原理，公司有权就其违约行为而行使相对应的请求权。②"其他股东"。所谓"其他股东"便是与违反出资义务的股东相对应的"已按期足额缴纳出资"的公司其他股东。依照我国《公司法》第28、84条的规定，违反出资义务的有限责任公司股东应向已按期足额缴纳出资的股东承担违约责任。同样，违反出资义务的股份有限公司的发起人亦应按照发起人协议承担违约责任。所以"其他股东"可以作为原告并依照上述法律规定，对违反出资义务的股东（发起人）提起追究其违约责任的诉讼。③公司的债权人。公司的债权人作为出资纠纷诉讼的原告，具有较复杂的法理

---

〔1〕 参见蒋建湘：《公司诉讼研究》，法律出版社2008年版，第107页。

背景。一般来说，公司的债权人是与公司本身是债权债务法律关系的双方当事人。也就是说公司债权人与公司的股东并不存在直接的法律关系。但公司作为资合性质的法人，其资本是否真实可靠则直接影响着对公司债权人利益担保的效力。亦即当存在股东违反出资义务情形时，公司债权人的一般担保利益可能会受到损害。所以一旦当这种损害发生时公司债权人便可以透过与公司的诉讼，并在公司不能清偿债务时直接要求违反出资义务股东承担"补充清偿责任"。目前我国的公司立法和有关司法解释尚未就公司债权人在出资纠纷诉讼中的原告人地位作出明确的规定。

（2）出资纠纷诉讼的被告。出资纠纷诉讼的被告包括：①违反出资义务的股东（发起人）。因为出资纠纷诉讼大多是对违反出资义务的股东（发起人）提起的诉讼，所以该类诉讼便大多以违反出资义务的股东（发起人）为被告。以违反出资义务的股东（发起人）为被告的诉讼，既包括由公司提起的追究其承担差额补交或差额填补责任的诉讼，也包括已按期足额缴纳出资的公司"其他股东"追究其违约责任的诉讼。②"其他股东"。"其他股东"作为出资纠纷诉讼中的被告，主要是在其负有缴纳担保义务的情形下。

4. 出资纠纷诉讼的具体诉讼形式。按照上述分析我们可以将出资纠纷诉讼列举成以下几种具体形式：①公司要求股东（发起人）承担出资差额补交或差额填补责任的诉讼；②公司"其他股东"要求股东（发起人）承担出资差额补交或差额填补责任的诉讼；③公司要求公司"其他股东"承担出资差额补交或差额填补连带责任的诉讼；④已按期足额缴纳出资的公司的"其他股东"（发起人）要求违反出资义务的股东（发起人）承担违约责任的诉讼；⑤承担了缴纳担保责任的股东（发起人）向违反出资义务的股东（发起人）行使追偿权的诉讼；⑥公司要求抽逃出资人承担侵权损害赔偿责任的诉讼；⑦公司"其他股东"要求抽逃出资人向公司承担侵权损害赔偿责任的股东代表诉讼；⑧公司债权人要求违反出资义务的股东（发起人）承担"补充清偿责任"的诉讼；⑨公司债权人要求评估、验资或者验证机构在其评估或者验证不实的金额范围内承担连带赔偿责任的诉讼。

（二）股权（股东资格）确认纠纷诉讼

1. 股权（股东资格）确认标准。从最一般的意义上说，股东资格是出资人取得和行使股东权利和承担股东义务的基础。取得股东资格便意味着具有了股东身份，从而便可行使股东权利。依公司立法和公司法理论，股权的取得应当同时具备两个要件：①向公司出资或者认缴股款；②股东姓名或者名称被记载于股东名册、公司章程等。前者是确认取得股权的实质性要件，后者是确认取得股权的形式性要件。从实质性要件看，股权的取得必须基于股东的出资，无论该出资是股东的直接出资还是间接出资（如以继受方式取得出资权）。而从形式性要件看，出资人向公司出资而成为公司的股东，必须借助于一种法定的外观形式来加以彰显。这种法定的外观形式便是公司的章程、股东名册、出资证明书（股票）、股权转让合同、工商登记材料等。上述实质性要件和形式性要件便构成了股权的两大确认标准。但在公司实务活动中，往往出资人的实质性要件和形式性要件并非完全统一，甚至形式性要件也并非完全一致。所以，当各个具体要件发生冲突或出现全部、部分缺失时，就会产生股权确认纠纷和引发股权确认纠纷诉讼。

应该说，股权的实质性要件在股权确认纠纷诉讼中具有决定性的作用，但也非唯一性条件（如出资人作为隐名股东）。在实质性要件符合法律规定，但形式性要件存在瑕疵的情况下，当纠纷表现为股东与公司、股东与股东之间所谓的公司内部纠纷时，应以实质性要件作为确认股权的唯一标准。而当纠纷表现为股东与公司债权人或善意的第三人之间的所谓公司外部纠纷时，则以对外公示的形式要件作为确认股权的基本标准。但如果有证据证明该债权人在与公司交易前就知道该股东真实情况的除外。

除了实质性要件之外，形式性要件在确认股权方面也具有重要的且各不相同的作用。

（1）公司章程。章程对于确认有限责任公司股东和股份有限公司发起人的股权具有决定性的意义。依照我国《公司法》第23、77条的规定，股东（发起人）共同制定章程是设立公司的必备条件。另外依据《公司法》第25、82条的规定，股东（发起人）的姓名或者名称是公司章程的绝对必要记载事项。再有，依据《公司法》第30、93条的规定，公司章程也是公司向公司登记机关报送的登记文件之一。所以，公司章程不仅对公司、公司股东、公司董事等具有内在的约束力，而且章程中已登记事项对外具有宣示效力。因此，如无特别相反证据予以推翻，可凭公司章程的记载确认有限责任公司股东和股份有限公司发起人的股权。

（2）出资证明书。出资证明书是有限责任公司成立后以公司名义签发给股东的出资凭证。依照我国《公司法》第32条的规定，有限责任公司成立后，应当向股东签发出资证明书。出资证明书应当载明的事项主要包括：股东的姓名或者名称、缴纳的出资额和出资日期。另外出资证明书还应当由公司盖章。出资证明书在确认有限责任公司股东股权方面所具有的作用，主要取决于出资证明书的性质。关于出资证明书的性质，在理论上有不同的见解。一种见解认为出资证明书是一种有价证券；另一种见解认为出资证明书只是一种证明文书，而非有价证券。后一种见解的理由是：一方面，有限责任公司股东不能仅凭出资证明书就转让自己的出资；另一方面，股东权的行使无需凭借出资证明书。可以说到目前为止后一种见解仍居于主导地位。[1] 由于将出资证明书认定为一种证明文书，所以出资证明书只是被确定为认定股权的一种初步证据，而不是该股权本身。在这一点上，出资证明书与股票有明显的不同，股票作为有价证券中的资本证券，其不仅彰显着股东权利，而且在通常情况下可以自由转让。鉴于出资证明书的性质，有专家学者认为，"持有出资证明书不是认定股东资格的必要条件，没有持有出资证明书的也可能被认定为具有股东资格。因此，出资证明书在认定股东资格中也无决定性的效力"。[2] 既然将出资证明书确定为认定股权的一种初步证据，所以在股权确认纠纷诉讼中，除了出资证明书之外，还得同时参考其他认定标准（如股东名册等）方可最终确定股权的有无。最后有一点是需要说明的，在公司实务中，并非所有的有限责任公司都会按照《公司法》的规定在公司成立后给股东签发出资证明书。在这样一种情况下，公司向股东开具的（出资款）收款收据及其他形式的收款凭证可视为具有同出资证明书相同的证据效力。

（3）股东名册。股东名册是指公司依照法律规定必须置备的记载股东情况的簿册。依照我国《公司法》第33、97、131条的规定，有限责任公司应当置备股东名册；股份有限公司发行记名股票时，亦应置备股东名册。所以说置备股东名册是公司的义务。依据公司法的基本理论，股东名册具有三个方面的效力：①推定效力，即推定股东名册上的股东为公司股东的效力；②对抗效力，即对抗股东名册之外的人行使股东权利的效力；③免责效力，即公司向股东名册上的股东履行了其义务便可免除其责任的效力。对于确定股权来说，股东名

〔1〕　柯芳枝：《公司法论》，中国政法大学出版社2004年版，第549页；王文宇：《公司法论》，中国政法大学出版社2004年版，第513页。

〔2〕　褚红军主编：《公司诉讼原理与实务》，人民法院出版社2007年版，第146页。

册的对抗效力最为重要。也就是说，股东仅凭股东名册的记载便可行使其股东权利，而无需对其权利的取得和实质性内容作出说明。我国《公司法》第 33 条第 2 款规定："记载于股东名册的股东，可以依股东名册主张行使股东权利。"由此可以看出，我国《公司法》亦确立了股东名册的推定效力。但依然有一点需要指明，股东名册只是一种证权文件，不具有创设权利的效果。也就是说，在无相反证据的情况下可以推定股东名册记载的股东具有股权，如有相反证据存在依然可以否定股东名册上所记载的股东的权利和资格。

（4）工商登记材料。按照我国《公司法》第 33 条第 3 款的规定："公司应当将股东的姓名或者名称及其出资额向公司登记机关登记；登记事项发生变更的，应当办理变更登记。未经登记或者变更登记的，不得对抗第三人。"由此可以看出，将股东的有关情况向登记机关办理登记是公司的义务；同样一旦将股东的有关情况办理了登记便对外具有了宣示的效力。第三人可依据外观主义原则要求已登记的股东承担其法定或约定的义务，即使该股东的股东资格存在瑕疵也不能以此对抗善意第三人。所以登记机关对股东的登记，在股权的认定上对外具有优先的效力。也就是说，当有关股权的争议发生在股东、公司外部时，即使已登记股东的股东资格存在瑕疵，公司和该股东也不能以此为理由对抗第三人（但如果有证据证明该债权人或者第三人在与公司交易前就知道该股东的真实情况的除外）。上述原理已被我国的公司诉讼司法实践所普遍确认，如山东省高级人民法院《关于审理公司纠纷案件若干问题的意见（试行）》第 39 条规定："股东资格未被工商登记所记载的，不具有对抗第三人的法律效力。工商登记所记载之股东不得以其实际不具备股东资格为由对抗第三人，但被冒名登记的除外。"

由以上分析可以看出，在股权确认纠纷诉讼中，必须根据争议的事由而综合考虑并适用确认股东资格的相关标准。

2. 股东资格继承纠纷诉讼。通过继承的方式取得股东的资格是股东资格继受取得的一种重要方式。关于自然人股东死亡后，其股东资格是否由其继承人必然取得，在立法理论上存在不同的见解。一种观点认为，继承人可以不受限制地取得被继承人的股东资格；另一种观点认为应当对继承人的股东资格继承权作出限制。此种限制可以是公司章程的限制，也可以是其他股东意思表示方面的限制。关于此问题，在我国既往的公司诉讼实践中普遍的做法是对股东资格的继承取得作出适当的限制。如《北京市高级人民法院关于审理公司纠纷案件若干问题的指导意见（试行）》（2004年2月9日）第12条认为："有限责任公司作为具有人合性质的法人团体，股东资格的取得必须得到其他股东作为一个具有整体即公司的承认或认可。有限责任公司的自然人股东死亡后，其继承人依法可以继承的是与该股东所拥有的股权相对应的财产权益。如果公司章程规定或股东会议决议同意该股东的继承人可以直接继受死亡股东的股东资格，在不违反相关法律规定的前提下，法院应当判决确认其股东资格，否则应当裁定驳回其上诉。"另外，上海市高级人民法院在其《关于审理涉及公司诉讼案件若干问题的处理意见（三）》中亦作出了类似的规定。在北京、上海等地高级人民法院的上述有关规定中，从股东的资格中划分出了一种"财产权益"，认为该"财产权益"可以和股东资格实现分离，认为"财产权益"可以当然被继承，而股东资格则只有在符合公司章程规定或经其他股东同意后才可以被继承。这种规定，虽然充分考虑了有限责任公司的人合性特点，但在实际操作中可能会损害继承法律制度和继承人的正当利益。所以新修订后的《公司法》在自然人股东死亡后其股东资格的继承问题上作出了肯定的规定。

《公司法》第76条规定："自然人股东死亡后，其合法继承人可以继承股东资格；但是，公司章程另有规定的除外。"由此可以看出：①如公司章程没有另外规定，自然人股东的继承人可当然以继承方式取得被继承人的股东资格；②对继承人股东资格继承权的限制只能是公司章程的规定而不能是公司其他股东的"决议"；③如果公司章程"另有规定"，则死亡的自然人股东所拥有的股权只能由公司其他股东受让，其受让后所支付的对价由死亡的自然人股东的继承人继承。在股东资格继承实务中，会出现两个以上的继承人共同继承死亡的自然人股东资格的问题，对此应当按照继承人的继承份额确定各继承人的实际股权（持股）份额。股东资格的继承取得，是股东资格继受取得一种方式，对此公司有义务按照《公司法》第33条第3款的规定，办理股东姓名变更登记。如公司不予办理变更登记，则股东资格继承人可以向法院提出请求变更登记之诉。

3. "隐名股东"纠纷诉讼。"隐名股东"并不是一个公司法上的概念，也不是一个确定的概念。关于"隐名股东"有很多表述，如隐名股东、实际投资人、实际股东等。与此相对应的概念是显名股东、名义出资人、挂名股东等。不管称谓如何，所谓的隐名股东应具有两个特征：①"隐名股东"是公司的实际出资人；②"隐名股东"并未将自己的姓名或名称记载在公司章程、股东名册、出资证明书以及工商登记材料中。产生"隐名股东"现象的原因非常复杂，不仅仅只有规避法律的原因，还有其他的一些原因，如实践中那种专门代表公司员工拥有本公司股份的"公司"，就存在大量隐名股东的情形。

在由"隐名股东"引起的诉讼中，大多涉及三种法律关系：①"隐名股东"与"显名股东"之间的法律关系；②"隐名股东"与公司的法律关系；③公司债权人、第三人和"显名股东"的法律关系。

（1）"隐名股东"与"显名股东"的法律关系。该种法律关系的表现形式最为复杂，其中可能是信托法律关系、赠与法律关系、借款法律关系、共同投资法律关系、姓名或名称借用法律关系等。在其各种法律关系中，既可能是有偿的法律关系，也可能是无偿的法律关系；既可能是要式的法律关系，也可能是不要式的法律关系。

"隐名股东"与"显名股东"之间的纠纷，主要表现为股东权的实际行使和出资利益的实际享有方面，也就是股权（股东资格）实际享有的纠纷。按照民商法理论和我国公司诉讼实践的一般做法，在解决该类纠纷时应坚持以下几个方面的司法审判原则：①如不违反法律、法规的强制性规定，应当按照民事立法的私法自治（意思自治）原则认定"隐名股东"与"显名股东"之间确立的"协议"有效；②如果"隐名股东"与"显名股东"之间确立的是一种信托投资关系，则"隐名股东"作为信托人有权取消信任委托；③如果"隐名股东"与"显名股东"之间是一种借款关系，则不能因债务清偿而否认"名义出资人"的股东资格；④如果"隐名股东"与"显名股东"之间是一种单纯的姓名、名称借用关系，则任何一方均可解除借用关系；⑤如果"隐名股东"与"显名股东"之间是一种共同投资关系，则可按其出资比例分别确立二者的股东资格和股权持有比例。

（2）"隐名股东"与公司的法律关系。由于公司与"隐名股东"之间并不存在直接的法律关系，所以，在一般的情况下"隐名股东"并不能直接以股东身份向公司主张权利。也就是说，"隐名股东"不能以和"显名股东"之间的协议对抗公司。但当公司及公司的大多数股东已明知该"隐名股东"是公司的实际出资人，且公司已认可该实际出资人以股东的身份行使股东权利时，在不违背法律、行政法规强制性规定的情况下，可以推定该实际出资人对公司享有股权。同样在此种情形下，作为实际出资人的"隐名股东"无需再向法院提出确认股东资格的确权诉讼，而可直接行使股东权利，并有权要求公司将自己的姓名或名称登记在公司的股东名册和记载在公司章程中并办理相应的变更登记。如公司拒绝办理，则该实际出资人可直接向法院提起股东名册变更登记诉讼。

（3）公司债权人及第三人和"显名股东"的法律关系。公司债权人与"显名股东"之间的法律关系是在股东应当向公司债权人承担"补充清偿责任"时发生的。在此种情况下，"显名股东"不能以其不是公司的实际股东为由，拒绝向公司的债权人承担"补充清偿责任"。因为根据商事立法的外观主义要求，股东和公司不能以登记事项存在不实为理由对抗善意第三人。同样，当"显名股东"将其名下的出资或股份转让给第三人时，"隐名股东"也不能以"显名股东"无转让权为由拒绝履行合同。

4. "干股股东"纠纷诉讼。"干股股东"也不是公司法上的概念，它是指"具备股东的形式特征并实际享有股东权利，但自己未实际出资的股东，一般是因为其他股东或者公司赠与股权而获得股东资格的人"。[1] "干股股东"的法律特征是：①不仅享有股东资格而且对公司存有出资（此点不同于"显名股东"）；②"干股股东"的出资不是出于"干股股东"自身，而是出自于其他股东，出自于其他股东的赠与；③"干股股东"不仅名义上而且事实上享有股东权利。"干股股东"纠纷诉讼，主要是"干股股东"与公司其他股东之间的诉讼。其纠纷主要表现为"干股股东"股东权利的实际行使和其股东利益的实际享有方面。由于"干股股东"没有自己的实际出资，再加之没有采取严格的出资赠与程序和必要的出资形式，所以其他股东往往会事后否认"干股股东"的实际权益。对于"干股股东"纠纷诉讼，如查明"干股股东"的出资确实来自于其他股东的赠与，即"干股股东"与其他股东之间存有明确的资产赠与关系，应确定出资赠与有效，判定"干股股东"具有股东资格。如"干股股东"的出资存在瑕疵，则"干股股东"和其他出资人应连带承担出资差额补交、差额填补责任。最后有一点是必须说明的，"干股"的取得只能基于赠与，而不能基于"垫资"。"垫资"是一种债权和债务关系，接受垫资的一方对公司拥有合法股权，但同时对垫资人负有偿还因垫资而形成债务的义务。

三、股权诉讼

股权诉讼也就是股东权利诉讼，是股东因权利行使或权利被侵害而提起的

---

〔1〕 褚红军主编：《公司诉讼原理与实务》，人民法院出版社2007年版，第157页。

诉讼。股权诉讼是股东为了自身的利益而提起的诉讼，所以它是一种直接诉讼。

（一）股权诉讼类型

依据我国《公司法》的规定，股权诉讼主要表现为以下几类具体诉讼形式：

1. 股东要求查阅公司会计账簿之诉。《公司法》第34条规定："股东有权查阅、复制公司章程、股东会会议记录、董事会会议决议、监事会会议决议和财务会计报告。股东可以要求查阅公司会计账簿。股东要求查阅公司会计账簿的，应当向公司提出书面请求，说明目的。公司有合理根据认为股东查阅会计账簿有不正当目的，可能损害公司合法利益的，可以拒绝提供查阅，并应当自股东提出书面请求之日起15日内书面答复股东并说明理由。公司拒绝提供查阅的，股东可以请求人民法院要求公司提供查阅。"该条主要是针对有限责任公司股东知情权的行使及股东对公司会计账簿查阅权的具体行使作出的规定。因为有限责任公司具有一定的封闭性和人合性，一旦股东之间产生分歧和不信任，则通过诉讼方式确保股东知情权的行使就变得尤为重要。

该种诉讼可扩展为股东知情权诉讼。依据《公司法》第34条的规定，有限责任公司股东的知情权包括对公司章程、股东会会议记录、董事会会议决议、监事会会议决议、财务报告、会计账簿的查阅复制权。而依据《公司法》第98条的规定，股份有限公司股东的知情权包括对公司章程、股东名册、公司债券存根、股东大会会议记录、董事会会议决议、监事会会议决议、财务会计报告的查阅权。也就是说，当公司不能或拒绝提供相关信息满足股东上述知情权时，股东可以提起相应的诉讼，要求公司提供相关信息以满足其相应的知情权。

2. 股东会（大会）或董事会决议无效确认之诉与撤销之诉。《公司法》第22条规定："公司股东会或者股东大会、董事会的决议内容违反法律、行政法规的无效。股东会或者股东大会、董事会的会议召集程序、表决方式违反法律、行政法规或者公司章程，或者决议内容违反公司章程的，股东可以自决议作出之日起60日内，请求人民法院撤销。股东依照前款规定提起诉讼的，人民法院可以应公司的请求，要求股东提供相应担保。公司根据股东会或者股东大会、董事会决议已办理变更登记的，人民法院宣告该决议无效或者撤销该决议后，公司应当向公司登记机关申请撤销变更登记。"从该条规定可以看出，立法对股东会（股东大会）、董事会决议瑕疵分别确立了无效确认之诉和撤销之诉。无效确认之诉的前提是相关决议内容违反了法律和行政法规；撤销之诉的前提是相关会议的召集程序或者表决方式违反法律、行政法规或者公司章程，或者决议内容违反公司章程。另外，从上述立法可以看出：

（1）立法暂未确立股东会（股东大会）决议不成立之诉，对于实践中出现的该种诉讼还有待于相关的司法解释加以补充。

（2）虽然立法规定了相关决议的无效，但对股东是否有权提起确认决议无效诉讼，以及如何提起诉讼未加以规定。不过从我国各地的公司法诉讼实践来看，早已将股东会（股东大会）或董事会决议无效确认之诉作为了一种公司诉讼形式。另外，最高人民法院在其《民事案件案由规定》中，也将"股东会或者股东大会、董事会决议效力确认纠纷"作为与"股东会或者股东大会决议、董事会决议撤销纠纷"并列的案由之一。至于股东应在决议作出之后的多少日内有权提起请求确认公司决议无效之诉，由于《公司法》未作出规定，所以有的地方高级人民法院在其就《公司法》的适用作出的有关的解释（或意见）中认为股东可以不受"60日内"的限制。如上海市高级人民法院在其《关于审理公司纠纷案件若干问题的解答》（2006年6月6日）中规定："对符合决议无效的情形，新修订的公司法未对股东提起诉讼的期限作出限制规定，故对于股东依据新修订的《公司法》第22条第1款规定提起的确认股东大会或股东会、董事会决议无效的诉讼，不应受60日的限制。"

（3）规定了诉讼费用担保制度，即人民法院可以应公司的请求，要求股东提供相应担保。

（4）提起决议撤销诉讼的主体只能是股东，而不能是公司的董事、监事及公司的利害关系人，而对于决议效力确认诉讼，《公司法》却没有明确规定提起诉讼的主体，有人认为只有股东拥有提起诉讼的资格。关于此点立法规定似有不妥，因为公司董事作为公司董事会的直接参加者，其本身对相关会议的"合法性"具有直接的判断力。另外，基于董事、监事对公司所负有的忠实和勤勉义务要求，也应赋予其提起诉讼的权利。基于以上理由，最高人民法院在其《关于适用〈中华人民共和国公司法〉若干问题的规定（征求意见稿）》中赋予了董事、监事依据《公司法》第22条第1款的规定提起诉讼的权利。也就是说公司的董事、监事有权提起确认股东会（股东大会）、董事会决议无效之诉。

在与股东会（股东大会）有关的公司诉讼实践中，还会出现股东请求法院确认股东会（股东大会）决议有效的诉讼，以及请求法院判决强令公司召开股东会（股东大会）的诉讼，对此各地法院普遍采取了不予受理的做法。如北京市高级人民法院《关于审理公司纠纷案件若干问题的指导意见》第7条规定：

"股东请求判令公司召开股东会或股东大会的,人民法院不予受理。"第10条规定:"股东仅请求确认股东会决议、董事会决议有效的,人民法院应裁定不予受理。"

3. 股权(股份)收购请求权之诉。《公司法》第75条规定:"有下列情形之一的,对股东会该项决议投反对票的股东可以请求公司按照合理的价格收购其股权:①公司连续5年不向股东分配利润,而公司该5年连续盈利,并且符合本法规定的分配利润条件的;②公司合并、分立、转让主要财产的;③公司章程规定的营业期限届满或者章程规定的其他解散事由出现,股东会会议通过决议修改章程使公司存续的。自股东会会议决议通过之日起60日内,股东与公司不能达成股权收购协议的,股东可以自股东会会议决议通过之日起90日内向人民法院提起诉讼。"另外《公司法》第143条第1款规定:"公司不得收购本公司股份。但是,有下列情形之一的除外:①减少公司注册资本;②与持有本公司股份的其他公司合并;③将股份奖励给本公司职工;④股东因对股东大会作出的公司合并、分立决议持异议,要求公司收购其股份的。"从上述立法规定中可以看出:其一,对于有限责任公司而言,当出现《公司法》第75条规定的3种法定情形时,公司的异议股东有权要求公司按照合理的价格收购其股份;而对于股份有限公司而言,只有出现《公司法》第143条第1款第4项规定的"公司合并、分立"情形时,公司的异议股东才有权要求公司收购其股份。其二,有权要求公司收购股权(股份)的股东必须是对股东会(大会)相关决议事项投反对票的股东。其三,股东在提起股权(股份)收购请求权诉讼之前(股东会会议决议通过之日起60日内)应就股权收购事项与公司协商,不过"协商"并不是强制性的前置条款。其四,按照最高人民法院《关于适用〈中华人民共和国公司法〉若干问题的规定(一)》第3条的规定,股东超过"90日内"向人民法院提起诉讼的人民法院不予受理。其五,立法未对股份有限公司股东股份收购请求权如何行使作出专门规定,对此可以参照《公司法》第75条的有关规定执行。

4. 损害赔偿之诉。依据《公司法》的有关规定,股东可提起以下两种形式的损害赔偿之诉:①对滥用股东权利的股东的损害赔偿之诉。《公司法》第20条第2款规定:"公司股东滥用股东权利给公司或者其他股东造成损失的,应当依法承担赔偿责任。"从该条规定可以看出,当股东的自身权益因其他股东(往往是公司的控制股东)滥用股东权利而受到损害时,其有权向法院提起损害赔偿之诉。但立法并未对"滥用股东权利"的具体内容作出规定，在这方面依然有待相应的司法解释作出具体规定。②对董事、高级管理人员侵害行为的损害赔偿之诉。《公司法》第 153 条规定："董事、高级管理人员违反法律、行政法规或者公司章程的规定，损害股东利益的，股东可以向人民法院提起诉讼。"以上两种损害赔偿之诉，均是股东为了自身利益而提起的诉讼，也是不同于股东代表诉讼的典型的股东直接诉讼。

5. 请求解散公司之诉。《公司法》第 183 条规定："公司经营管理发生严重困难，继续存续会使股东利益受到重大损失，通过其他途径不能解决的，持有公司全部股东表决权 10% 以上的股东，可以请求人民法院解散公司。"请求解散公司之诉，也称之为公司僵局之诉，是在公司出现"僵局"时，股东向法院提出司法解散公司的诉讼。依据《公司法》第 183 条和《公司法解释二》的有关规定，股东在提起请求解散公司之诉时应注意以下几个问题：①公司僵局确实存在。即已存在公司法解释二第 1 条规定的法定事由之一。[1] ②已用尽救济手段和条件，即"通过其他途径不能解决"。③持有公司全部股东表决权 10% 以上的股东才有权提出。④人民法院审理解散公司诉讼案件应当注重调解。当事人协商同意由公司或者股东收购股份，或者以减资等方式使公司存续，且不违反法律、行政法规强制性规定的，人民法院应予支持（公司法解释二第 5 条第 1 款）。⑤股东提起解散公司诉讼时，向人民法院申请财产保全或者证据保全的，在股东提供担保且不影响公司正常经营的情形下，人民法院可予以保全（公司法解释二第 3 条）。⑥股东提起解散公司诉讼应当以公司为被告。原告以其他股东为被告一并提起诉讼的，人民法院应当告知原告将其他股东变更为第三人；原告坚持不予变更的，人民法院应当驳回原告对其他股东的起诉。原告提起解散公司诉讼应当告知其他股东，或者由人民法院通知其参加诉讼。其他股东或者有关利害关系人申请以共同原告或者第三人身份参加诉讼的，人民法院应予准许（公司法解释二第 4 条）。⑦股东以知情权、利润分配请求权等权益受到损

---

[1]《公司法解释二》第 1 条规定："单独或者合计持有公司全部股东表决权 10% 以上的股东，以下列事由之一提起解散公司诉讼，并符合公司法第 183 条规定的，人民法院应予受理：①公司持续 2 年以上无法召开股东会或者股东大会，公司经营管理发生严重困难的；②股东表决时无法达到法定或者公司章程规定的比例，持续 2 年以上不能做出有效的股东会或者股东大会决议，公司经营管理发生严重困难的；③公司董事长期冲突，且无法通过股东会或者股东大会解决，公司经营管理发生严重困难的；④经营管理发生其他严重困难，公司继续存续会使股东利益受到重大损失的情形。"

害，或者公司亏损、财产不足以偿还全部债务，以及公司被吊销企业法人营业执照未进行清算为由，提起解散公司诉讼的，人民法院不予受理（公司法解释二第 1 条第 2 款）。

从上述有关立法和司法解释的内容中可以看出：①现行立法虽然强调法院对解散公司诉讼案件的调解，但并未把调解规定为必经程序；②虽然立法对由股东或公司收购另一方股东的股份作出了规定，但这种"规定"也只是建立在"协商"的基础上，也就是说立法未赋予法院作出强制收购判决的权力。

6. 请求对公司清算之诉。依照《公司法》第 184 条的规定，当出现法定解散事由后，公司"应当在解散事由出现之日起 15 日内成立清算组，开始清算……逾期不成立清算组进行清算的，债权人可以申请法院指定有关人员组成清算组进行清算"。也就是说，当出现公司逾期不成立清算组进行清算的情形时，依照《公司法》的规定只有债权人才有权申请法院指定有关人员组成清算组进行清算。但最高人民法院在其公司法解释二中对该条所规定的申请人的范围进行了突破。公司法解释二第 7 条第 1 款规定："公司应当依照公司法第 184 条的规定，在解散事由出现之日起 15 日内，成立清算组，开始自行清算。"该条第 2 款规定："有下列情形之一，债权人申请人民法院指定清算组进行清算的，人民法院应该受理：①公司解散逾期不成立清算组进行清算的；②虽然成立清算组但故意拖延清算的；③违法清算可能严重损害债权人或者股东利益的。"该条第 3 款规定："具有本条第 2 款所列情形，而债权人未提起清算申请，公司股东申请人民法院指定清算组对公司进行清算的，人民法院应予受理。"也就是说，在具备法定情形的前提下，如债权人未提出清算申请，则股东有权申请法院指定清算组对公司进行清算，即赋予了股东对公司进行清算的起诉权。

7. 公司盈余分配请求权之诉。《公司法》第 35 条规定："股东按照实缴的出资比例分取红利；公司新增资本时，股东有权优先按照实缴的出资比例认缴出资。但是，全体股东约定不按照出资比例分取红利或者不按照出资比例优先认缴出资的除外。"《公司法》第 167 条第 4 款规定："公司弥补亏损和提取公积金后所余税后利润，有限责任公司依照本法第 35 条的规定分配；股份有限公司按照股东持有的股份比例分配，但股份有限公司章程规定不按持股比例分配的除外。"从上述有关立法中可以看出：①我国《公司法》并未直接规定公司盈余分配请求权之诉，但最高人民法院则把"公司盈余分配请求权纠纷"作为与公司相关的民事纠纷案由之一。另外，一些地方的高级人民法院（如上海市、江苏省高级人民法院等）在其有关审理公司纠纷案件的"意见"中也把公司盈余分配请求权纠纷作为公司诉讼案件之一。②对于有限责任公司的股东，应按照其实缴的出资比例分取红利（全体股东约定不按出资比例分取红利的除外）；对于股份有限公司的股东，应按照其持有的股份比例分配（但股份有限公司章程规定不按持股比例分配的除外）。③按照公司法理论，股东的股利分配请求权可"分为抽象意义上的股利分配请求权与具体意义上的股利分配请求权两个方面。所谓抽象意义上的股利分配请求权，是指股东基于其公司股东资格和地位而享有的一种股东权权能。……抽象意义上的股利分配请求权是股东所享有的一种固有权，不允许通过章程或者公司治理机构予以剥夺。……抽象意义上的股利分配请求权是一种期待权"。[1] 而具体意义上的股利分配请求权是指当公司存在可分配股利时，股东根据股东会（股东大会）分派股利的决议而享有的按其出资和所持有股份比例分得相应股利的权利。所以，具体意义上的股利分派请求权应是一种既得权。而就我国目前公司立法的现状而言，股东的公司盈余分配请求权之诉应为一种既得权之诉。即股东根据公司股东会（股东大会）通过的盈余分配方案就其应得盈余（股利）所提起的诉讼。

最后需要指出的是，目前我国的公司立法尚未确立法院强制公司分配盈余的制度。也就是说，在公司股东会（股东大会）未作出盈余分配决议的情况下，法院不能应股东的请求作出强制公司分配盈余的判决。

（二）股权诉讼当事人

1. 股权诉讼的原告。因为股权诉讼是股东因权利行使或权利被侵害而提起的诉讼。所以股权诉讼的原告应为"适格"的股东。这里的"适格"包含两层含义：①如果法律对股东诉权的行使有持股比例或持股期限的限制，要满足该限制，如请求解散公司之诉就有持股比例的限制；②虽然股东的出资存在瑕疵，只要该瑕疵还不足以否认该股东的股东资格，则该股东便有权提起相应的股权诉讼。另外，在股权诉讼中，原告可能是一个股东，也可能是多个股东。当原告是多个股东时，则诉讼就成为共同诉讼。

2. 股权诉讼的被告。股权诉讼的被告包括以下三类：①公司，如要求查阅公司会计账簿之诉；股东会（股东大会）或董事会决议无效确认之诉与撤销之

---

〔1〕 褚红军主编：《公司诉讼原理与实务》，人民法院出版社 2007 年版，第 387 页。

诉；股权（股份）收购请求权之诉；请求解散公司之诉；请求对公司清算之诉；公司盈余分配请求权之诉等。②股东，如对滥用股东权利的股东的损害赔偿之诉。③公司董事、高级管理人员，如对董事、高级管理人员侵害行为的损害赔偿之诉。

四、股东代表诉讼

（一）股东代表诉讼的诉权特征

股东代表诉讼又称股东派生诉讼和股东间接诉讼，是指当公司的正当利益受到控制股东、高级管理人员或者其他人的侵害，而公司拒绝或者怠于通过诉讼追究侵害人的责任以及实现其他民事权利时，具备法定资格的股东为了公司的利益，依据法定程序以自己的名义提起的诉讼。股东代表诉讼有以下特征：

（1）代表诉讼的诉权属于公司。代表诉讼是单独或少数股东代表公司所启动的一种诉讼，所以其诉权是由公司的诉权派生而来，股东本身并没有诉权。

（2）诉权的行使是为了公司的利益。因为代表诉讼是当公司的正当利益受到侵害，而公司拒绝或怠于通过诉讼追究侵害人的责任时，股东为了公司的利益而提起的诉讼。所以说该诉权的行使不是为了股东自身的利益而是为了公司的利益。

（3）诉讼的结果归于公司。由于在股东代表诉讼中诉权的行使是为了公司的利益，且在本质上诉权也属于公司，所以诉讼的结果也只能归于公司。

股东代表诉讼所具有的以上特征，使得股东代表诉讼不同于股东的股权诉讼。前者是股东为了公司的利益而进行的诉讼，后者是股东为了自身的利益而进行的诉讼；前者是一种特殊的诉讼形式，后者是一种普通的民事诉讼形式。

（二）我国《公司法》对股东代表诉讼的规定

我国《公司法》第 150 条规定："董事、监事、高级管理人员执行公司职务时违反法律、行政法规或者公司章程的规定，给公司造成损失的，应当承担赔偿责任。"第 152 条规定："董事、高级管理人员有本法第 150 条规定的情形的，有限责任公司的股东、股份有限公司连续 180 日以上单独或者合计持有公司 1%以上股份的股东，可以书面请求监事会或者不设监事会的有限责任公司的监事向人民法院提起诉讼；监事有本法第 150 条规定的情形的，前述股东可以书面请求董事会或者不设董事会的有限责任公司的执行董事向人民法院提起诉讼。监事会、不设监事会的有限责任公司的监事，或者董事会、执行董事收到前款规定的股东书面请求后拒绝提起诉讼，或者自收到请求之日起 30 日内未提起诉讼，或者情况紧急、不立即提起诉讼将会使公司利益受到难以弥补的损害的，前款规定的股东有权为了公司的利益以自己的名义直接向人民法院提起诉讼。他人侵犯公司合法权益，给公司造成损失的，本条第 1 款规定的股东可以依照前两款的规定向人民法院提起诉讼。"从上述立法规定中可以看出：

（1）董事、监事、高级管理人员执行公司职务时违反法律、行政法规或者公司章程的规定，给公司造成损失的，应当承担赔偿责任。同样，他人侵犯公司合法权益，给公司造成损失的也应向公司承担赔偿责任。这里的"他人"，包括公司的股东、实际控制人、公司的债权人、清算人及其他侵权人。

（2）股份有限公司的股东提起股东代表诉讼应符合单独或合计持股比例在 1% 以上和持股期限达 180 日以上的限制；有限责任公司的股东无出资比例和出资期限的限制。立法对股份有限公司股东持股比例和持股期限进行限制是为了防止股东滥用股东诉讼权利，也是为了平衡公司和股东的利益。

（3）股东提起代表诉讼应满足前置程序的要求：①公司拒绝提起诉讼，即监事会、不设监事会的有限责任公司的监事，或者董事会、执行董事收到股东书面请求后拒绝提起诉讼。②公司超过法定期限未提起诉讼，即监事会、不设监事会的有限责任公司的监事，或者董事会、执行董事自收到请求之日起 30 日内未提起诉讼。立法规定股东代表诉讼的前置程序是为了"竭尽公司内部救济"，也是为了防止股东恶意诉讼和滥用诉讼权利。

另外，当出现"情况紧急、不立即提起诉讼将会使公司利益受到难以弥补的损害"的情形时，可以适用前置程序的例外。即股东有权为了公司的利益以自己的名义直接向人民法院提起诉讼。

（三）适用股东代表诉讼的具体法律事由

依照我国《公司法》的有关规定，在出现以下法律事由时，股东有权提起股东代表诉讼：

（1）股东滥用股东权利损害公司利益。《公司法》第 20 条第 2 款规定："公司股东滥用股东权利给公司或者其他股东造成损失的，应当依法承担赔偿责任。"

（2）公司的控股股东、实际控制人、董事、监事、高级管理人员利用其关联关系损害公司利益。《公司法》第 21 条规定："公司的控股股东、实际控制人、董事、监事、高级管理人员不得利用其关联关系损害公司利益。违反前款规定，给公司造成损失的，应当承担赔偿责任。"

（3）董事因参与董事会决议并致使公司遭受严重损失。《公司法》第 113 条第 3 款规定："董事应当对董事会的决议承担责任。董事会的决议违反法律、行政法规或者公司章程、股东大会决议，致使公司遭受严重损失的，参与决议的董事对公司负赔偿责任。但经证明在表决时曾表明异议并记载于会议记录的，该董事可以免除责任。"

（4）发起人的过失致使公司利益受到损害。《公司法》第 95 条第 3 项规定："在公司设立过程中，由于发起人的过失致使公司利益受到损害的，应当对公司承担赔偿责任。"

（5）清算组成员因故意或重大过失给公司造成损失。《公司法》第 190 条第 2、3 款规定："清算组成员不得利用职权收受贿赂或者其他非法收入，不得侵占公司财产。清算组成员因故意或者重大过失给公司或者债权人造成损失的，应当承担赔偿责任。"

（6）董事、监事、高级管理人员侵占公司财产。《公司法》第 148 条第 2 款规定："董事、监事、高级管理人员不得利用职权收受贿赂或者其他非法收入，不得侵占公司的财产。"

（7）董事、高级管理人员挪用公司资金、将公司资金以其个人名义或者以其他个人名义开立账户储存、违规将公司资金借贷给他人或者以公司财产为他人提供担保，给公司造成损失。《公司法》第 149 条第 1 款第 1~3 项规定："董事、高级管理人员不得有下列行为：①挪用公司资金；②将公司资金以其个人名义或者以其他个人名义开立账户储存；③违反公司章程的规定，未经股东会、股东大会或者董事会同意，将公司资金借贷给他人或者以公司财产为他人提供担保；……"虽然《公司法》该条对董事、高级管理人员的上述行为未明确作出"给公司造成损失应承担赔偿责任"的规定，但依照《公司法》第 150 条的规定，只要董事、高级管理人员执行职务时违反法律、行政法规或者公司章程并给公司造成损失的，就应当承担赔偿责任。

除了上述可依《公司法》直接列出的法定事由外，实践中出现的任何对公司的损害行为，股东都可依法提起股东派生诉讼。

（四）股东代表诉讼的其他法律问题

1. 公司在股东代表诉讼中的诉讼地位问题。我国现行公司立法对公司在股东代表诉讼中的诉讼地位并未作出规定。在理论上也存在着不同的理论观点：

①共同诉讼原告说。认为公司应与提起代表诉讼的股东同为原告进行共同诉讼。其理由是股东提起代表诉讼是为了公司的利益，所以公司与股东具有诉讼目的的"共同性"。②名义被告说。认为因为公司拒绝或怠于提起直接诉讼，又鉴于诉讼结果归于公司，所以公司应为股东代表诉讼的名义被告。③无独立请求权第三人说。认为公司为股东代表诉讼中的无独立请求权的第三人，因为其对当事人争议的标的无独立的请求权，但案件的处理结果又与其有法律上的利害关系。同时认为股东代表诉讼与债权人行使的代位权诉讼构造相似，我国的司法解释已将债权人代位诉讼中的债务人列为第三人。④诉讼参加人说。认为应在我国建立诉讼参加人制度，法院应通知公司以第三人身份参加诉讼。

不管公司在股东代表诉讼中居于何种地位，普遍的观点都认为，公司是股东代表诉讼中的必要当事人。因为在许多情况下，没有公司参加诉讼，诉讼便很难进行。与此相关的一种理论认为，股东代表诉讼是将两个诉讼合二为一。第一个诉讼是针对公司的，即公司对股东的诉讼请求的拒绝；第二个是针对侵害公司的错误行为。[1]

目前在我国的股东代表诉讼的司法实践中，对公司在诉讼中地位的实际认定也各不相同，"既有法院追加公司为被告的做法，也有列公司为第三人的做法。从公司不愿起诉但又受判决约束并且对事实的查明具有重大作用的角度出发，法院倾向于把公司列为被告，若原告在起诉时没有将公司列为被告的，法院将主动追加公司作为被告方进行诉讼"。[2]

2. 股东代表诉讼的和解与撤诉问题。在普通的民事诉讼中，原告依据"民事诉讼处分原则"有权处理其实体权利和程序权利。也就是说在普通的民事诉讼中原告可以自主地决定与被告和解及自主决定是否撤诉。如我国《民事诉讼法》第51条规定："双方当事人可以自行和解。"第52条规定："原告可以放弃或者变更诉讼请求。"但由于股东代表诉讼是一种特殊的诉讼形式，诉讼的原告并不是《民事诉讼法》第108条第1项所要求的"原告是与本案有直接利害关系的公民、法人和其他组织"，也就是说原告不是为了自身的直接利益提起诉讼。所以在此种情形下，原告基于某种利益的诱惑，其行为就有可能和其所代表的公司的利益发生冲突，如原告与被告串通一气合谋损害公司及其他股东利

---

〔1〕　乔新等：《公司纠纷的司法救助》，法律出版社2007年版，第82页。
〔2〕　参见施天涛：《公司法论》（第2版），法律出版社2006年版，第447页。

益情形的出现，或原告在诉讼之外获取不当利益的情形出现等。所以就有必要对股东代表诉讼中原告的和解及撤诉权利加以一定的限制。各国的普遍做法便是确立法院对和解协议的司法审查权。规定原告与被告私下达成的和解协议要经由法院审查确认，未经法院审查并裁定确认的和解协议不能发生约束力。同样，未经法院的审查确认原告也不能自行撤诉。法院在对和解协议进行审查时应确立通知、公告、异议、听证等必要程序，即规定原告应将和解协议的内容通知公司及其他股东，在有必要的情况下还应公告。其他股东有权对和解协议提出异议，请求法院撤销和解协议。另外法院也可以采取听证的方式审查和解协议的内容并由此确认其约束力。我国现行公司立法及民事诉讼立法对股东代表诉讼的和解与撤诉问题还未作出专门规定。但有一点是有必要指明的，最高人民法院在其《关于适用〈中华人民共和国公司法〉若干问题的规定（征求意见稿）》中曾作出了以下的规定："人民法院审理股东代表诉讼案件期间，当事人达成和解协议并经公司股东会或者股东大会决议通过，原告申请撤诉或者当事人申请法院为其出具调解书的，人民法院应裁定准许撤诉或者出具调解书。"由此可以看出，最高人民法院将和解协议的审查决定权交给了公司的股东会（股东大会），这显然是不妥的。因为在目前我国的公司法实践中，在股东代表诉讼中作为对公司构成侵害的被告人，在绝大多数情况下都是公司的控股股东或者是公司的实际控制人，即使在公司董事等公司内部人作为侵权人的情形下，往往董事等内部人的行为也反映的是控制股东的意志。所以在此种情形下，把原告和被告达成的和解协议交给由被告控制的股东会（股东大会）去表决，就很难保证该和解协议的公正性，特别是在未规定作为与该表决事项具有关联关系的被告股东应回避表决的情况下。

3. 股东代表诉讼的诉讼费用担保问题。股东诉讼费用担保是指在股东代表诉讼中针对原告股东的诉讼，法院可以依被告人的申请要求原告提供一定金额担保的制度。关于在股东代表诉讼中是否有必要建立诉讼费用担保制度，在理论与立法中均有两种不同的观点和立法例：一种理论认为有必要确立诉讼费用担保制度，因为这样可以有效地阻却股东的滥诉，防止股东诉讼权利的恶意滥用，保护公司的正当利益；另一种观点认为没有必要确立诉讼费用担保制度，因为这样会增加股东代表诉讼的难度，不利于中小股东利益的保护。

目前世界各国关于股东代表诉讼费用担保制度主要存有四种立法例：①美国纽约州模式，即规定当提起代表诉讼的股东所持股份占公司已发行的股份低于一定比例且低于一定市值时，法院可以根据公司或者被告的请求，责令原告提供诉讼担保。②日本模式，即规定被告或公司只要证明原告提起诉讼是出于恶意或者不存在使公司受益之可能时，法院可以根据公司或者被告的请求，责令原告提供诉讼担保。③我国台湾地区模式，即规定只要被告提出请求，法院就可以要求原告提供担保。④《美国示范公司法》模式，即不在公司法中规定特别的诉讼费用担保制度。[1]

　　我国《公司法》152 条未对股东代表诉讼费用担保提出要求。在这一点上，股东代表诉讼有别于股东会或者股东大会、董事会决议无效和撤销之诉。因为依据《公司法》第 22 条第 3 款的规定，股东提起股东会或者股东大会、董事会决议无效和撤销之诉的，法院可以应公司的请求，要求股东提供相应的担保。我国《公司法》之所以未对股东代表诉讼的诉讼费用担保提出要求，主要基于以下原因：①我国《公司法》第 152 条在赋予股份有限公司股东代表诉讼权利时，已有持股比例和持股期限的限制，即已将股东代表诉讼权利规定为少数股东权而未规定为单独股东权。②我国《民事诉讼法》上未普遍授权法院以担保裁定限制原告起诉，提供担保并非原告提起诉讼和行使诉权的一般性条件。被告只能在原告申请财产保全时要求原告提供担保，原告未提供担保并不因此否定原告的诉讼权利。[2] ③股东代表诉讼制度在我国只是刚刚建立，确立诉讼费用担保制度不利于中小股东行使此项权利。但是最高人民法院在其《关于适用〈中华人民共和国公司法〉若干问题的规定（征求意见稿）》中，对股东针对公司董事、监事或者高级管理人员提起的股东代表诉讼，作出了"董事、监事或者高级管理人员在答辩期间内提供证据证明原告可能存在恶意诉讼情形，并申请原告提供诉讼费用担保的，人民法院应当准许"的规定。由此可以看出股东代表诉讼费用担保制度是一把双刃剑，其适用必须从中国公司体制改革实践和公司治理现实出发才能恰当的发挥其作用。

　　股东代表诉讼除了上述有关问题外还涉及其他一些问题，如股东代表诉讼中证明责任的分配问题；股东代表诉讼管辖权的确定问题；股东代表诉讼的诉讼时效问题；诉讼费用的确定和承担问题等。可以说，股东代表诉讼构成了公司诉讼中最为特殊和最为复杂的一种诉讼形式。

---

〔1〕　参见褚红军主编：《公司诉讼原理与实务》，人民法院出版社 2007 年版，第 486～487 页。
〔2〕　乔新等：《公司纠纷的司法救助》，法律出版社 2007 年版，第 82 页。

专
题
十
五

【理论拓展】

一、股东抽逃出资纠纷诉讼的法律性质

股东抽逃出资纠纷诉讼相比于其他出资纠纷诉讼有其特殊性。因为股东抽逃出资纠纷诉讼并不是严格意义上的出资纠纷诉讼。这是因为股东抽逃出资具有以下特点：①抽逃行为在公司成立之后发生，也就是说在公司成立之时抽逃出资人已履行了其出资义务，所以其在形式和实质上已取得了公司的股权，其抽逃出资行为已与出资行为无关。在有的时候也会出现股东在验资完成之后，在公司成立之前将其出资"抽回"的情形，对此种"抽逃"行为不能以抽逃出资来对待，而只能以虚假出资来对待。因为依据《公司法》第 36 条的规定，抽逃出资必须在公司成立之后。②抽逃出资不同于抽回出资，前者往往采用欺骗方式和通过秘密手段直接或间接取回出资；后者则表现为股东的退股行为（股东依法行使股份收购请求权行为），是一种明示行为。③抽逃出资往往是由公司的控股股东所为，其不仅损坏了公司的资本基础，而且侵害了公司其他股东的利益和可能构成对公司债权人利益的侵害。④抽逃出资人往往具有较明显的主观恶意，所以抽逃出资既不是出资问题也不是简单的出资瑕疵问题。正因为抽逃出资具有以上特点，所以我国的有关立法，只是明确规定了抽逃出资人的行政责任和刑事责任，而未规定抽逃出资的民事责任。如《公司法》第 201 条规定："公司的发起人、股东在公司成立后，抽逃其出资的，由公司登记机关责令改正，处以所抽逃出资金额 5% 以上 15% 以下的罚款。"《公司登记管理条例》第 71 条也作出了相同的规定。另外我国《刑法》第 159 条还规定了抽逃出资人的刑事责任。至于抽逃出资的民事责任，我国《公司法》也仅规定："公司成立后，股东不得抽逃出资。"（《公司法》第 36 条）抽逃出资人到底应承担什么民事责任？《公司法》并未作出明确规定。对此有学者认为，"依法理，如果公司股东或者发起人抽逃出资或者抽回股本，该种行为因其违反强制性法律规范而应作无效处理，所抽逃的出资或者抽回的股本应当返还给公司，给公司造成损失的，应当承担赔偿责任。同时，公司董事、高级管理人员应当承担连带责任"。[1] 据此可以得出进一步的结论，股东抽逃出资作为一种侵权行为，已不再适用股东违反出资义务而适用的差额补交或差额填补责任和缴纳担保责任，

---

〔1〕 参见施天涛：《公司法论》（第 2 版），法律出版社 2006 年版，第 179 页。

以及出资违约责任，而只应适用侵权赔偿责任。同样，如公司的董事、高级管理人员与股东抽逃出资行为存在共同故意，则应构成共同侵权，应承担连带赔偿责任。既然我们将股东抽逃出资行为定性为一种侵权行为，那么作为被侵权人的"公司"、"公司的其他股东"，以及公司的债权人均可成为股东抽逃出资纠纷诉讼的原告，并有权向作为被告的抽逃出资的股东和公司的董事、高级管理人员等提起返还之诉和侵权损害赔偿之诉。

二、公司债权人作为出资纠纷诉讼原告的地位

前面我们已经谈到，目前我国的公司立法和司法解释均未对股东出资纠纷诉讼中公司债权人的原告地位作出规定，其中最主要的原因便是公司的债权人与公司的股东并不存在直接的法律关系。在公司诉讼实践中，往往是公司债权人与公司发生纠纷时，在需要追究违反出资义务股东的"补充清偿责任"时，才会成为"出资纠纷诉讼"中的原告。至于公司债权人是否有权将违反出资义务的股东作为直接被告而提起出资纠纷诉讼，即行使"直索权"，理论普遍持否认态度，认为只有在公司人格否认之诉中公司债权人才有可能享有此项权利。[1]

鉴于公司债权人与公司股东并不存在直接的法律关系，所以公司债权人只有在追究股东"补充清偿责任"时，才具有原告的地位。关于此点，我国的《企业破产法》和最高人民法院的有关司法解释，分别规定了公司破产清算和其他形式清算时股东的"补充清偿责任"。如《企业破产法》第35条规定："人民法院受理破产申请后，债务人的出资人尚未履行出资义务的，管理人应当要求该出资人缴纳所认缴的出资，而不受出资期限的限制。"最高人民法院在公司法解释二中，专门对公司解散时所涉及的股东尚未缴纳出资的清算问题作出了规定。公司法解释二第22条规定："公司解散时，股东尚未缴纳的出资均应作为清算财产。股东尚未缴纳的出资，包括到期应缴未缴的出资，以及依照公司法第26、81条的规定分期缴纳尚未届满缴纳期限的出资。公司财产不足以清偿债务时，债权人主张未缴出资的股东，以及公司设立时的其他股东或者发起人在未缴出资范围内对公司债务承担连带责任的，人民法院应依法予以支持。"从最高法院的上述司法解释中可以看出：①公司解散时股东尚未缴纳的出资要强行划入清算财产；②在公司清算时，当公司财产不足以清偿债务时，公司的债权

---

〔1〕　参见蒋建湘：《公司诉讼研究》，法律出版社2008年版，第121页。

人不仅有权要求未缴纳出资的股东对公司的债务承担"补充清偿责任"，而且有权要求公司设立时的其他股东或者发起人承担缴纳担保责任。在这里，缴纳担保责任已不仅仅适用于股份有限公司的发起人，也同样适用于有限责任公司设立时的"其他股东"。这可以看作是对《公司法》的一个突破。

另外，我国《公司法》第208条第3款规定："承担资产评估、验资或者验证的机构因其出具的评估结果、验资或者验证证明不实，给公司债权人造成损失的，除能够证明自己没有过错的外，在其评估或者证明不实的金额范围内承担赔偿责任。"也就是说公司债权人在以下两种情形下有权追究承担资产评估、验资或者验证机构的侵权责任：①与公司发生债权债务纠纷且涉及股东违反出资义务时，如债权人的损失与承担资产评估、验资或者验证的机构有关，则公司债权人有权将有关机构作为被告，让其在评估或者证明不实的金额范围内承担赔偿责任。②在发现公司股东出资不实且评估、验资或者验证机构出具了不实报告时，可以直接要求评估、验资或者验证机构在其评估或者证明不实的金额范围内承担赔偿责任。

三、违反出资义务股东的股东资格剥夺问题

对于存在未出资、未足额出资、虚假出资、抽逃出资等违反出资义务的出资人，是否可以通过"公司除名"和"诉讼解除"方式剥夺其股东资格，我国《公司法》对此并未作出直接规定。但从《公司法》第200、201条的规定可看出，我国《公司法》对于公司的发起人和股东出现虚假出资、未交付出资、未按期交付出资、抽逃出资情形的，并未对违反出资义务的股东作出当然剥夺其股东资格的规定，而是采取了由登记机关责令改正和处以相应罚款的措施。也就是说我国《公司法》对违反出资义务的股东只是采取了补缴出资、缴纳担保、责令改正、处以罚款等民事和行政措施。

虽然我国《公司法》未明确规定公司享有对违反出资义务股东的除名权利，但在现实生活中，已有公司对于违反出资义务的股东采取了除名的措施。另外，中外合资经营企业立法对中外合资企业也早已采用了除名制度。原国家对外经济贸易部、国家工商行政管理局在《中外合资经营企业合营各方出资的若干规定》第7条第1款中规定："合营一方未按照合营合同的规定如期缴付或者缴清其出资的，即构成违约。守约方应当催告违约方在一个月内缴付或者缴清出资。逾期仍未缴付或者缴清的，视同违约方放弃在合营合同中的一切权利，自动退

出合营企业。"另外公司的此种权利也为域外立法所采纳。美国《示范公司法》6.20节款规定："如果在公司设立前认购股份的认购人未能依约给付金钱或者财产，公司可以像收取其他债务一样予以收取。如果认购人在公司对其发出书面履行要求20日后，仍未能清偿该债务，那么除非认购协议另有规定，公司可以废除认购协议，并出售股份。"《德国有限责任公司法》第21条第1款规定："在拖延支付的情形，可以对拖延支付的股东再次颁发一项惩戒性催告，催促其在一个待定的宽限期限内履行支付，否则即将其连同应当支付的股份一并除名。该项催告以挂号信发出。宽限期必须至少为1个月。"

结合我国的公司立法和公司法实践可以看出，违反出资义务的股东并不会因为其违反出资义务而必然被剥夺其股东资格，但如果公司基于自身利益需要也可以通过必要的程序对违反出资义务的股东自主行使除名的权利。公司可以通过替代出资或者减资等方式消除违反出资义务股东的违约行为和其行为可能给公司造成的损害。

除了公司可自主采用除名方式剥夺股东资格外，是否还可以采取诉讼方式请求法院依法解除股东资格？对此还无定论性的意见。主导性的观点认为，在公司已采取了必要的内部救济措施仍然无法消除违反出资义务股东的违约行为的情况下，在公司履行了必要的决议程序（如股东会决议、减资决议等）后可以请求法院判决解除被告股东的股东资格。

对于依然保留股东资格的违反出资义务的股东，其股东权的行使理应受到一定的限制。对此依照我国《公司法》第35条的规定，有限责任公司的股东只能按照实缴的出资比例分取红利；同样也只能按照实缴的出资比例优先认缴新增出资。除此之外，对违反出资义务股东的表决权亦应作出必要限制。

【法律链接】

《日本公司法》关于公司诉讼的有关规定。

第830条 股东大会等决议不存在或无效的确认之诉："就股东大会、种类股东大会、创立大会或种类创立大会的决议，可以诉讼方式请求确认决议不存在。就股东大会等的决议，可以决议的内容违反法令为由，以诉讼方式请求确认决议无效。"

第831条 股东大会等决议的撤销之诉："在以下各项所列的情形下，自股东大会等决议之日起的3个月内，股东等（在该各项股东大会等为创立大会或种类创立大会的情形下，为股东、设立时股东、设立时董事或设立时监事）可以诉讼方式请求撤销该决议。因该决议的撤销成为董事、监事或清算人［在该决议为股东大会或种类股东大会决议的情况下，含依346条第1款规定的有作为董事、监事或清算人权利义务的人；在该决议为创立大会或种类创立大会决议的情形下，含设立时董事或设立时监事］的人，亦同：①股东大会等的召集程序或决议方法，违反法令、章程或严重不公正的；②股东大会等决议的内容违反章程的；③就股东大会等的决议，因有特别利害关系人行使表决权，作出严重不当的决议的。在提起前款诉讼的情形下，即使股东大会等的召集程序或决议方法违反法令或章程，法院认为其违反的事实不严重，且对决议未产生影响的，可驳回依同款规定的请求。"

第833条 公司解散之诉："在下列情形下，有不得已的事由的，持有全体股东（就股东大会上所有可决议的事项，不得行使表决权的股东除外）表决权的1/10（章程规定更小比例的，为该比例）以上表决权的股东或已发行股份（自己股份除外）的1/10（章程规定更小比例的，为该比例）以上数量股份的股东，可以诉讼方式请求解散股份有限公司：①股份有限公司在业务上执行上处于严重困难的状况，对该股份有限公司产生不能恢复的损害，或有产生不能恢复的损害危险的；②股份有限公司财产的管理或处分严重失当，并危及该股份有限公司的存立的；在有不得已的事由的情形下，份额公司的社员可以诉讼方式请求解散份额公司。"

【思考案例】

张某系"K房地产开发有限责任公司"（以下简称K公司）的两个股东之一，其持有K公司50%的股权。2004年9月14日张某因交通事故意外死亡，2006年3月28日张某的4位法定继承人达成股权继承协议，决定由该4人均等继承张某在K公司的股权，并要求K公司协助办理股权过户登记手续，但K公司另一股东牛某（K公司董事长）以张某之父私扣K公司有关证照为由拒不协助办理股权过户手续，且将张某之父以侵权为由起诉到法院，后在法院的主持下达成调解协议。协议确认张某之父返还K公司证照，K公司负责协助办理股权过户手续，但调解书生效后牛某仍以种种借口不执行调解协议，后张某之父向法院提出强制执行申请，法院作出裁定确认了张某的4个继承人对张某在K公司股份的合法继承权，并责令牛某执行调解协议中所确认的协助办理股权过户的义务，但牛某至今仍未执行。

2007年3月张某之父以股东身份向法院提起诉讼，要求 K 公司召开股东会并要求公开 K 公司财务账目。牛某认为股权变更尚未进行，张某之父不具有合法的股东资格，其无权以股东身份要求召开股东会。后法院在其判决中确认了张某之父具有股东资格，其可依法行使股东权利，但又认为有权召集股东会的主体为"公司董事会、执行董事、监事会、代表1/10以上表决权的股东"，认为张某之父无权召集股东会，故驳回了张某之父的诉讼请求。

2007年11月张某之父以股东身份向某中级法院提起诉讼，要求解散 K 公司，但法院以张某之父尚未取得股东资格为由拒绝受理此案。

请分析回答：

1. 张某的四个继承人是否具有 K 公司股东资格？其可否行使股东权利？为什么？

2. 法院判决中认为张某之父虽具有股东身份，但无权要求 K 公司召开股东会，其理由是什么？

3. 张某之父向某中级法院提出要求解散 K 公司的诉讼请求能否成立？法院应否受理？为什么？

4. 某中院以张某之父不具有股东身份而拒绝受理此案时，还指出张某之父应先提起确权之诉，然后再提起解散 K 公司诉讼。请问该建议是否适宜？为什么？

5. 在本案的诉讼过程中作为原告的张某之父有哪些诉讼策略上的失误？

专题十六

公司变更

【应用指南】

一、公司资本的增加和减少

公司资本作为公司财产的主要来源和公司的信誉基础，对公司、公司股东和公司债权人均具有重要的意义。特别在大陆法系国家，由于公司资本不变原则的要求，所以对公司资本的增加和减少均规定了较严格的条件和程序。

（一）公司资本的增加

公司资本的增加（增资），是指公司通过法定程序增加公司注册资本总额的行为。公司通过增资可以扩充公司的资本额，特别是通过"实际增资"方式不仅可以扩大公司的资本额，还可以同时扩大公司的财产总额，强化公司的投资能力和企业规模。

1. 增资的方式。公司增加资本可以采用以下方式：

（1）增加出资（增资）。该种增加资本方式主要适用于有限责任公司。在具体适用上有两种方式可供选择：①由本公司原股东或本公司原股东及新的出资人向公司增加或认缴新的出资；②由公司用公积金向原股东转增股本。

（2）发行新股（扩股）。该种增加资本方式主要适用于股份有限公司。在具体适用上也有两种方式可供选择：①由本公司向原股东或本公司原股东及新的出资人增发新股；②由公司用公积金向原股东转增股份。

对上述两种主要的增加资本方式还可以从不同的角度做出以下的区分：如可区分为实质增资和形式增资。前者是指通过增资不仅仅增加了公司的注册资本，而且也同时增加了公司的财产；后者是指通过增资只是增加了公司的注册资本而未同时增加公司的财产。凡是认缴新的出资和认购新股的增资均为实质增资，而凡是公积金转增股本（股份）的增资均为形式增资。另外还可以将增资区分为追加性增资和分配性增资。追加性增资等同于实质增资，而分配性增资等同于形式增资。由于形式增资（分配性增资）是将公司的公积金以转增股本（股份）的方式分配给公司的原股东，而公积金本属于股东权益（股东权益包括股本、公积金、未分配利润），所以公司用公积金转增股本（股份）也是一种股利分配方式。用转增股本（股份）的方式增资虽然可以在形式上增加公司的注册资本，但同时也会稀释公司股份的每股收益。

（3）债权转股权。即将公司债权人对公司拥有的债权转换为对公司的股权。债权转股权的结果是在减少了公司负债的同时增加了公司股本。大多数国家的《公司法》和《证券法》均规定股份有限公司有权发行可转换公司债券。可转换公司债券是一种可以在特定时间按特定条件转换为公司普通股股份的特殊公司债券。

2. 增资的条件和程序。鉴于增资（特别是实质增资）会增加公司的资本基础，会强化对公司债权人利益的保障，所以公司立法对公司增资的条件往往不作特别的强制性规定。同时也无需履行债权人保护程序。但在实行授权资本制的国家，立法往往规定公司在发行完章程所定的股份总额之前不得增发新股。由于我国公司立法未确立授权资本制度，所以《公司法》未对公司增资的一般性条件作出规定。《公司法》和《证券法》只是对股份有限公司增发新股，特别是上市公司增发新股作出了较为严格和详细的规定。但由于增资会改变公司原有的股权结构或者会稀释（形式增资）股东的股份权益，所以增资应履行一定的法律程序。

（1）股东会（股东大会）作出决议。依据《公司法》第38、100条的规定，当公司决定增加资本时，应由公司股东会（股东大会）对该事项作出决议。鉴于公司增加资本为公司的重大事项，所以《公司法》第44、104条分别规定，有限责任公司股东会对增加资本作出决议，必须经代表2/3以上表决权的股东通过；股份有限公司增加资本的决议，必须经出席会议的股东所持表决权的2/3以上通过。

（2）股东出资。依据《公司法》第179条的规定："有限责任公司增加注册资本时，股东认缴新增资本的出资，依照本法设立有限责任公司缴纳出资的有关规定执行。股份有限公司为增加注册资本发行新股时，股东认购新股，依照本法设立股份有限公司缴纳股款的有关规定执行。"

（3）办理增资变更登记。依照《公司法》第 180 条第 2 款的规定："公司增加或者减少资本，应当依法向公司登记机关办理变更登记。"

（二）公司资本的减少

公司资本的减少（减资），是指公司通过法定程序减少公司注册资本总额的行为。根据资本不变原则的要求，无法定情形公司一般不得减少公司的资本，但一般存有以下两种情形时公司可以通过法定程序减少公司资本：①在公司的资本过剩导致资本闲置和浪费时；②在公司经营不善、亏损严重，导致公司资本额与公司实有财产差额悬殊时。公司减少资本既有可能带来公司财产的减少（实质减资），也可能不带来公司财产的减少（形式减资）。所以当实施公司减资（实质减资）时，不仅会减少公司的资本额，而且会影响公司债权人就公司财产的担保利益。为此各国公司立法对公司资本的减少均规定了较为严格的条件和程序：

1. 减资的方式。公司减少资本可以采用以下方式：

（1）减少股份金额。减少股份金额是指降低股票的面值，使公司资产的价值和股份金额（股票面值）基本相一致。减少股份金额往往是在公司严重亏损，公司实际资产远远低于公司资本时采取的减资方式。减少股份金额是一种形式减资方式。也就是说，此种减资只是减少了公司的注册资本额，并不实际减少公司的财产。

（2）退还股款或免除股东未缴股款。退还股款是指对已足额缴纳股款的股东将其缴纳的部分股款予以退还。免除股东未缴股款是指免除尚未足额缴纳股款的股东未缴纳股款部分的缴纳义务。退还股款和免除股东未缴股款往往是在公司资本充盈或资本过剩的情形下使用，该两种减资方式是实质减资方式。也就是说，此种减资不仅减少了公司的注册资本，而且实际上减少了公司的财产。

（3）减少股份总数。减少股份总数是指公司通过销除股份或合并股份的方式减少股份的总数。销除股份可分为无视股东意思的强制销除和公司通过与股东签约并取得股份后进行的任意销除。强制销除是一种无偿销除，是在公司亏损时公司无需向股东支付任何对价而进行的一种股份销除，属于形式减资。任意销除是一种有偿销除，是在公司征得股东同意后以一种股份回购的方式销除股份，属于实质减资。而合并股份是指采取"两股合一股"或"数股合一股"的方式减少股份总数。合并股份也是在出现公司严重亏损，公司实际资产远远低于公司资本情形时采取的一种减资方式，它也属于形式减资。

2. 减资的条件和程序。鉴于减资在大多数情况下反映了公司资本的消极变化状态，所以"各国公司法大多对公司减资作了严格的限制：减资不得使公司资本低于法定的最低发行资本额；减资必须符合法定内部和外部的程序；减资不得损害债权人和相关股东的利益"。[1] 我国《公司法》对减资的实体性条件作出了两方面的规定：一是规定公司减资后的注册资本不得低于法定的最低限额；二是规定债权人有权要求公司清偿债务或者提供相应的担保。我国《公司法》规定的减资程序为：

（1）股东会（股东大会）作出决议。决议方式和公司增资的要求相同。

（2）公司编制资产负债表和财产清单。《公司法》第178条第1款规定："公司需要减少注册资本时，必须编制资产负债表及财产清单。"

（3）通知、公告债权人。依据《公司法》第178条第2款的规定，公司应当自作出减少注册资本决议之日起10日内通知债权人，并于30日内在报纸上公告。

（4）进行债务清偿或者提供担保。依据《公司法》第178条第2款的规定，债权人自接到通知书之日起30日内，未接到通知书的自公告之日起45日内，有权要求公司清偿债务或者提供相应的担保。

（5）办理减资变更登记。依照《公司法》第180条第2款的规定："公司增加或者减少注册资本，应当依法向公司登记机关办理变更登记。"

最后有一点需要补充说明的是在有些国家（如法国、西班牙等）的公司法中就明确规定当亏损达到一定额度时，公司必须实施减资，以保证公司的资本与公司的实际财产保持相当。另外还有一些国家的公司立法规定了债权人的减资停止请求权和减资无效的诉讼权。我国的公司立法对此未作出相应的规定。[2]

二、公司的合并与分立

（一）公司合并

1. 公司合并的含义及其法律性质。公司合并是指两个或两个以上的公司依照法律程序在经济和法律上结合为一个公司的法律行为。我国及大多数国家的公司法均未对公司合并的概念作出规定。在许多情况下，"合并"与"改组"、

---

〔1〕 沈四宝：《西方国家公司法原理》，法律出版社2006年版，第191页。

〔2〕 参见高在敏主编：《公司法》，法律出版社2008年版，第176～177页。

"收购"、"兼并"作为同一概念替代使用或交互使用，如在英国、我国香港的有关公司立法中就规定"公司合并"是指两个或两个以上的公司联合组成一个新公司或一公司以取得股份的方法掌握两个或两个以上公司的控制权。[1] 显然这里的"公司合并"就包括了控股收购。

关于公司合并的法律性质，在理论上存有不同的解说：①人格合一说。此说认为合并是公司之间的一种组织法上的特别合同，作为合同的效果，产生包括继承"解散公司"的权利义务和收容其股东的法律事实。此种解说为多数说，它强调了合并行为的"特别合同"性质及其组织法上的法律后果，使"合并"行为与"收购"行为的法律性质得以区分。②现物出资说。此说认为合并是将"解散公司"所有营业作为现物出资而实施的存续公司的新股发行或新公司设立的法律行为。此说强调了"资产结合"这一特征，但在一些情况下被"解散公司"的资产未必都为正值，当资产为负资产时就很难将"解散公司"的合并行为认定为"出资"。③社员非现金出资说。此说认为合并是"解散公司"股东将其持有股份作为现物出资标的物向存续公司或新设公司出资的法律行为。此说与现物出资说差异并不大，其不同点是将"解散公司"的出资形式由"现物"改为了"股份"。[2]

无论在法理上对公司合并的性质做出如何解说，我们都可以从公司合并的诸多特点中概括出以下几方面的基本法律特征：①公司合并是一种具有组织法（团体法）特征的合同。因为公司合并不仅仅是一种公司组织的变更，同时还是合并各方为实现"人格合一"而进行的一种交易即公司合并各方必须通过签订公司合并协议来完成合并。②公司合并虽然会发生原有公司人格消灭的法律后果，但由于存续公司或者新设公司要以概括承受的方式取得"解散公司"的全部财产和债权债务，所以公司合并无需经过清算程序。③由于公司合并既涉及公司组织的变更，同时又涉及公司的交易行为，所以公司的合并必须依照法律程序进行。

公司合并的经济意义是为了实现公司的紧密联合，强化公司的竞争实力和在更大的规模上配置公司的资源。

2. 公司合并的两种基本法律形式。我国《公司法》第 173 条第 1 款规定：

---

〔1〕 张汉槎：《香港公司法原理与实务》，科学普及出版社 1994 年版，第 210 页。

〔2〕 参见〔日〕末永敏和：《现代日本公司法》，金洪玉译，人民法院出版社 2000 年版，第 239 页。

"公司合并可以采取吸收合并或者新设合并。"也就是说我国公司法主要规定了两种公司基本合并形式。

（1）吸收合并（存续合并），是指在两个或两个以上公司合并的过程中，其中一个公司因吸收了其他公司而成为存续公司，而其他公司则在消灭原有法人资格后归入前一个公司。我国《公司法》第173条第2款规定："一个公司吸收其他公司为吸收合并，被吸收的公司解散。"我们可以将吸收合并直观的描述为：A＋B＋C…… ＝A′。这里的B、C公司为解散公司，A′公司为A公司的存续公司。吸收合并在我国和一些国家也被称为"兼并"，它是最能体现市场优胜劣汰竞争法则的一种公司合并形式，为多个国家的公司立法所规定。这种合并形式的特点就是在合并中，存续公司不但依然保留原有的法律人格，而且同时概括的承受了被吸收公司（解散公司）的财产、债权和债务。

（2）新设合并（创设合并），是指在某一合并过程中，参加合并的所有公司都消灭原有的法人资格，而后组成一个全新的法人实体。我国《公司法》第173条第2款规定："两个以上公司合并设立一个新的公司为新设合并，合并各方解散。"我们也可以将新设合并直观的描述为：A＋B＋C…… ＝D。这里的A、B、C公司均为解散公司，D公司为新设公司。新设合并也被称为狭义的"合并"，其基本法律特征是，参与合并的公司其法律人格均因合并的发生而丧失（公司被解散），各合并公司的资产、债权和债务均由合并后产生的新公司承受。

除了上述两种基本合并方式之外，许多国家的立法（如美国《特拉华州公司法》、《美国示范公司法》、《德国公司改组法》等）还规定了小规模简易合并方式和控制公司与从属公司之间的简易合并方式。所谓小规模简易合并方式，是指在大公司对小公司的合并中，如果合并后存续公司的新增股本不会对存续公司原股东的利益产生实质性改变，可免除股东大会决议程序，使合并程序更加简洁和有效。而控制公司与从属公司之间的简易合并方式则是针对控制公司持有从属公司股权（股份）达一定比例（如90%）所适用的一种无需股东会（股东大会）决议的又一种简易合并方式。

3. 吸收合并的具体形式。在实际运作中，可采取以下方式完成公司的吸收合并：

（1）现金购买股份方式。存续公司以现金购买被吸收公司的全部股份，并解散被吸收公司。

（2）现金购买资产方式。存续公司以现金购买被吸收公司的全部资产，被吸收公司再以取得的现金付给公司股东，并解散被吸收公司。

（3）以股份购买股份方式（以股换股方式）。存续公司向被吸收公司股东定向发行一部分股份并以一定比价与被吸收公司的股东进行换股，在使被吸收公司的股东全部成为存续公司的股东的同时，将被吸收公司的全部资产（包括债务）并入存续公司。

此种形式的合并是公司间实现合并的最经典方式，存续公司可在"零成本"的情况下完成合并，使合并演变为一种特殊意义上的合作。

4. 新设合并的具体形式。在实际运作中，可采取以下方式完成公司的新设合并：

（1）净资产相加方式。将拟进行合并公司的净资产进行相加，然后组建一个新公司，同时原有公司全部解散。

（2）净资产折股方式。组建一个新公司并定向发行一定数量的股份，拟进行合并公司的股东均按一定的比价换取新公司的股份。在拟合并公司股东成为新公司的股东的同时将拟合并公司的资产全部并入新公司，同时解散原旧公司。

5. 公司合并的程序。依照我国《公司法》的有关规定，公司合并要履行以下程序：

（1）订立合并协议。我国《公司法》第 174 条规定，公司合并应当由合并各方订立合并协议。但我国的《公司法》对有关合并协议的具体内容并未作出规定。一般来讲，公司的合并协议应由公司的董事会（执行董事）负责拟定，其主要内容包括：合并各方当事人情况，合并形式，对价支付，章程修改和章程变更，新股发行事项，换股比例，合并后公司管理机构及管理人员，合并后存续公司或新设公司的资本总额，合并协议的表决及生效等。

（2）股东会决议。公司合并作为一种公司组织变更事项，当属公司重大事项，其不仅属于股东会（股东大会）才有权决议的事项，同时大部分国家的公司立法也将该事项作为特别决议事项来对待。依据我国《公司法》第 44、104条的规定，有限责任公司股东会对公司合并作出决议，必须经代表 2/3 以上表决权的股东通过；股份有限公司对公司合并作出决议，必须经出席会议的股东所持表决权的 2/3 以上通过。

（3）编制资产负债表和财产清单。我国《公司法》第 174 条规定，公司合并，应当由合并各方编制资产负债表及财产清单。编制资产负债表是为了列明合并各方资产、债务及股东权益情况；编制财产清单是为了列明合并各方的财产形式和财产价值。其总的目的是为公司合并提供财产和财务依据，同时使合并各方股东及公司债权人了解合并各方的财产、财务真实情况。

（4）通知、公告债权人。《公司法》第 174 条规定："公司应当自作出合并决议之日起 10 日内通知债权人，并于 30 日内在报纸上公告。债权人自接到通知书之日起 30 日内，未接到通知书的自公告之日起 45 日内，可以要求公司清偿债务或者提供相应的担保。"通知、公告债权人是公司合并过程中合并各方必须履行的一种法定义务，其目的依然是为了保护债权人的利益。按照上述立法规定，对公司合并持有异议的公司债权人可以要求公司清偿债务或者提供相应的担保。另外从上述立法规定可以看出，我国现行公司立法对债权人异议权的成立未设定任何条件（如债权因合并而受到损害等），也就是说公司的债权人可以自主且无条件地对公司的合并表示异议。

（5）办理公司变更、注销或设立登记。《公司法》第 180 条第 1 款规定："公司合并或者分立，登记事项发生变更的，应当依法向公司登记机关办理变更登记；公司解散的，应当依法办理公司注销登记；设立新公司的，应当依法办理公司设立登记。"

6. 公司合并的无效。公司合并的无效是指公司合并的内容或程序存在瑕疵导致合并不发生法律效力的情形。我国现行《公司法》未对合并无效作出规定，但许多国家的商法或者公司立法都对合并无效作出了规定。如日本的立法将合并无效的原因规定为以下几个方面：①存续公司或新设公司未具备规定资格时；②未制定合并契约书时；③合并契约书缺少法定内容时；④承认合并的契约被取消或无效，或构成不存在原因时；⑤不能实行保护债权人的程序时；⑥违反独断禁止法时等。[1] 鉴于公司的合并是导致公司组织形式变更的重大事项，所以为了防止针对公司合并的"无效主张"出现泛滥，对合并无效的确认只能通过诉讼的方式来实现。在合并诉讼中，一般作为诉讼的原告主要是合并各方的股东和债权人，但也有的国家法律将董事、小公司以外的监事、清算人、破产财产管理人等规定为原告人（如日本）。合并无效之诉的被告人应该是存续公司或者新设公司。在一般情况下，宣告公司合并无效的判决本身，并不影响存续或者新设公司在合并生效之后、判决公告之前所负债务的效力，而且应由合并

---

〔1〕 参见［日］末永敏和：《现代日本公司法》，金洪玉译，人民法院出版社 2000 年版，第 247～248 页。

各方对债务承担连带责任。

（二）公司的分立

1. 公司分立的含义及其法律性质。公司分立是指一个公司依照法律程序在经济上和法律上分为两个或两个以上公司的法律行为。我国《公司法》虽然第9章对公司分立作出了规定，但亦未明确规定"公司分立"的概念。公司分立与公司合并一样均为公司组织的变更，只不过公司合并是一种公司的结合，公司分立是一种公司的分割。许多国家的相关立法都确立了公司的分立制度。公司分立的法律性质表现为：①公司分立是公司实施的一种具有组织法特征的法律行为，公司分立会产生公司人格的分割。②公司的分立虽然也可能涉及合同关系（如当涉及分立前的债务承担时或者当公司实施合并分立时），但由于大部分情况下分立都是在原公司内部进行的，所以公司分立更多的体现为公司自身的一种计划（分立计划），而不主要体现为一种合同。此点是公司分立与公司合并的主要不同。③公司分立虽然是按照公司的分立计划进行的，但分立计划的制订、表决以及分立程序的履行均须依照法律的规定进行，所以公司的分立也是一种法律行为。

公司分立的经济意义是为了更好地实现公司的产业化和专业化分工，提高主体的运营效率和调整公司的组织形式及资本结构。

2. 公司分立与公司资产转让的区别。公司分立与公司资产转让虽然在表面上都会发生公司原有资产的减少，但在法律性质上二者并不是同一种法律行为，两者的区别表现在以下几个方面：①公司分立是一种公司资产的分割，其并不发生资产对价的取得；公司资产的转让是一种资产的交易，转让方要取得相应的转让对价。②公司实施分立后原公司的资产因资产的分割而减少；公司资产的转让因转让对价的取得使转让方的资产并未发生价值的改变。③公司的分立一般会产生公司组织（人格）的变更；公司资产的转让不会发生公司人格的变更。④公司分立会产生新的营业关系，而资产的转让不会影响原公司的营业。⑤公司的分立会引起原投资关系（股权关系）的变化；公司资产的转让不会引起原投资关系的变化，其在法律本质上只是一种交易关系。

3. 公司分立的基本形式。我国《公司法》并未对公司分立的具体形式作出规定，但从各国的公司立法和公司法实践来看，公司的分立主要有以下三种形式：

（1）存续分立（派生分立），是指一个公司分立成两个或两个以上的公司，而原公司继续存在。存续分立是在保留原公司人格的前提下将原公司的部分资产或营业分割出去作为出资成立一个或数个新公司。

（2）新设分立（解散分立），是指一个公司分解为两个或两个以上的公司，原公司主体资格归于消灭。新设分立是一种消灭原公司主体资格的公司分立方式，其不仅要分割原公司的资产或营业，而且要分割（消灭）原公司的人格，是将原公司"一分为几"的公司分立方式。

（3）合并分立，是指公司因分立而与一个或数个现存公司进行合并的法律行为。也就是说合并分立是公司通过向一个或者数个现存的公司转移其全部或者部分资产或营业而进行的分立。依公司在合并分立后是继续存在还是消灭可将合并分立区分为存续合并分立与新设合并分立。

虽然我国的《公司法》对公司的分立形式至今仍未作出规定，但在外经贸部和国家工商行政管理局发布的《关于外商投资企业合并与分立的规定》中，针对外商投资企业已规定了存续分立和新设分立两种分立形式。但通过考察国外的商事立法（如《法国商法典》、《德国公司改组法》、《韩国商法典》等）可以看出，许多国家的立法在确认了存续分立和新设分立的同时，也都规定了合并分立。如《法国商法典》第371条（1988年1月5日第88-17号法律）第2款规定："一个公司也可通过分立形式，将公司资产转移给几个现存公司或者几个新公司。"另外《澳门商法典》第293也规定，公司得"拨出部分财产，或解散而在解散时将财产分成两份或多份，以便与已存立之公司合并，或与为同一目的以同一程序从其他公司分离之部分财产合并"。

将合并分立也确定为一种公司分立方式，在公司法实践中具有重要的意义。当出现公司以分割资产方式向现存的其他公司出资时，其也应按照公司分立的程序履行债权人保护程序，这样有利于防止公司以转投资的方式损害公司债权人和公司股东的利益。

4. 公司分立的程序。由于公司分立程序是与公司合并程序相反的程序，所以一般立法都对其设置了与合并程序类似的程序内容。依照我国《公司法》的有关规定，公司的分立也应经过以下程序：股东会（股东大会）决议；制定分立计划；编制资产负债表和财产清单；通知或者公告债权人；办理分立登记手续等。公司分立程序不同于公司合并程序的特殊之处在于：①公司分立主要表现为公司对自身财产的处置及人格的变更，所以当公司采用存续分立和新设分立时，其所依据的主要是分立计划，而不是协议（在采用合并分立时也会产生拟分立公司与现存公司的协议问题）；②公司分立不仅涉及对原公司财产的分割，而且还会涉及对原债权债务的分享和分担，所以对公司债权人利益的保护具有特别的意义。

5. 公司分立对利害关系人的保护。公司分立对利害关系人的保护主要表现为对公司债权人利益的保护和对少数股东利益的保护。

（1）对公司债权人利益的保护。我国《公司法》第176条规定，公司应当自作出分立决议之日起10日内通知债权人，并于30日内在报纸上公告。《公司法》第177条规定："公司分立前的债务由分立后的公司承担连带责任。但是，公司在分立前与债权人就债务清偿达成的书面协议另有约定的除外。"由上述规定可以看出：①现行立法并未对债权人的异议权作出规定，也就是说对异议债权人作出清偿和提供担保不是公司分立的必要程序；②如果在分立前公司与公司债权人就债务清偿达成了书面协议，则公司分立后原债务的分担与清偿按协议执行；③如果在分立前公司与公司债权人未就债务清偿达成书面协议，则公司分立后原债务由分立后的公司（包括存续公司、新设公司）承担连带责任。分立后的各公司如对原债务的分担有约定的按约定执行，如未作约定的按分立时的资产分割比例分担。

需要指出的是，我国现行公司立法对公司分立时债权人利益的保护还不够充分。主要表现在：①未明确规定异议债权人的债务清偿和债务担保请求权；②未规定公司对未履行或未适当履行通知、公告债权人义务的行为应承担的法律后果。也就是说，我国现行立法未能体现出在公司分立过程中对债权人利益的特别保护。这不利于限制为逃避债务而化整为零的分立行为及其他逃避债务的分立行为。在这方面其他国家的有关立法为我们提供了借鉴，如日本的立法在公司分立债权人保护方面就规定了以下内容：①公司在作出公司分立的股东大会决议之日起2周内，应在官方报纸上刊登公告，并且对知情的债权人也要个别催告；②对申报的债权人原则上应采取清偿或担保等措施；③对未收到个别催告的债权人不管分立计划书如何记载，分立的公司也应该以分割期日现存的财产价额为限承担连带责任；④未收到个别催告的债权人既包括已明确但未收到个别催告的债权人，也包括未明确而不能催告的债权人。

（2）对中小股东利益的保护。在公司合并与分立中对原公司中小股东利益实施保护的主要法律方式是赋予异议股东的股权（股份）收买请求权。也就是说当公司决定合并或分立事项时，虽然公司的中小股东可通过行使表决权反对该合并或分立事项，但由于受中小股东表决权数额的限制，往往难以阻止决议事项的表决通过。所以赋予异议股东（往往是中小股东）股权（股份）收买请求权，就可给中小股东一种退出公司的选择权。许多国家的公司立法均规定了该种权利。依据我国《公司法》第 75 条的规定，当有限责任公司决定公司合并、分立、转让主要财产事项时，对股东会该项决议投反对票的股东可以请求公司按照合理价格收购其股权。另外《公司法》第 143 条也规定，当出现股东对股东大会作出的公司合并、分立决议持异议，要求公司收购其股份的情形时，公司可以收购该股东所持有的本公司股份。

三、上市公司的收购

（一）公司收购法律制度的一般理论

1. 收购的概念。收购是指收购人通过股份转让获得另一公司的股份并达到一定比例从而取得对该公司实际控制权的行为。上市公司收购是指收购人通过证券交易场所为取得某上市公司的控制权而进行的收购。

2. 收购法律关系中的当事人。

（1）收购人，是指通过受让某公司股份获得或试图获得该公司控制权的人，包括自然人、法人或其他经济组织。收购人包括股份持有人、股份控制人和一致行为人。股份持有人是指在公司股东名册上登记在册的人；股份控制人是指股份未登记在其名下，但可通过某种股权控制关系控制由他人持有股份的人；一致行为人是指通过协议、合作、关联方关系等安排，通过其中任何人取得某公司股份以取得或巩固对某公司控制权的人。

（2）被收购人，是指被收购的目标公司，可分解为被收购的公司、被收购公司的股东和被收购公司的董事会。但无论采取何种收购方式，收购的标的只能是目标公司的股份，收购人交易的对方为持有该目标公司股份的股东。

3. 收购的法律特征。

（1）公司收购的主要目的是取得控股权。在有的情况下，公司也会采取两步收购的方式而实现对目标公司的兼并目的。

（2）公司收购的客体是目标公司的股权（股份）或资产。所以公司收购既可以表现为股权（股份）收购，也可以表现为资产收购。

（3）公司可以采用协议的方式收购，也可采用公开要约的方式收购。

（4）公司收购主要表现为投资行为，而不是单纯的资产买卖行为。

4. 收购的方式及手段。按照我国《证券法》的规定，上市公司的收购方式主要包括了协议收购、要约收购两种基本方式。另外我国证监会发布的《上市公司收购管理办法》还规定了定向收购、间接收购和行政划转方式。上市公司收购的手段主要是现金、可依法转让的证券（股票、债券、基金）以及现金和证券的结合。

5. 收购的类型。依照不同的划分标准可以将公司的收购划分为以下几种类型：①按照收购方式的不同，可将公司收购分为要约收购、协议收购；②按收购方的收购行为是出于自愿还是法定义务，可将公司收购分为自愿收购和强制收购；③按收购股份数额的多少，可以将公司的收购分为部分收购和全部收购；④按收购对价支付方式的不同，可以将公司收购分为现金收购、证券收购和现金与证券的混合收购；⑤按收购人是否是公司的股东，可将公司的收购分为直接收购和间接收购；⑥按目标公司的股东是否愿意接受收购，可以将公司收购分为恶意收购和善意收购。[1]

（二）协议收购

1. 概念和特点。协议收购是指收购人通过与目标公司的股东协商，达成股权收购协议，并按照协议所规定的收购条件、收购价格、收购期限以及其他规定事项，收购目标公司股份的方式。

协议收购的特点表现为：①主体具有特定性；②可与集中竞价交易方式同时使用；③交易程序相对简单，交易成本相对较低。

2. 协议收购程序。依照我国《证券法》及中国证监会《上市公司收购管理办法》的有关规定，上市公司协议收购应履行以下程序：①达成收购协议，制作收购报告书；②报送（向中国证监会）、抄报（向证监会派出机构）、抄送（向证券交易所）报告书，通知被收购公司，并发布提示性公告；③公告收购报告书，履行收购协议；④协议收购股份达到目标公司已发行股份30%或以上时，应当依法向该上市公司的股东发出全面要约或者部分要约或申请豁免；⑤申请办理股份转让和过户登记手续。

（三）要约收购

要约收购是指收购人通过向目标公司的股东发出购买其所持该公司股份的书面意思表示，并以其公告的收购要约中所规定的收购条件、收购价格、收购期限及其他收购事项，收购目标公司股份的方式。

---

〔1〕　参见程淑娟、杨春平：《证券法理论与实务》，中国政法大学出版社2008年版，第138~140页。

要约收购的特点表现为：①受要约人为目标公司所有的股东；②要约中的股份收购价格应高于市场价格；③要约不得附其他附带条件。

（四）我国上市公司要约收购法律制度的主要内容

我国《证券法》及中国证监会《上市公司收购管理办法》针对上市公司要约收购主要规定了以下内容：

1. 要约收购的一般性要求为：①预定收购的股份的比例不得低于该上市已发行股份的 5%。②收购人应公平对待被收购公司的所有股东，各项收购条件适用于被收购公司所有股东。③以终止上市公司的上市地位发出全面要约的，或者向中国证监会提出申请但未取得豁免而发出全面要约的，应当以现金支付价款；以依法可以转让的证券支付收购价款的，应当同时提供现金方式供被收购公司股东选择。④收购要约约定的收购期限不得少于 30 日，并不得超过 60 日（但出现竞争要约的除外）。⑤在收购要约约定的收购期限内，收购人不得撤销其收购要约。⑥收购人发出公告至收购期限届满前，不得卖出被收购公司的股票，也不得采取要约规定以外的形式和超出要约的条件买入被收购公司的股票。⑦除要约方式外，投资者不得在证券交易所外公开求购上市公司的股份。

2. 要约收购的程序为：①收购人编制收购报告书，并报告中国证监会、证券交易所，抄报证监会派出机构，通知被收购公司，同时对报告书摘要作出提示性公告；②在报送相关文件之日起 15 日后，公告要约报告书、财务顾问意见书、法律意见书；③在 15 日内公告要约收购文件；④被收购公司董事会在收购人公告要约收购报告书后 20 日内，将公司董事会报告书及独立财务顾问意见报送中国证监会，抄报中国证监会的派出机构，抄送证券交易所，并予公告；⑤收购人按照收购条件购买股份；⑥收购期限届满 15 日内，收购人向中国证监会报送收购情况的书面报告，同时抄报中国证监会的派出机构，抄送证券交易所，通知被收购公司。

3. 要约收购的价格。要约收购价格不得低于要约收购提示性公告日前 6 个月内收购人取得该种股票所支付的最高价格。如要约价格低于提示性公告日前 30 个交易日该种股票的每日加权平均价格的算术平均值的，收购人的财务顾问应当就股票前 6 个月的交易情况进行分析，说明是否存在股价被操纵，是否有未被披露的一致行动人等。

4. 要约收购义务豁免。可申请豁免的事项，包括：①免于以要约收购方式增持股份；②免于向被收购公司的所有股东发出收购要约。

可提出豁免申请的法定情形，包括：①收购人与出让人能够证明本次转让未导致上市公司的实际控制人发生变化；②上市公司面临严重财务困难，收购人提出的挽救公司的重组方案取得该公司股东大会批准，且收购人承诺 3 年内不转让其在该公司中所拥有的利益；③经上市公司股东大会非关联股东批准，收购人取得上市公司向其发行的新股，导致其拥有权益的股份超过该公司已发行股份的 30%，收购人承诺 3 年内不转让其拥有权益的股份，且股东大会同意收购人免于发出要约；④中国证监会认定的其他情形。

5. 收购对价的支付。收购人可采用现金、证券、现金与证券相结合等合法方式支付收购上市公司的价款。以现金支付收购价款的，应在作出要约收购提示性公告的同时，将不少于收购价款总额的 20% 作为履约保证金存入证券登记结算机构指定的银行。收购人以证券支付收购价款的，应当提供该证券发行人最近 3 年经审计的财务会计报告、证券估值报告，并配合被收购公司聘请的独立财务顾问的尽职调查工作。收购人以在交易所上市交易的证券支付收购价格的，应在作出要约提示性公告的同时，将用于支付的全部证券交由证券登记结算机构保管（但上市公司发行新股的除外）；收购人以在交易所上市的债券支付收购价款的，该债券的可上市交易时间应当不少于 1 个月；收购人以未在交易所上市的证券支付收购价款的，必须同时提供现金方式供被收购公司的股东选择。

【理论拓展】

一、公司合并与公司收购的比较

在许多情形下人们会把收购和合并放在一起统称为购并（或者并购）。例如，我国台湾地区"企业并购法"就将合并与收购作为立法所规定的共同对象而加以统一立法，我国香港也制定有《公司合并与收购条例》。由此可以看出，合并与收购有着密切的关系。合并，特别是吸收合并（兼并）与收购的相关之处在于：①二者均体现为一种资产或权益的购买行为；②收购与吸收合并有时并不存在严格的界限，收购行为可以较容易的转化为合并行为；③二者同为公司实现资产重组和资本扩张的重要手段，但在法律性质上合并与收购存在着严格的界限。

（1）收购是收购人为了取得目标公司控制权而实施的行为。也就是说，收购人实施收购行为并不主要为了取得目标公司的资产，而是为了取得目标公司的控制权。即收购人所追求的不仅仅是资产的增加，更重要的是追求一种资本的杠杆效果。

（2）公司合并不同于公司收购的一个本质上的区别是，公司合并主要不是一种交易行为而是一种公司组织的变更行为，也就是说公司合并的结果会导致至少一方当事人主体资格消灭；公司收购一般情况下只会改变被收购方的控制权而不会消灭被收购方的主体资格。

（3）公司合并是一种公司之间的契约行为。不管公司之间的合并采用何种方式，它都是基于合并方之间的合并契约进行的。因为合并是公司之间组织上（人格上）的一种结合，所以即使合并会涉及合并各方股东利益或股东身份的变化，但这种变化也是基于公司之间的合并行为发生的。而公司收购基本上是在收购方与被收购方股东之间发生的，它虽然也是一种股份购买行为或资产交易行为，但它和被收购公司本身无关。此点在上市公司的收购中表现得最为明显，无论是协议收购还是要约收购，都是收购方和被收购方股东之间的交易。

（4）公司合并法律关系中的当事人是拟参与合并的所有公司。在公司收购法律关系中作为收购人的不仅有主收购人，在许多情况下还会有收购人的实际控制人或者收购人的一致行动人。

（5）公司收购主要在证券市场上发生，主要表现为上市公司的收购。公司合并则可以在任何市场上发生。所以收购更多地受证券法的规范，而合并更多地是受公司法的规范。

二、公司在减资、合并时不适当履行债权人保护程序的法律后果

我国《公司法》第 174、178 条针对公司合并和减资均规定了公司债权人保护程序，其主要内容表现为两个方面：一是规定了公司应当履行通知、公告债权人的义务；二是规定债权人可以（有权）要求公司清偿债务或者提供相应的担保。但如果公司未能适当履行其债权人保护程序会带来何种法律后果，对此我国的《公司法》并未作出明确的规定。关于这个问题主要存在三种立法例：

（1）不能对抗异议债权人立法例。即公司未能适当履行其债权人保护程序并不影响公司合并、减资、分立行为的效力，只是产生合并、减资、分立不能对抗第三人的后果，如《法国商法典》第 381 条规定（1967 年 7 月 12 日第 67－559 号法律）："参与合并的公司的非公司债权债权人，其债权系在合并方案公告之前发生的，可在法令规定的期限内对合并草案提出异议"。法院可判决驳回

异议，或者命令偿还债权，或者在吸收公司提供担保、且所提供的担保被认定是充分的情况下，命令提供担保。未偿还债权人债权或未按命令提供担保的，公司合并不对抗该债权人。债权人提出异议，不具有禁止继续进行合并程序的效力。另外，我国台湾地区"公司法"第 73、74 条也规定："公司为合并之决议后，即应向各债权人分别通知及公告，并指定 30 日以上期限，声明债权人得于期限内提出异议。公司不为前条之通知及公告，或对于在指定期限内提出异议之债权人不为清偿，或不提供担保者，不得以其合并对抗债权人。"[1]

（2）只对提出异议的债权人无效立法例。即公司未能适当履行其债权人保护程序，对公司合并、减资、分立存有异议的债权人可以提出合并无效之诉。由法院以判决方式否认公司合并、分立、减资行为对异议股东的效力。

（3）异议申请具有阻止合并、分立、减资行为效力立法例。即异议股东的异议未被法院驳回或其债权未由公司进行清偿或者提供担保之前公司不能继续进行合并、分立、减资行为。

对于我国的现行公司立法所采用的是何种立法例问题，存有不同的见解。一种观点认为："在我国，债权人保护程序规定在合并、生效之前运行，公司不适当履行债权人保护程序，将阻碍合并的进行。"也就是说此种观点认为我国公司法采用的是第三种立法例。[2]另一种观点则认为，公司不适当履行债权人保护程序并不导致合并无效，只能产生合并后公司不得以此对抗异议债权人的效果。也就是说此种观点认为我国公司法采用的是第一种立法例。在这个问题上，我们认为现行公司立法采用的是第一种立法例。其理由是：

（1）我国原《公司法》第 184、185 条针对公司的合并、分立曾分别规定，债权人自接到通知书之日起 30 日内，未接到通知书的自第一次公告之日起 90 日内，有权要求公司清偿债务或者提供相应的担保。不清偿债务或者不提供担保的，公司不得合并或者公司不得分立。由此可以看出，原《公司法》在债权人保护方面采用的是第三种立法例。而新《公司法》取消了"不清偿债务或者不提供担保的，公司不得合并或者分立"的内容。

（2）通观目前各国的立法也大都采用第一种立法例。特别是在针对公司合并的立法中，更普遍地采用了第一种立法例，因为这样可以兼顾公司及公司债

---

〔1〕　王保树主编：《中国公司法修改草案建议稿》，社会文献出版社 2004 年版，第 410 页。
〔2〕　参见施天涛：《公司法论》（第 2 版），法律出版社 2006 年版，第 526 页。

权人的利益。

（3）我国新《公司法》针对公司增资、减资、合并以及分立可能对公司债权人带来的不同影响，在债权人保护方式上也采取了区别规定的立法对策：①如由于公司增资不会削弱反而会增强对债权人利益的保护，所以《公司法》在规定公司增资的程序中就未规定通知、公告债权人的程序。②对于公司合并、减资只规定了通知、公告债权人程序和规定了异议股东的异议权（有权或可以要求公司清偿债务或者提供相应担保的权利）。③针对公司分立则不仅规定了通知、公告债权人程序，而且确立了公司分立前的债务由分立后的公司承担连带责任的制度（公司在分立前与债权人就债务清偿达成的书面协议另有约定的除外）。但新《公司法》取消了原《公司法》所规定的异议股东的异议权制度。此点似不利于对公司分立时债权人利益的保护。其主要原因便是实践中以公司分立方式转移资产和逃避债务的现象非常普遍，即使规定了由分立后的公司对分立前的债务承担连带责任，但毕竟会因公司分立后债务人的增多给诉讼和执行造成困难。

三、公司要约收购的三种模式

通观各国立法，在公司要约收购方面主要有三种模式。

1. 强制要约收购模式。该模式是指收购人已经持有目标公司股份达到一定比例并拟继续增持或从一定比例以下拟增持并超过该比例股份时，必须向目标公司全体股东发出购买其股份的要约。采用强制要约收购模式的理由是：①为了在公司控股权可能发生转移的情况下，给中小股东一个退出目标公司的选择机会，以保护中小股东的利益；②因控股股东的控股权具有一种控股价值，所以其控股权溢价应能被所有股东享有。强制要约收购制度的主要立法代表是英国1968年制定的《伦敦守则》。法国、比利时、西班牙、我国香港地区均实行强制性要约收购制度。

2. 主动要约收购模式。该模式是指收购人自主决定通过发出收购要约以增持目标公司股份为目的而进行的收购。对于主动要约收购，英国采取个案审批主义，即如果要约将引致要约人持有目标公司30%以上股份则一般要求进行强制要约收购。而美国则采取法律许可主义，即收购人可自由进行要约收购，而不要求强制要约收购。采用主动要约收购模式的理由是最大限度地保护股东的利益，减低收购人的收购成本，强化证券市场资源配置功能，充分发挥市场机制的作用。

美国是主动要约收购制度的代表，其代表性的立法是 1968 年的《威廉姆斯法案》。该法案确立了主动要约收购的法律许可性规则。采用该制度的国家还有德国、日本、澳大利亚、韩国及我国的台湾地区。

3. 主动要约与强制要约相结合制度。此为一种特殊的要约收购制度，中国就采用该种制度。依据我国《上市公司收购管理办法》的规定，收购人如果要约收购目标公司 30% 以下的股份，则采取法律许可主义，当收购人要约收购的股份超过目标公司 30% 以上股份时则应履行强制收购义务。

【法律链接】

1. 我国《证券法》关于上市公司收购的法律规定。我国《证券法》第四章（第 85~101 条）专门规定了上市公司的收购，其主要立法内容包括：

（1）将对上市公司的收购方式确定为要约收购、协议收购及其他合法方式，为更多收购方式的出现预留了法律空间（第 85 条）。

（2）将投资者通过证券交易所持有上市公司已发行股份的 5% 作为履行报告、通知和公告义务的界限（第 86 条）。

（3）规定投资者通过证券交易所持有一个上市公司已发行股份达 30% 时，应依法向该上市公司所有股东发出收购上市公司全部或部分股份的要约。但采取协议收购方式的，可向国务院证券监管机关申请豁免（第 88 条）。

（4）规定收购人持有的被收购上市公司的股票，在收购行为完成后的 12 个月内不得转让（第 98 条）。

2. 2006 年 7 月 31 日由中国证监会颁布并于同年 9 月 1 日起施行的新《上市公司收购管理办法》的规定。

（1）具体规定了协议收购、要约收购、间接收购、定向发行、行政划拨等多种收购形式。各种形式既可单独采用，也可组合运用。

（2）依据新《证券法》的规定，将强制全面要约收购制度改为强制要约收购制度。即收购人持有一个上市公司已发行股份达 30% 时，如继续进行收购的，可以向被收购公司所有股东发出收购其所持有的全部股份的要约（全面要约），也可以向被收购公司的所有股东发出收购其所持有的部分股份的要约（部分要约）。

（3）强化了财务顾问在上市公司收购中的责任。规定了财务顾问的职责和财务顾问的持续督导责任。

（4）根据收购人持股比例的不同，规定了不同的权益披露方式。规定投资人及其一致行动人持有一个上市公司已发行股份5%时，应当编制权益报告书；超过20%但未超过30%，应当编制详式权益变动报告书，应履行相应的报告、公告及通知义务；超过30%时应当采取强制要约收购方式（全面要约或部分要约）。

（5）在收购支付方式上规定了现金、证券、现金与证券相结合三种方式，使换股收购合法化。

（6）规定了要约收购豁免制度，确立了四种收购人可提出免予要约收购的法定情形，并规定了申请可适用简易程序免除要约的七种法定情形。

【思考案例】

案例1[1]

1. 合并当事人。合并方：陕西金叶科教集团股份有限公司（上市公司）；被合并方：湖北玉阳化纤科技股份有限公司（为原内部职工股在三峡证券上柜并被国家决定下柜企业）。

2. 吸收合并要览。

（1）合并方式是采取吸收合并方式，即采取由"陕西金叶"向"湖北玉阳"的股东以发行"陕西金叶"人民币普通股的方式换取"湖北玉阳"股东所持"湖北玉阳"的全部股份。由此，"湖北玉阳"股东所持"湖北玉阳"的全部股份按折股比例转换为"陕西金叶"的股份。

（2）折股比例。采取以下计算公式：$ER = C1/C2 (1 + \triangle K)$。其中，$ER$ 为折股比例；$C1/C2$ 为陕西金叶每股净资产/湖北玉阳每股净资产；$1 + \triangle K$ 为在每股净资产比值的基础上综合考虑其他影响因素，$\triangle K$ 为调整系数（从合并双方的获利能力、业务成长性、经营能力、偿债能力等七个方面综合计算确定）。

经过计算折股比例确定为1.11∶1，即每1.11股"湖北玉阳"的人民币普通股可以折换1股"陕西金叶"的人民币普通股。

3. 合并程序。

（1）报请合并当事人所在地省级人民政府和中国证监会同意进行吸收合并试点。

（2）召开临时股东大会，形成合并决议，并通过存续公司章程。

---

〔1〕 "陕西金叶"（000812）合并"湖北玉阳"案。

（3）签署合并协议。

（4）按公司法规定履行保护债权人义务。

（5）发布合并报告书。

"陕西金叶"与"湖北玉阳"的上述合并案，连同 1998 年首次出现的"清华同方"与"山东鲁能"合并案，均为中国证券市场实施的以股换股的较为经典的吸收合并案。此类合并案连同其他类似合并案，均是在国家取缔上柜企业后针对遗留问题而出台的一项专项治理措施，并不具有普通的适用意义。

案例 2[1]

1. 案情。"TCL 通讯"为"TCL 集团"控股的一家上市公司。2003 年 10 月 31 日上述两公司股东会分别作出决议，批准了"TCL 集团"吸收合并"TCL 通讯"的方案。该方案基本内容为："TCL 集团"向"TCL 通讯"流通股股东发行一定数量的流通股新股作为吸收合并"TCL 通讯"的对价。"TCL 通讯"与"TCL 集团"的折股比例为：

每股"TCL 通讯"流通股的折股价格 21.15 元 / "TCL 集团"公开发行流通股新股的发行价 4.26 元 ＝ 4.946，即一股"TCL 通讯"的流通股折 4.946 股"TCL 集团"发行的流通新股。

"TCL 集团"2004 年 1 月 5 日发布的招股说明书中披露，其本次共计发行 994 395 944 股，其中向社会公众投资者首次公开发行 590 000 000 股，向"TCL 通讯"流通股股东换股发行 404 395 944 股（依据折股比例算出）。换股发行完成后，"TCL 通讯"的全部资产、负债、权益均并入"TCL 集团"，同时"TCL 通讯"依法解散并注销。

2. 评价。"TCL 集团"合并"TCL 通讯"案有如下特点：

（1）中国资本市场上第一例已上市公司被母公司合并案。

（2）为了避免出现已上市的"TCL 通讯"公司被合并后按规定应退市的局面，"TCL 集团"与"TCL 通讯"在其合并方案中，将前者的股份首次公开发行与吸收合并并列进行并互为前提，这就开创了母公司通过与已上市子公司的合并而实现整体上市的新的"借壳上市"模式。

（3）本合并案最终获得中国证监会的批准，"TCL 集团"实现了整体上市，这为在资本市场条件下通过合并进行企业重组提供了又一个典型案例。

---

[1] TCL 集团股份有限公司合并 TCL 通讯设备股份有限公司（000542）案。

专题十七

专题十七

公司的解散

【应用指南】

一、公司解散的涵义

公司解散是指已经成立的公司基于一定事由的发生，而停止其积极业务活动，进行清算，最后消灭其法律主体资格的法律行为。其包括被依法宣告破产、公司章程规定的营业期限届满或者公司章程规定的其他解散事由出现、股东会决议解散、因公司合并或者分立解散、公司违反法律、行政法规被依法责令关闭以及公司经营管理发生严重困难，继续存续会使股东利益受到重大损失，持有公司全部股东表决权 10% 以上的股东请求人民法院解散等情形。一般认为，广义的公司解散包括公司破产和以上其他形式的解散，狭义的解散不包括破产。在这里我们讲的解散是包括破产的广义之说。

二、公司解散的类型

依据解散事由是否基于公司自愿，可以将解散区分为自行解散和强制解散。

（一）自行解散（voluntary dissolution）

自行解散是指依据公司或其出资者的意志决定解散公司，具体包括基于公司章程规定的解散事由出现的解散，和基于公司的意思机关即股东大会或股东会决议以及全体股东一致同意的解散两大类。

1. 基于公司章程所规定的解散事由出现而解散。这是指法律赋予公司股东在制定公司章程时对解散事由做出自由规定的权利。只要公司章程规定的解散事由不违反法律强制性规定均为有效，一旦章程规定的解散事由出现，公司即应解散。最常见的是公司章程中所规定的公司存续期限届满，除公司延长存续期限的，公司应当自行解散。对于公司的存续期限多数国家公司立法没有强制性限制，少数国家则限制了公司存续的最长期限，并规定公司章程应该载明公司的存续期，如法国、比利时等国家。但是，公司章程所规定的公司存续期限届满一般都允许延长，但延长不得超过法定最长期限。延长公司存续期限，必须经过股东会特别决议，同时修改公司章程，并且允许不同意延长公司存续期限的股东退股。如果公司章程规定了存续期限，期限届满没有依法续展，则公司应当解散。除此之外，公司章程中还可以规定其他解散事由，如规定公司成立的目的完成或者无法完成、公司亏损达到一定数额、经营条件发生重大变化、发生不可抗力等，公司也可以解散。

2. 基于公司的意思机关（股东会、股东大会）决议或全体股东同意而解散。公司的成立系成员的共同意思，基于公司成员的共同意思表示亦可解散公司，而不论公司章程规定的营业期限是否届满或者章程规定的其他解散事由是否出现。公司解散的原因很多，如股东之间分歧较大而散伙、因股东身体状况不佳而解散、因公司亏损或市场的变化而解散等。由于公司的解散直接关系到各个成员的切身利益，故相对于一般的公司事项而言，法律规定了更为严格的决议方式。解散公司必须采取股东会、股东大会特别决议的方式，在表决通过的人数上作了较为苛刻的条件限制。一般事项的决议通常只要参加表决公司成员过半数同意即可通过。但解散公司的决议往往规定要经全体股东所持表决权2/3以上同意，或经出席会议的股东所持表决权2/3以上同意，甚至更为苛刻的条件，譬如必须经全体股东一致同意方可解散公司等。《德国股份责任公司法》则规定，股东大会通过解散决议需要一个在作出决议时代表着基本资本至少3/4的多数通过，同时章程还可以规定一个更大的资本多数和提出其他要求。我国台湾地区"公司法"规定股份有限公司应经股东会代表已发行股份总数2/3以上股东出席，以出席股东表决权过半数同意；公开发行股票的公司，出席股东的股份总数2/3以上之同意的同时，也允许公司章程对出席股东股份总数及表决权数有较高的规定。且对于有限责任公司、无限公司及两合公司设有执行业务股东，均需经全体股东的同意。[1]

3. 公司因合并或者分立而解散。公司的合并是指依公司法或其他法律的规定，几个公司合并为一个公司的行为。合并后新设的公司或者继续存续的公司

---

〔1〕 梁宇贤：《公司法论》，台湾三民书局股份有限公司2003年版，第143页。

概括承受合并前公司所有债权债务，或者按照公司与债权人的合意承受债权债务。新设合并的，合并各方均解散；吸收合并的，被吸收方解散。

公司的分立是指公司将其部分财产或其他事项分立出去成立一个或多个独立公司的行为。公司分立后，原公司继续存续的，由分立后新设的公司与原公司一起对原公司债务承担连带责任；公司分立后原公司解散，由新设的公司共同对原公司债务承担连带责任，但公司分立时与债权人另有约定的除外。由于法律对公司合并和分立的债权债务承担有明确的规定，因此因合并、分立而引起的解散无需清算。

（二）强制解散（compulsory dissolution）

强制解散是指非基于公司或其出资者的意志而解散。由于各国司法体制的不同，当公司设立的目的和行为违反法律强制性规定或违背善良风俗时，各国强制其解散的方式不同。有的国家是通过法院裁决强制其解散，如日本和韩国通过法院的命令解散制度强制其解散；有的是通过有关行政主管机关依法撤销或者关闭公司的方式强制其解散。在这里我们认为，强制解散既包括依据法院裁决的解散（即通常所说的司法解散），也包括依据国家有关行政主管机关的命令而被迫解散（即通常所说的行政解散）。

1. 行政解散。我国行政机关强制公司解散的方式主要包括两种：

（1）由工商行政管理机关通过吊销企业法人营业执照强制公司解散。我国《企业法人登记管理条例》、《公司登记管理条例》、《消费者权益保护法》、《水污染防治法》、《大气污染防治法》等都有相关规定。例如，企业法人领取《企业法人营业执照》后，满6个月尚未开展经营活动或者停止经营活动满1年的；擅自改变主要登记事项或者超出核准登记的经营范围从事经营活动的；不按照规定办理注销登记或者不按照规定报送年检报告书，办理年检的；伪造、涂改、出租、出借、转让、出卖或者擅自复印《企业法人营业执照》、《企业法人营业执照》副本的；抽逃、转移资金，隐匿财产逃避债务的；从事非法经营活动的；侵犯消费者权益情节严重的；严重污染环境的等，均可以做出吊销企业法人营业执照的行政处罚。

（2）由其他行政执法机关作出撤销或者关闭的行政处罚决定而解散的。例如，《外资企业法》规定，外资企业违反中国法律、法规，危害社会公共利益被主管机关依法撤销的，应予终止；企业生产活动严重污染环境被强制关闭的等。美国《示范公司法修正本》对于这类强制解散则规定，州务卿确认公司存在依法应交的特许税及罚款在到期后 60 天内不予支付；到期后 60 天内公司未向州务长官送交年度报告书；在 60 天内公司未在本州设注册代理人或注册办事处；在注册代理人更改或辞职，注册办事处更改或停止办事后 60 天内未通知州务卿；组织章程规定的存续期限到期等解散公司根据之一项或多项的，首先应向公司发出整改通知书，如果公司不予改正或无法证明解散根据不存在，州务长官便可以签发一份解散证书，该证书载明解散根据及生效时间，证书原件归档，副本送交公司，解散便完成。[1]

2. 司法解散。司法解散又称为法院勒令解散，包括法院命令解散和法院判决解散两种情况。有的国家不作这一区分，但要求以提起诉讼为司法解散的前提。如美国的司法解散有四种情形：①州检察长（attorney general）起诉。如果发现公司有不法的行为，包括公司是通过欺骗或是隐瞒重大事实而注册成立的和公司经营的业务超过了法律允许的范围，触犯了法律，在经营中有欺骗和不法行为，滥用公司的权力，违反州政府的公共政策等，则各州检察长可以以公诉人的身份起诉，要求法庭勒令公司解散并将公司的执照吊销。②董事请愿。即使公司并没有从事非法的行为，如果多数董事通过决议，认为公司的资产不足以偿还债务，或者认为解散公司对股东有好处，董事会可以向法庭呈递一份"请愿书"（petition），要求法庭勒令公司解散。③股东请愿。如果多数股东通过决议，认为公司的资产不足以偿还债务，或者认为解散公司对股东有好处，多数股东可以向法庭呈递一份请愿书，要求法庭勒令公司解散。④董事会成员之间或股东之间出现僵局。如果董事会成员是双数而出现僵局，或是意见不同的股东各持有 50% 的股票，双方相持不下，提议解散公司的一方可以向法庭呈递请愿书要求法庭勒令公司解散，由法庭定夺。在这种情况下，法庭也许会建议双方通过仲裁解决，或是让反对解散公司的一方买下建议解散公司一方的股票。甚至在某些情况下，不到半数的股东也可以提出解散公司的诉讼。如果公司股东之间势不两立，无法选举产生董事或是公司内部斗争过于激烈，则持有有投票权的股票的半数股东可以向法院提出解散公司；或者如果股东有严重分歧，在两次召开股东年会的日期之间未能产生董事，则任何股东可以要求法院解散公司。[2]

---

[1] 毛亚敏：《公司法比较研究》，中国法制出版社 2001 年版，第 339 页。
[2] 朱伟一：《美国公司法判例解析》，中国法制出版社 2000 年版，第 336 页。

（1）法院命令解散制度主要是以公益性为理由（公司的存在或其行为危害公益的时候）不允许公司存续时，法院可以命令其解散的制度。它具有不仅根据利害关系人的请求，依法院的职权也可以进行的特点。这是为事后纠正公司设立的准则主义引起滥设公司的弊端而建立的制度。

（2）法院裁判解散（judicial dissolution），是指法院在特定情形下，依申请或者依职权作出裁决而解散公司的情形。在我国《公司法》修改前没有规定中小股东有权请求法院解散公司，所以实践中出现了不少"公司的小股东在权益遭受侵害时处于无法自救的可怜境况"，《公司法》修订后增加了这方面的规定。公司法第 183 条规定："公司经营管理发生严重困难，继续存续会使股东利益受到重大损失，通过其他途径不能解决的，持有公司全部股东表决权 10% 以上的股东，可以请求人民法院解散公司。"

我国《公司法》上规定的司法解散没有包括法院命令解散的形式，仅规定了法院裁判解散的形式。因此在我国，司法解散也就是指法院裁判解散。

三、司法解散的法定事由

对于司法解散公司的法定事由，各国立法一般有两种模式：概括式和列举式。①概括性规定法定解散事由，可以避免出现法律漏洞、立法存在空白的缺陷，但因其过于原则，实践中需要进一步予以解释明确，否则难以操作，同时也容易产生滥诉和权力腐败；②列举式规定明确，在实践中操作性强，但这种方式欠缺包容性和灵活性，无法穷尽公司运营中的各种情况。我国规定了概括式的司法解散法定事由。公司法解释二对立法的概括式规定做了进一步的补充和说明，方便人民法院和法官的裁判活动。当然，世界其他国家公司立法的规定对我们正确适用也有相当的借鉴价值。

1. 公司僵局出现。公司僵局是指"公司在存续运行中由于股东或董事之间发生分歧或纠纷，且彼此不愿妥协而处于僵持状态，导致公司机构不能按照法定程序做出决策，从而使公司陷入无法正常运转，甚至瘫痪的事实状态"[1]。由此可见，公司僵局主要就是因为股东或董事之间的矛盾致使公司的经营管理发生了严重困难，甚至停滞。公司法解释二中明确规定，公司持续 2 年以上无法召开股东会或者股东大会，公司经营管理发生严重困难的；股东表决时无法

---

[1] 周友苏：《公司法通论》，四川人民出版社 2002 年版，第 701 页。

达到法定或者公司章程规定的比例，持续 2 年以上不能做出有效的股东会或者股东大会决议，公司经营管理发生严重困难的；公司董事长期冲突，且无法通过股东会或者股东大会解决，公司经营管理发生严重困难的；可以认定为公司形成僵局。公司僵局表明，股东或董事之间的利益冲突或权利争执以及情感的对抗已经发展到登峰造极的程度，各方之间已经丧失了基本的人身信任关系。此时，这就应该成为公司司法解散的法定事由，股东有权提起诉讼解散公司以打破僵局，以使公司困境得到解决和股东利益免受更大损害。

2. 大股东压迫。公司的大股东滥用权利压迫小股东，严重损害小股东利益的，小股东可以请求解散公司。股东压迫作为公司司法解散事由起源于英美国家的股东诉讼纠纷，当小股东遭受大股东的压迫而无法获得内部救济时，即可以提起解散公司诉讼。股东成立公司的目的就是通过投资获取利润或者直接参与公司经营管理。在公司运营过程中，股东、董事都应负有信义义务，善意并尽力处理公司事务。基于资本多数决原则，往往是大股东取得了公司的控制权，这本来并无可厚非，也不违反公平、正义理念。正因为如此，大股东或者董事会应承担更多的信义义务。如果大股东利用其表决权不公正地对待小股东或者剥夺他们作为所有者的经济利益，就是一种滥用权利和压迫的表现。在现实中通常表现为：排斥小股东参与公司管理、不进行利益分配或设法减少利益分配；控制董事会的组成并由董事通过不当方式获取公司主要利润。因此，有必要在我国立法中对上述现象予以明确规范。

3. 公司资产正在被滥用或者浪费。在目前的公司实践中，大股东滥用或者浪费公司资产的现象非常常见。例如，随意将公司资金进行借贷或提供担保，通过不当的关联交易侵吞公司资产，随意处置公司资产，挥霍公司财产等。如果公司资产在被持续滥用或者浪费，而小股东又无法通过公司内部治理规则对这些行为予以制止，小股东当然只能求助于司法程序以避免自己的合法利益及公司利益受到损害。因此，这些情况都应视为股东请求司法解散公司的事由。

4. 其他原因致使公司设立目的无法实现的。在英国公司法中，以公司的经营目的不能实现对公司进行清算是"正当与公平"的，当公司设立目的不能实现时，公司可以依章程规定或者股东决议解散，但当章程没有规定或股东无法形成解散决议时，如果公司在没有实现目的可能性的情况下继续存在，势必带来更大损害，股东要求司法解散公司是应当被允许的。实践中由于市场的淘汰而导致公司惨淡经营就是一种常见的例子。当股东对公司的继续经营失去信心而又无法退出时，公司设立的目的明显难以实现。因此，在这种情况下应赋予股东申请法院解散公司的权利。当然，至于是否需要解散，应由法院审理后作出判断，而且在此种情况下，应根据公司的财务状况邀请相关的中介机构，如审计师事务所、会计师事务所以及评估事务所的介入。对于这方面的问题，鉴于篇幅和论述主旨，在此不再展开论述。

四、司法解散制度适用的几个具体问题

（一）司法解散制度应适用诉讼程序而非破产程序

司法解散制度适用诉讼程序而非破产程序的原因是：①是否裁定进入破产还债程序的认定标准单一、客观，而对陷入僵局的公司判决是否解散的标准复杂且带有主观因素；②诉讼程序是二审终审，较之破产程序一裁终局更为慎重；③在诉讼程序中除原告以外的其他股东和董事均可参加到诉讼中，行使辩论的权利，影响诉讼的进程，而破产程序中法院处于绝对控制的地位。

（二）股东据以起诉的理由必须是公司法规定的"公司经营管理出现严重困难，继续存续会使股东利益受到重大损失"

公司法解释二明确列举了四种情形。这四种情形主要体现的是股东僵局和董事僵局所造成的公司经营管理上的严重困难，即公司处于事实上的瘫痪状态，体现公司自治的公司治理结构完全失灵，不能正常进行经营活动，如果任其继续存续下去，将会造成公司实质利益者即股东利益的损失，在这种情形下，应当赋予股东提起解散公司诉讼、保护自身合法权益的救济渠道。如果股东在提起解散公司诉讼时，其起诉理由表述为公司经营严重亏损或者其股东权益受到侵害，或者公司被吊销营业执照后未进行清算等，因不属于公司法所规定的解散公司诉讼案件提起的事由，因此在受理环节即应将之拒之门外。应当明确，本条列举的四项事由，一方面是解散公司诉讼案件受理时形式审查的依据，另一方面也是判决是否解散公司时实体审查的标准。

（三）当事人的诉讼主体资格和地位

1. 关于原告。首先只有股东才有资格作为原告提出申请。公司法明确规定，持有公司全部股东表决权 10% 以上的股东有权提起解散公司诉讼，如果提起解散公司诉讼的股东不具备上述持股条件的，法院对其诉请不予受理。鉴于公司法作此规定系出于防止个别股东恶意诉讼的目的，以期通过对股东所持股份比例的限制，在起诉股东和其他股东之间寻求一种利益上的平衡。公司法解

释二将此进一步阐释为，单独持有或合计持有公司全部股东表决权 10% 以上的（多个）股东，均可提起解散公司诉讼。这种限定是必要的。另外也应对股东持股时间作出要求，外国法一般规定必须持有股票 6 ~ 18 个月并且必须在关闭公司中拥有有形利益。国内有学者认为持股时间以 6 个月以上为宜。

2. 关于被告、第三人。《公司法》对此未明确规定，公司法解释二第 4 条规定："股东提起解散公司诉讼应当以公司为被告。原告以其他股东为被告一并提起诉讼的，人民法院应当告知原告将其他股东变更为第三人；原告坚持不予变更的，人民法院应当驳回原告对其他股东的起诉。原告提起解散公司诉讼应当告知其他股东，或者由人民法院通知其参加诉讼。其他股东或者有关利害关系人申请以共同原告或者第三人身份参加诉讼的，人民法院应予准许。"由此，一般看来，股东是原告，共同提起解散之诉的股东、有关利害关系人为共同原告，公司为被告，没有提起解散之诉的股东和有关利害关系人为第三人。人民法院在审判实践中，考虑到解散公司诉讼影响到了所有股东的利益，一般应通知其他股东参加到诉讼中来，方便案件的审理。

（四）通过其他途径不能解决

对于公司法所规定的"通过其他途径不能解决"这个前置性条件，公司法的司法解释没有再作规定。我们认为，公司法之所以做此规定，是基于对公司永久存续性特征的考虑，即当公司经营管理发生严重困难，继续存续会使股东利益受到重大损失时，还是寄希望于公司能够通过自治等方式解决股东、董事之间的僵局，从而改变公司瘫痪状态，而不轻易赋予股东通过司法程序强制解散公司的权利。因此，人民法院在受理解散公司诉讼案件时，有必要审查这个条件是否成就。当然，对于何为"通过其他途径不能解决"，人民法院应当仅作形式审查，对于提起解散之诉的股东而言，其声明应归结为其已经采取了能够采取的其他方法而不能得到解决，"不得不"寻求司法救济的表述，该前置性程序的意义更多在于其导向性。

（五）仲裁优先、调解前置

如果公司章程中规定了仲裁条款、双方有仲裁协议或纠纷发生后达成仲裁协议的，由仲裁机关处理，甚至在法院审理阶段当事人自行或在法院指引下达成仲裁协议的，应允许当事人撤诉后进入仲裁程序。原因在于：①仲裁委员会的人员可由当事人选择，当事人可选择公司法专业知识和实践经验丰富的仲裁员；②仲裁一裁终局，其快速性的优点对于公司尽快走出僵局、重新投入正常经营、生产更为重要；③仲裁更能符合公司人合性的固有属性。同样，基于公司永久存续性特征，一般情况下，只要公司没有违反法律强制性规定，在其非自愿解散时，公权力机关应尽可能不去强制其解散。因此，在公司股东或董事出现僵局时，只要尚有其他途径能够解决矛盾，应尽可能采取其他方式解决，从而使公司免于解散。这也是公司法之所以规定"通过其他途径不能解决"时，股东才能诉请解散公司的原因。我们认为，即便股东依法诉诸人民法院，法院仍有必要通过公权力的介入，尽可能通过股权变更、股东退出等机制而非公司解散的方式来解决股东之间的矛盾。基于此，司法解释强调，人民法院在审理解散公司诉讼时应当特别注重调解。

（六）证据保全、财产保全及诉讼担保

解散公司诉讼是变更之诉，其判决生效后仅仅是变更了原有的法律关系，而无财产给付的内容，不存在强制执行问题，因此从理论上讲，审理解散公司诉讼案件应无财产保全事项。但我们考虑到股东提起解散公司诉讼是基于股东之间或董事之间的僵局，虽然判决解散后，公司可以自行清算，但因股东之间矛盾尖锐，最终大多会启动强制清算程序。因此，为了将来公司强制清算的顺利进行和股东利益的保护，需对变更之诉下的财产保全作出例外规定。另外，从兼顾公司和公司其他股东利益、防止个别股东滥诉给公司和其他股东造成不必要损失的角度考虑，公司法解释二规定，人民法院在此情形下进行财产保全应当要求股东提供相应的担保，且以不影响公司正常经营为前提。对于解散公司诉讼下证据保全的规定，更多也在于将来公司清算的需要，与一般案件证据保全的目的有所差别。但是相应担保的金额如何确定，如不提供担保是否按撤诉处理，这些问题有待实践中解决。

【理论拓展】

我国公司司法解散制度的缺陷及完善

新公司法第 183 条对公司司法解散规定的过于原则，引发了诸多争议，在实践中导致了立案难、审理难等现象的产生。归纳起来，该条规定存在的缺陷主要有：

（一）前置程序设置问题

为防止恶意诉讼，公司司法解散制度中应设置股东提起解散公司之诉的前置程序，即必须存在股东在起诉前曾以内部救济方式向董事会、股东大会提出纠正错误决议的要求遭到拒绝，或者转让股权受到阻碍的客观事实。新公司法中"通过其他途径不能解决的"之规定，显然是作为公司司法解散的前置条件而设定的，但引发的问题是，该规定应作为起诉受理的前置条件还是司法判决的前置条件，且"其他途径"具体包括哪些具体方式？我们认为，在立法和司法解释中应采取自力救济优先原则，股东应穷尽一切方式后仍未打破公司僵局时才可选择诉讼的手段，如要由当事人自行协商，通过设置诸如"经过连续的2次股东会"等程序性要求来给予股东对僵持意见的充分考虑和协商时间，如果协商不成则可以通过内部和外部转让股份的方式解决僵局等。

（二）诉讼代理人、诉讼代表人确定问题

与原告之间没有直接冲突的股东或者董事如果是公司的法定代表人，在诉讼中仍可行使相应权利，代表公司应诉或委托诉讼代理人。相互对抗的作为原告或第三人的股东或董事如果是公司的法定代表人，在强制解散诉讼中不能作为公司的法定代表人参加诉讼或委托代理人；法院应当根据实际情况，站在相对公正的立场，权衡指定一名公司股东或董事代表公司参加诉讼。作为第三人的股东人数众多时，可选举产生1~5名诉讼代表人参加诉讼或由法院指定。

（三）司法解散后的公司清算问题

公司法司法解释规定，法院在受理股东提起的解散公司诉讼时暂不受理其提出的清算申请，这是因为：①这两个诉的种类截然不同，股东请求解散公司诉讼是变更之诉，公司清算案件则是非讼案件，两者审判程序不同，无法合并审理；②股东在提起解散公司诉讼时，公司解散的事实并未发生，公司是否解散尚需人民法院的生效判决予以确定。而且，即使法院判决解散后，按照公司法第184条规定，原则上仍应由公司在解散事由出现之日起15日内成立清算组自行清算，只有在公司逾期不成立清算组进行清算时，方可向人民法院申请强制清算。但是请求法院清算的只能是公司债权人，没有规定股东可以请求法院清算，只规定股东可以请求法院强制解散。从实践来看，很多人都认为公司发生僵局如果仅仅判决解散是很难解决问题的，有人提出法院应当一并裁决公司解散与清算，或在判决公司解散之后征求一下当事人意见，如果股东可以进行清算，则法院就没必要进行清算，如果双方当事人达不成成立清算组的意见，那么法院就应该组织清算，使司法解散判决真正得以履行。

【法律链接】

1. 《公司法》第 181~184 条。

2. 最高人民法院《关于适用中华人民共和国公司法若干问题的规定（二）》（法释〔2008〕6 号，2008 年 5 月 5 日最高人民法院审判委员会第 1447 次会议通过）。

第 1 条　单独或者合计持有公司全部股东表决权 10% 以上的股东，以下列事由之一提起解散公司诉讼，并符合公司法第 183 条规定的，人民法院应予受理：

（一）公司持续 2 年以上无法召开股东会或者股东大会，公司经营管理发生严重困难的；

（二）股东表决时无法达到法定或者公司章程规定的比例，持续 2 年以上不能做出有效的股东会或者股东大会决议，公司经营管理发生严重困难的；

（三）公司董事长期冲突，且无法通过股东会或者股东大会解决，公司经营管理发生严重困难的；

（四）经营管理发生其他严重困难，公司继续存续会使股东利益受到重大损失的情形。

股东以知情权、利润分配请求权等权益受到损害，或者公司亏损、财产不足以偿还全部债务，以及公司被吊销企业法人营业执照未进行清算等为由，提起解散公司诉讼的，人民法院不予受理。

第 2 条　股东提起解散公司诉讼，同时又申请人民法院对公司进行清算的，人民法院对其提出的清算申请不予受理。人民法院可以告知原告，在人民法院判决解散公司后，依据公司法第 184 条和本规定第 7 条的规定，自行组织清算或者另行申请人民法院对公司进行清算。

第 3 条　股东提起解散公司诉讼时，向人民法院申请财产保全或者证据保全的，在股东提供担保且不影响公司正常经营的情形下，人民法院可予以保全。

第 4 条　股东提起解散公司诉讼应当以公司为被告。

原告以其他股东为被告一并提起诉讼的，人民法院应当告知原告将其他股东变更为第三人；原告坚持不予变更的，人民法院应当驳回原告对其他股东的起诉。

原告提起解散公司诉讼应当告知其他股东，或者由人民法院通知其参加诉讼。其他股东或者有关利害关系人申请以共同原告或者第三人身份参加诉讼的，人民法院应予准许。

第5条 人民法院审理解散公司诉讼案件，应当注重调解。当事人协商同意由公司或者股东收购股份，或者以减资等方式使公司存续，且不违反法律、行政法规强制性规定的，人民法院应予支持。当事人不能协商一致使公司存续的，人民法院应当及时判决。

经人民法院调解公司收购原告股份的，公司应当自调解书生效之日起6个月内将股份转让或者注销。股份转让或者注销之前，原告不得以公司收购其股份为由对抗公司债权人。

第6条 人民法院关于解散公司诉讼作出的判决，对公司全体股东具有法律约束力。

人民法院判决驳回解散公司诉讼请求后，提起该诉讼的股东或者其他股东又以同一事实和理由提起解散公司诉讼的，人民法院不予受理。

第7条 公司应当依照公司法第184条的规定，在解散事由出现之日起15日内成立清算组，开始自行清算。

有下列情形之一，债权人申请人民法院指定清算组进行清算的，人民法院应予受理：

（一）公司解散逾期不成立清算组进行清算的；

（二）虽然成立清算组但故意拖延清算的；

（三）违法清算可能严重损害债权人或者股东利益的。

具有本条第2款所列情形，而债权人未提起清算申请，公司股东申请人民法院指定清算组对公司进行清算的，人民法院应予受理。

第24条 解散公司诉讼案件和公司清算案件由公司住所地人民法院管辖。公司住所地是指公司主要办事机构所在地。公司办事机构所在地不明确的，由其注册地人民法院管辖。

基层人民法院管辖县、县级市或者区的公司登记机关核准登记公司的解散诉讼案件和公司清算案件；中级人民法院管辖地区、地级市以上的公司登记机关核准登记公司的解散诉讼案件和公司清算案件。

3.《上市公司章程指引》。

第178条 公司因下列原因解散：

（一）本章程规定的营业期限届满或者本章程规定的其他解散事由出现；

（二）股东大会决议解散；

（三）因公司合并或者分立需要解散；

（四）依法被吊销营业执照、责令关闭或者被撤销；

（五）公司经营管理发生严重困难，继续存续会使股东利益受到重大损失，通过其他途径不能解决的，持有公司全部股东表决权 10% 以上的股东，可以请求人民法院解散公司。

第 179 条　公司有本章程第 178 条第 1 项情形的，可以通过修改本章程而存续。

依照前款规定修改本章程，须经出席股东大会会议的股东所持表决权的 2/3 以上通过。

第 180 条　公司因本章程第 178 条第 1 项、第 2 项、第 4 项、第 5 项规定而解散的，应当在解散事由出现之日起 15 日内成立清算组，开始清算。清算组由董事或者股东大会确定的人员组成。逾期不成立清算组进行清算的，债权人可以申请人民法院指定有关人员组成清算组进行清算。

除此之外，公司的解散还涉及会计、证券等法律法规的规定，此处就不一一列举了。

【思考案例】[1]

原告许德光诉称，2002 年 4 月，许德光与徐剑锋共同投资 700 万元设立了乐万宝公司，其中许德光出资 490 万元，占公司注册资本的 70%，徐剑锋出资 210 万元，占公司注册资本的 30%。乐万宝公司设立后，由许德光担任执行董事，徐剑锋担任总经理并负责乐万宝公司具体运营事务。乐万宝公司经营过程中，徐剑锋长期采用经营不入账等行为侵害乐万宝公司及许德光利益，许德光曾多次要求徐剑锋改正，但一直无果。2006 年 12 月，许德光因身体原因前往安徽休养，乐万宝公司公章等均由徐剑锋控制；2007 年 12 月 22 日，许德光接到北京市房山区公安分局通知，徐剑锋涉嫌利用乐万宝公司公章等实施合同诈骗。由于徐剑锋长期侵害乐万宝公司及许德光利益，且把持乐万宝公司公章并利用相关条件进行非法活动，已经违背了许德光与其当初共同出资设立乐万宝公司的目的，又因徐剑锋现逃避公安机关抓捕，许德光无法与其就解散乐万宝公司

---

[1] 许德光诉北京乐万宝建筑工程有限责任公司公司解散纠纷案，参见北京市昌平区人民法院（2008）昌民初字第 8488 号民事判决书，载中国法院网，访问时间：2009 年 2 月 28 日。

事宜达成任何一致意见。许德光为此诉至法院，请求依法解散乐万宝公司，并由乐万宝公司承担本案诉讼费用。

被告乐万宝公司未到庭参加诉讼，亦未提交书面答辩意见。

经审理查明，乐万宝公司系许德光与徐剑锋共同投资700万元设立，其中许德光出资490万元，占公司注册资本的70%，徐剑锋出资210万元，占公司注册资本的30%。该公司股东会会议由股东按照出资比例行使表决权。乐万宝公司设立后，由许德光担任执行董事，徐剑锋担任总经理并负责乐万宝公司具体运营事务。另查明，因徐剑锋现逃避公安机关抓捕，许德光无法与其就解散乐万宝公司事宜达成任何一致意见。乐万宝公司经营管理严重困难，公司基本无法正常经营。

上述事实有当事人的当庭陈述、工商登记资料等证据在案佐证。

思考问题：

1. 本案中，原告许德光以公司为被告是否适当？为什么？

2. 本案情形属不属于"通过其他途径不能解决"？

3. 请你给本案一个处理结果。

专题十八

公司的清算

【应用指南】

一、公司清算的概念

公司是依照公司法规定的条件与程序设立的营利性法人，公司以其独立的人格享有权利、承担义务。作为市场经济活动的独立主体，有进有退才是正常的样态。公司终止即是关于公司退出市场并消灭其主体资格的法律制度，公司清算是公司终止的必备前置程序。[1]

对于公司终止的程序，我国秉承大陆法系的一贯做法，在立法时采取"先散后算"[2]的退出方式，规定了公司清算制度。法律没有为公司清算下定义，主要体现为学者们的一些学理性解释。有人认为，公司清算是"公司解散后，处分其财产，终结其法律关系，从而消灭公司法人资格的法律程序"；[3]有人认为，公司清算是"公司解散或被宣告破产后，依照一定程序了结公司事务，收回债权，清偿债务并分配财产，最终使公司终止消灭的程序"；[4]有人认为，公司清算是指"由清算组织在法人终止时，依据职权清理并消灭法人的全部财产关系"；[5]也有人认为，公司清算是"公司解散后，处分财产以及了结法律关系的制度"；[6]还有人认为，公司清算是"终结解散公司的法律关系，消灭

---

〔1〕 赵旭东主编：《公司法学》，高等教育出版社 2003 年版，第 436 页。

〔2〕 参见范健主编：《商法》，高等教育出版社 2002 年版，第 196～197 页。

〔3〕 石少侠主编：《公司法教程》，中国政法大学出版社 1999 年版，第 231 页。

〔4〕 赵旭东主编：《公司法学》，高等教育出版社 2003 年版，第 450 页。

〔5〕 佟柔主编：《中国民法学——民法总论》，中国人民公安大学出版社 1990 年版，第 108 页。

〔6〕 马骏驹主编：《现代企业法律制度研究》，法律出版社 2000 年版，第 252 页。

公司法人资格的行为"。[1]

经过对上述不同表述的分析，我们发现了公司清算制度的一些基本特征：

（1）公司清算的原因是公司解散，解散是公司清算的前置性程序。公司解散并不等于公司已经丧失主体资格，必须履行必要的程序后才能终止，清算是其中最主要的内容。

（2）公司清算的形式目的是消灭公司的法人资格。在公司消灭之前应妥善处理企业尚存的各种法律关系，清算就是通过对公司财产的处理来了结其债权债务关系。

（3）公司清算的实质目的是对公司债权人利益、公司股东利益和社会经济秩序的保护。通过清算使各方利益均得到关注，避免因利益不平衡而引起纷争，从而实现公司清算的公平正义。

（4）公司清算实质是程序清算。一般而言，资合公司的清算均属法定清算，须按照法律规定的程序进行清算。

二、公司解散与清算的关系

公司解散，是指已成立的公司，由于行政决定、法院判决、发生章程规定或法律规定的事项而失去法律人格的程序。[2] 以解散事由为标准进行分类，公司解散可分为自行解散、强制解散两种。自行解散，即股东依自己的意愿解散公司；强制解散是指非基于公司或其出资者的意志而解散。强制解散具体又包括行政解散和司法解散。行政解散是指在公司违法经营情况下，行政机关和行使行政职权的其他机构依法作出行政决定而使该公司解散；司法解散，又称法院裁判解散，是指法院在特定情形下，依申请或依职权作出裁决而解散公司。公司解散之后，在清算范围、期间内，其法律人格视为存续。[3]

关于解散与清算的关系，存在着两种立法模式：一是先解散后清算；二是先清算后解散。包括我国在内的世界绝大多数国家和地区确立的是先解散后清算的立法模式，独英国采先清算后解散的立法模式，解散是直接消灭公司法人

专题十八

---

〔1〕 顾功耘主编：《公司法》，北京大学出版社 1999 年版，第 145 页。

〔2〕 江平主编：《新编公司法教程》，法律出版社 2003 年版，第 94 页。

〔3〕 《公司法》（2005 年修订版）第 187 条第 3 款规定："清算期间，公司存续，但不得开展与清算无关的经营活动。"

资格的法律行为。[1]

无论采用哪一种立法模式，解散与清算均密切相关。对于包括我国在内的大多数国家的立法而言，解散与清算构成前后继起关系，解散为清算的起点，公司解散之后，除因公司合并、分立而解散，因其债权债务由合并、分立后的公司概括承担，无须进行清算外，均须进入清算程序。[2] 公司清算的时间起点是公司解散，而时间终点是公司终止，公司解散或终止本身都不能包括清算在内。而且解散的情形不同，将直接决定公司清算方法的差异：自行解散和因行政解散的公司，进入普通清算程序；自行解散、行政解散后清算义务人在法定期间内不组织清算以及法院裁判解散的，进入特别清算程序。

三、普通清算与特别清算

我国公司法规定，有限责任公司和股份有限公司均是独立承担责任的法人，实行法定清算。法定清算按是否受到公权力的干预可以分为普通清算和特别清算。

普通清算，是指在公司解散时，由清算主体（一般是公司股东或者股东大会决定）自行组织的清算，法院及公司债权人不直接干预公司清算事务，仅实行一般监督。

特别清算是指公司解散后在执行普通清算过程中如发生清算不能、显著障碍、出现符合破产原因的情形时，法院根据申请人的申请，适用不同于普通清算的特别清算程序，对公司资产、债权债务进行清理处分，了结公司债务，终结公司所有法律关系，消灭公司法人资格的法律制度。

普通清算与特别清算的区别主要在于：

1. 普通清算是特别清算适用的前提。如果普通清算能够正常进行，没有适用特别清算的必要，公司没有直接自行适用特别清算的权利。"申言之，公司解散之后，首先进行普通清算，若普通清算之实行发生显著之障碍，或发现公司负债超过资产有不实之嫌疑时，法院始得命令公司开始进行特别清算之程序。倘尚未开始普通清算，自不得径为特别清算。"[3] 因此，公司法解释二第 2 条中

---

[1]　《英国 1986 年破产法》第 210 条规定，公司在清算结束报告登记后的 3 个月内必须解散。

[2]　参见《公司法》（2005 年修订版）第 180、181 条。

[3]　陈顾远：《商事法》（中），复兴书局 1968 年版，转引自柯芳枝：《公司法论》，中国政法大学出版社 2004 年版，第 500 页。

明确规定："股东提起解散公司诉讼，同时又申请人民法院对公司进行清算的，人民法院对其提出的清算申请不予受理。人民法院可以告知原告，在人民法院判决解散公司后，依据公司法第 184 条和本规定第 7 条的规定，自行组织清算或者另行申请人民法院对公司进行清算。"

2. 清算的实施机构不同。普通清算由公司自己决定，自行实施；特别清算由当事人申请，法院决定，法院实施。我国《公司法》第 184 条的规定已经明确说明了这一区分。《公司法》第 184 条规定，"公司因本法第 181 条第 1、2、4、5 项规定而解散的，应当在解散事由出现之日起 15 日内成立清算组，开始清算。有限责任公司的清算组由股东组成，股份有限公司的清算组由董事或者股东大会确定的人员组成。逾期不成立清算组进行清算的，债权人可以申请人民法院指定有关人员组成清算组进行清算。人民法院应当受理该申请，并及时组织清算组进行清算。"

3. 法院的作用不同。在普通清算程序中，法院仅为消极之监督；在特别清算程序中，法院直接加入并监督整个特别清算程序，法院有权选任或解任特别清算组成员、选派专门人员担任监察人、检查公司财产情况、监督清算过程，可在必要时采取财产保全措施，且特别清算方案必须由法院批准后方可实施。

4. 债权人的作用不同。普通清算中债权人一般不参与清算程序，仅是起到一般的监督作用；特别清算时，债权人直接参与，通过债权人会议与清算人就清算方案进行协商，并有权请求法院解任清算人。

5. 清算人的职权在特别清算中受到立法的较多限制。

四、普通清算的法律程序

普通清算程序一般包括如下基本步骤：

（一）选任清算人

根据大陆法国家的普遍做法，清算人的产生有四种方式：①由公司股东或董事担任清算人；②由公司章程确定清算人；③由股东会决议选任清算人；④经利害关系人申请由法院选任清算人。

我国公司法规定，在普通清算中，有限责任公司的清算组由股东组成，股份有限公司的清算组由董事或者股东大会确定的人员组成。

（二）通知、公告债权人

各国公司法普遍规定，公司清算时应当向债权人进行催告。美国《示范公司法》规定，公司解散后，对于已知或未知的债权人，应通知或公告，以便后者可以按照规定期间和程序主张债权。美国《统一有限责任公司法》规定，公司应将已解散情形书面通知已知的公司债权人，以便后者进行债权申报。美国《特拉华普通公司法》规定，解散应向公司的债权人发出通知，并在该解散公司主营办事处所在县具有普遍发行量的报纸上，连续 2 周，每周至少 1 次，刊登其解散通知。德国《有限责任公司法》规定，清算人必须在公司报刊上对公司解散进行公告，并且要求所有债权人向公司登记债权。在清算人进行 3 次公告后，才开始对公司资产进行清算。日本、韩国及我国台湾地区的"公司法"规定，清算人自就职之日起 2 个月（日、韩）或者 3 个月（我国台湾地区）以内向未知债权人进行公告，债权人自公告之日起不少于 2 个月的规定期限内申报债权；超过规定的期限，债权人不予申报的视为放弃债权。对于已知债权人，应当分别催告其债权，并应当将其列入清算之内，不得排除。公司在债权申报期间，不得偿还债务，对由此产生的损害赔偿责任，公司不能免除。但是，经法院许可的小额债权，有担保债权以及不损害其他债权人的债权，可以偿还。

我国《公司法》第 186 条规定："清算组应当自成立之日起 10 日内通知债权人，并于 60 日内在报纸上公告。债权人应当自接到通知书之日起 30 日内，未接到通知书的自公告之日起 45 日内，向清算组申报其债权。"我国公司法的规定与其他国家或者地区只是在时间长短上有区分，基本精神是一致的。公司法解释二第 11 条进一步明确规定："公司清算时，清算组应当按照公司法第 186条的规定，将公司解散清算事宜书面通知全体已知债权人，并根据公司规模和营业地域范围在全国或者公司注册登记地省级有影响的报纸上进行公告。清算组未按照前款规定履行通知和公告义务，导致债权人未及时申报债权而未获清偿，债权人主张清算组成员对因此造成的损失承担赔偿责任的，人民法院应依法予以支持。"清算组通知义务的履行方式及不履行的后果规定的已经非常详细了。

（三）债权人申报债权

债权申报是债权人参加清算程序的先决条件。债权人不申报债权或者未依法定方式申报债权，则视为放弃参加清算程序的权利，这也就意味着债权将丧失，无法实现。

债权人可就以下债权进行申报：①公司清算前成立的无财产担保的债权；②有财产担保而未能优先受清偿的债权；③附期限的债权；④附条件的债权；

⑤连带债务人及保证人的求偿权；⑥债权人对清算的连带债务人的债权；⑦清算人的担保债权人所享有的债权；⑧清算人解除合同而形成的债权。

债权人申报债权，应当说明债权的有关事项，并提供证明材料。清算组应当对债权进行登记。在申报债权期间，清算组不得对债权人进行清偿。

清算时，债权人对清算组核定的债权有异议的，可以要求清算组重新核定。清算组不予重新核定，或者债权人对重新核定的债权仍有异议，债权人以公司为被告向人民法院提起诉讼请求确认的，人民法院应予受理。

债权人在规定的期限内未申报债权，在公司清算程序终结前补充申报的，清算组应予登记。

（四）制定清算方案

清算组应当在核定债权之后，对公司财产进行清理，编制资产负债表和财产清单，制定清算方案。清算方案经股东会或者股东大会确认后执行。公司法解释二第 15 条规定："公司自行清算的，清算方案应当报股东会或者股东大会决议确认……执行未经确认的清算方案给公司或者债权人造成损失，公司、股东或者债权人主张清算组成员承担赔偿责任的，人民法院应依法予以支持。"

（五）分配公司剩余财产

根据清算方案对债权人进行清偿后，剩余财产由股东按持股比例分配。

（六）清算终结

清算终结包括两种情形：①在核定债权和剩余财产之后，发现财产不足以清偿全部债务的，清算组应当向法院提起破产申请，进入破产程序；②按照清算方案，公司财产足以清偿已确认的债权，清算组在将公司剩余财产向股东分配完后，依法编制清算报告，并报股东会、股东大会或者人民法院确认通过清算报告经股东会、股东大会或者人民法院确认完毕，公司清算程序终结。

五、特别清算的法律程序

特别清算程序一般包括以下基本步骤：

（一）有权人申请

这里的有权人首先是指公司债权人。根据《公司法》第 184 条之规定，公司解散后不依法自行组织清算的，债权人可以申请人民法院指定有关人员组成清算组进行清算。人民法院应当受理该申请，并及时组织清算组进行清算。公司法解释二第 7 条将债权人申请的具体情形作了进一步的明确规定：①公司解散逾期不成立清算组进行清算的；②虽然成立清算组但故意拖延清算的；③违法清算可能严重损害债权人或者股东利益的。债权人依据上述情形之一提起申请的，人民法院应予受理。

公司虽已成立清算组但故意拖延清算的，公司股东也有权申请人民法院指定清算组进行清算。

（二）法院指定人员组成清算组

人民法院受理公司清算案件，应当及时指定有关人员组成清算组。公司法解释二第 8 条对人民法院指定清算组的工作作了具体规定。

清算组成员可以从下列人员或者机构中产生：①公司股东、董事、监事、高级管理人员；②依法设立的律师事务所、会计师事务所、破产清算事务所等社会中介机构；③依法设立的律师事务所、会计师事务所、破产清算事务所等社会中介机构中具备相关专业知识并取得执业资格的人员。

已经指定的清算组成员有下列行为的，公司债权人、股东有权申请法院更换，法院也可依职权更换：①有违反法律或者行政法规的行为；②丧失执业能力或者民事行为能力；③有严重损害公司或者债权人利益的行为。

（三）清算组的职权

依照《公司法》第 185 条之规定，清算组在清算期间行使下列职权：①清理公司财产，分别编制资产负债表和财产清单；②通知、公告债权人；③处理与清算有关的公司未了结的业务；④清缴所欠税款以及清算过程中产生的税款；⑤清理债权、债务；⑥处理公司清偿债务后的剩余财产；⑦代表公司参与民事诉讼活动。

（四）清算组制定清算方案

在特别清算中，清算方案应当报人民法院确认。未经确认的清算方案，清算组不得执行。

（五）破产宣告

《公司法》第 188 条第 1 款规定："清算组在清理公司财产、编制资产负债表和财产清单后，发现公司财产不足以清偿债务的，应当依法向人民法院申请宣告破产。"

公司法解释二在此基础上增加了一个前置程序，即人民法院指定的清算组在清理公司财产、编制资产负债表和财产清单时，发现公司财产不足以清偿债务的，可以与债权人协商制作有关债务清偿方案。债务清偿方案经全体债权人确认且不损害其他利害关系人利益的，人民法院可依清算组的申请裁定予以认可。清算组依据该清偿方案清偿债务后，应当向人民法院申请裁定终结清算程序。如果债权人对债务清偿方案不予确认或者人民法院不予认可的，清算组应当依法向人民法院申请宣告破产。

（六）清算期间

人民法院组织清算的，清算组应当自成立之日起 6 个月内清算完毕。因特殊情况无法在 6 个月内完成清算的，清算组应当向人民法院申请延长。

（七）清算报告

公司清算结束后，清算组应当制作清算报告，报股东会、股东大会或者人民法院确认，并报送公司登记机关，申请注销公司登记，公告公司终止。如果公司在清算过程中，根据法律规定的情形，公司经人民法院裁定宣告破产的，清算组应当将清算事务移交给人民法院。清算报告经股东会、股东大会或者人民法院确认完毕是清算终结的标志。

【理论拓展】

一、清算中公司的法律地位

公司解散后成为清算中的公司，其法律地位在理论界有以下几种不同观点：

（1）继承说。该学说认为，原有公司与清算中公司是不同的法律主体，后者是对前者权利义务的继承。原有公司的法律人格已消灭，清算中公司为了清算的便利而成为新的法律主体。

（2）拟制说。公司解散后其法律人格本应消灭，但由于清算是公司解散后的必经程序，故清算期间其法律人格为法律所拟制。

（3）同一人格说。此说认为，法人解散但其人格并不消灭，须等清算终结，其人格始归消灭。法人一经解散，虽不能继续为新事业，但在清算目的范围内，仍不失为同一法人。此说为现今的通说。

我国《民法通则》第 40 条规定："法人终止，应当依法进行清算，停止清算范围外的活动。"其中所谓"终止"与"消灭"同义，采反面解释方法，则应解释为不经清算，法人不消灭。故可以认为我国《民法通则》系采同一人格说。[1]《公司法》第 187 条第 3 款规定："清算期间，公司存续，但不得开展与清算无关的经营活动。"与《民法通则》的立法是一致的。

公司的法律人格并不因解散而消灭，公司由经营性公司转变为清算公司。公司清算过程中存在的目的不是为了生产经营，而仅仅是为了清理公司债权债务，了结尚存的各种法律关系。[2] 清算过程中，公司的权利能力也仅局限于清算的范围内，凡以营业为前提的所有法律，即不再适用。[3] 这些观点对于明确公司解散后的权责分担、确定公司在清算过程中各项行为的法律效力、合理规范公司的清算活动具有非常重要的理论价值。事实上，目前许多国家的公司立法对公司在清算过程中的法律地位进行了类似的规定。

二、关于债权申报的效力

债权申报是债权人参加清算程序、获得清偿的前提。债权人应当按照清算组的通知在法定期限内申报债权。

清算组负有通知已知债权人和公告通知未知债权人的义务。公司法解释二第 11 条规定："公司清算时，清算组应当按照公司法第 186 条的规定，将公司解散清算事宜书面通知全体已知债权人，并根据公司规模和营业地域范围在全国或者公司注册登记地省级有影响的报纸上进行公告。清算组未按照前款规定履行通知和公告义务，导致债权人未及时申报债权而未获清偿，债权人主张清算组成员对因此造成的损失承担赔偿责任的，人民法院应依法予以支持。"

清算组在债权申报期间届满之后，要对已经按期申报的债权进行核定，编制债权清册。债权人对清算组核定的债权有异议的，可以要求清算组重新核定。清算组不予重新核定，或者债权人对重新核定的债权仍有异议，债权人有权以公司为被告向人民法院提起诉讼，请求人民法院确认其债权。

债权人在规定的期限内未申报债权，在公司清算程序终结前补充申报的，清算组应予登记。债权人补充申报的债权，可以在公司尚未分配财产中依法获得清偿。公司尚未分配财产不能全额清偿，债权人主张股东以其在剩余财产分配中已经取得的财产予以清偿的，人民法院应予支持，但债权人因重大过错未

---

[1]　江平：《法人制度论》，中国政法大学出版社 1994 年版，第 159 页。

[2]　戚伟平主编：《商事组织法》，上海财经大学出版社 1997 年版，第 247 页。

[3]　顾功耘主编：《公司的设立与运作——公司法与企业改革实务》，复旦大学出版社 1996 年版，第 130 页。

在规定期限内申报债权的除外。债权人或者清算组，以公司尚未分配财产和股东在剩余财产分配中已经取得的财产，不能全额清偿补充申报的债权为由，向人民法院提出破产清算申请的，人民法院不予受理。

公司清算结束后，清算组应当制作清算报告，报股东会、股东大会或者人民法院确认，并报送公司登记机关，申请注销公司登记，公告公司终止，与公司有关的债权债务关系消灭。

公司已经清算完毕注销后，公司债权人依照《公司法》第152条的规定，要求清算组成员对其从事清算事务时的违法行为给其造成的损失承担责任的，人民法院应当受理。

【法律链接】

1.《公司法》第184~191、198、205~207条。

2.《公司法解释二》。

第7条　公司应当依照公司法第184条的规定，在解散事由出现之日起15日内成立清算组，开始自行清算。

有下列情形之一，债权人申请人民法院指定清算组进行清算的，人民法院应予受理：

（一）公司解散逾期不成立清算组进行清算的；

（二）虽然成立清算组但故意拖延清算的；

（三）违法清算可能严重损害债权人或者股东利益的。

具有本条第2款所列情形，而债权人未提起清算申请，公司股东申请人民法院指定清算组对公司进行清算的，人民法院应予受理。

第8条　人民法院受理公司清算案件，应当及时指定有关人员组成清算组。

清算组成员可以从下列人员或者机构中产生：

（一）公司股东、董事、监事、高级管理人员；

（二）依法设立的律师事务所、会计师事务所、破产清算事务所等社会中介机构；

（三）依法设立的律师事务所、会计师事务所、破产清算事务所等社会中介机构中具备相关专业知识并取得执业资格的人员。

第9条　人民法院指定的清算组成员有下列情形之一的，人民法院可以根据债权人、股东的申请，或者依职权更换清算组成员：

（一）有违反法律或者行政法规的行为；

（二）丧失执业能力或者民事行为能力；

（三）有严重损害公司或者债权人利益的行为。

第10条　公司依法清算结束并办理注销登记前，有关公司的民事诉讼，应当以公司的名义进行。

公司成立清算组的，由清算组负责人代表公司参加诉讼；尚未成立清算组的，由原法定代表人代表公司参加诉讼。

第11条　公司清算时，清算组应当按照公司法第186条的规定，将公司解散清算事宜书面通知全体已知债权人，并根据公司规模和营业地域范围在全国或者公司注册登记地省级有影响的报纸上进行公告。

清算组未按照前款规定履行通知和公告义务，导致债权人未及时申报债权而未获清偿，债权人主张清算组成员对因此造成的损失承担赔偿责任的，人民法院应依法予以支持。

第12条　公司清算时，债权人对清算组核定的债权有异议的，可以要求清算组重新核定。清算组不予重新核定，或者债权人对重新核定的债权仍有异议，债权人以公司为被告向人民法院提起诉讼请求确认的，人民法院应予受理。

第13条　债权人在规定的期限内未申报债权，在公司清算程序终结前补充申报的，清算组应予登记。

公司清算程序终结，是指清算报告经股东会、股东大会或者人民法院确认完毕。

第14条　债权人补充申报的债权，可以在公司尚未分配财产中依法清偿。公司尚未分配财产不能全额清偿，债权人主张股东以其在剩余财产分配中已经取得的财产予以清偿的，人民法院应予支持；但债权人因重大过错未在规定期限内申报债权的除外。

债权人或者清算组，以公司尚未分配财产和股东在剩余财产分配中已经取得的财产，不能全额清偿补充申报的债权为由，向人民法院提出破产清算申请的，人民法院不予受理。

第15条　公司自行清算的，清算方案应当报股东会或者股东大会决议确认；人民法院组织清算的，清算方案应当报人民法院确认。未经确认的清算方案，清算组不得执行。

执行未经确认的清算方案给公司或者债权人造成损失，公司、股东或者债权人主张清算组成员承担赔偿责任的，人民法院应依法予以支持。

第 16 条 人民法院组织清算的，清算组应当自成立之日起 6 个月内清算完毕。

因特殊情况无法在 6 个月内完成清算的，清算组应当向人民法院申请延长。

第 17 条 人民法院指定的清算组在清理公司财产、编制资产负债表和财产清单时，发现公司财产不足清偿债务的，可以与债权人协商制作有关债务清偿方案。

债务清偿方案经全体债权人确认且不损害其他利害关系人利益的，人民法院可依清算组的申请裁定予以认可。清算组依据该清偿方案清偿债务后，应当向人民法院申请裁定终结清算程序。

债权人对债务清偿方案不予确认或者人民法院不予认可的，清算组应当依法向人民法院申请宣告破产。

第 18 条 有限责任公司的股东、股份有限公司的董事和控股股东未在法定期限内成立清算组开始清算，导致公司财产贬值、流失、毁损或者灭失，债权人主张其在造成损失范围内对公司债务承担赔偿责任的，人民法院应依法予以支持。

有限责任公司的股东、股份有限公司的董事和控股股东因怠于履行义务，导致公司主要财产、账册、重要文件等灭失，无法进行清算，债权人主张其对公司债务承担连带清偿责任的，人民法院应依法予以支持。

上述情形系实际控制人原因造成，债权人主张实际控制人对公司债务承担相应民事责任的，人民法院应依法予以支持。

第 19 条 有限责任公司的股东、股份有限公司的董事和控股股东，以及公司的实际控制人在公司解散后，恶意处置公司财产给债权人造成损失，或者未经依法清算，以虚假的清算报告骗取公司登记机关办理法人注销登记，债权人主张其对公司债务承担相应赔偿责任的，人民法院应依法予以支持。

第 20 条 公司解散应当在依法清算完毕后，申请办理注销登记。公司未经清算即办理注销登记，导致公司无法进行清算，债权人主张有限责任公司的股东、股份有限公司的董事和控股股东，以及公司的实际控制人对公司债务承担清偿责任的，人民法院应依法予以支持。

公司未经依法清算即办理注销登记，股东或者第三人在公司登记机关办理注销登记时承诺对公司债务承担责任，债权人主张其对公司债务承担相应民事责任的，人民法院应依法予以支持。

第 21 条 有限责任公司的股东、股份有限公司的董事和控股股东，以及公司的实际控制人为 2 人以上的，其中一人或者数人按照本规定第 18 条和第 20 条第 1 款的规定承担民事责任后，主张其他人员按照过错大小分担责任的，人民法院应依法予以支持。

第 22 条 公司解散时，股东尚未缴纳的出资均应作为清算财产。股东尚未缴纳的出资，包括到期应缴未缴的出资，以及依照公司法第 26 条和第 81 条的规定分期缴纳尚未届满缴纳期限的出资。

公司财产不足以清偿债务时，债权人主张未缴出资股东，以及公司设立时的其他股东或者发起人在未缴出资范围内对公司债务承担连带清偿责任的，人民法院应依法予以支持。

第 23 条 清算组成员从事清算事务时，违反法律、行政法规或者公司章程给公司或者债权人造成损失，公司或者债权人主张其承担赔偿责任的，人民法院应依法予以支持。

有限责任公司的股东、股份有限公司连续 180 日以上单独或者合计持有公司 1% 以上股份的股东，依据公司法第 152 条第 3 款的规定，以清算组成员有前款所述行为为由向人民法院提起诉讼的，人民法院应予受理。

公司已经清算完毕注销，上述股东参照公司法第一百五十二条第三款的规定，直接以清算组成员为被告、其他股东为第三人向人民法院提起诉讼的，人民法院应予受理。

第 24 条 解散公司诉讼案件和公司清算案件由公司住所地人民法院管辖。公司住所地是指公司主要办事机构所在地。公司办事机构所在地不明确的，由其注册地人民法院管辖。

基层人民法院管辖县、县级市或者区的公司登记机关核准登记公司的解散诉讼案件和公司清算案件；中级人民法院管辖地区、地级市以上的公司登记机关核准登记公司的解散诉讼案件和公司清算案件。

3.《公司登记管理条例》。

第 42 条 公司解散，依法应当清算的，清算组应当自成立之日起 10 日内将清算组成员、清算组负责人名单向公司登记机关备案。

第 43 条 有下列情形之一的，公司清算组应当自公司清算结束之日起 30 日内向原公司登记机关申请注销登记：

（一）公司被依法宣告破产；

（二）公司章程规定的营业期限届满或者公司章程规定的其他解散事由出现，但公司通过修改公司章程而存续的除外；

（三）股东会、股东大会决议解散或者一人有限责任公司的股东、外商投资的公司董事会决议解散；

（四）依法被吊销营业执照、责令关闭或者被撤销；

（五）人民法院依法予以解散；

（六）法律、行政法规规定的其他解散情形。

第44条　公司申请注销登记，应当提交下列文件：

（一）公司清算组负责人签署的注销登记申请书；

（二）人民法院的破产裁定、解散裁判文书，公司依照《公司法》作出的决议或者决定，行政机关责令关闭或者公司被撤销的文件；

（三）股东会、股东大会、一人有限责任公司的股东、外商投资的公司董事会或者人民法院、公司批准机关备案、确认的清算报告；

（四）《企业法人营业执照》；

（五）法律、行政法规规定应当提交的其他文件。

国有独资公司申请注销登记，还应当提交国有资产监督管理机构的决定，其中，国务院确定的重要的国有独资公司，还应当提交本级人民政府的批准文件。

有分公司的公司申请注销登记，还应当提交分公司的注销登记证明。

4. 除此之外，公司的清算还涉及会计、证券等法律法规的规定，此处就不一一列举了。

【思考案例】[1]

莱州市永达饲料有限责任公司始建于1993年，系原莱州市酿造厂与香港福达企业发展公司共同投资组建的合资公司，注册资金500万元，中方持股48%，港方持股52%。董事会由中方2名、港方3名组成，董事长由港方即该公司法定代表人黄绳志担任。公司于1995年12月正式运营，主要从事复合饲料的生产、销售。从1995年至1998年上半年公司效益很好。1998年下半年效益下滑，

---

[1] 莱州市永达饲料有限责任公司清算案。

为扭转局面，1998 年 11 月黄绳志与莱州市酿造厂达成将企业变更为港方独资经营的协议。随后，中方撤资并将中方经理撤回，原有职工继续留用，但企业未经法定程序进行变更登记，企业性质仍为合资。后由于经营管理不善，亏损严重，企业于 1999 年 9 月 16 日被迫停产，法定代表人黄绳志不知去向，至今未归。公司于 1999 年 9 月至今处于无人管理的状态之下，致使部分财产流失。该公司于 2000 年 7 月因未参加年审被工商机关吊销营业执照。后因债务涉案多起，公司财产分别被莱州法院于 2000 年 3 月 13 日、烟台市中级人民法院于 2000 年 5 月 24 日查封至今。

截至 2002 年 9 月 19 日，莱州市人民法院已受理以莱州市永达饲料有限责任公司为被告的经济纠纷案 15 起，烟台中院受理 1 起，涉案总标的额为人民币 258 万元。到 2008 年底，这 16 案的生效判决均未被执行。

公司成立时，共有正式职工 34 人，其中酿造厂派 8 人、沙河百货公司 9 人、大中专毕业生 8 人、食品公司 3 人、部队转入 2 人、其他 4 人。现欠职工工资总计 63 475.60 元，欠临时工工资 18 013.00 元，欠自 1998 年 12 月起至 2002 年 6 月的劳动保险金每人约 4800 元。

思考问题：

1. 该公司应当适用哪种清算类型？由谁来提起？中外合资经营企业的清算有没有特殊性？

2. 该公司欠职工工资在清算程序中如何主张？

3. 公司的债权人能否不提起公司清算，直接向人民法院起诉公司股东，要求在否认法人人格的前提下股东承担连带清偿责任？莱州市酿造厂能否不承担责任？为什么？

专题十八

专题十九
公司利润分配制度

【应用指南】

一、利润分配的基本原则

获取利润的分配是股东投资于公司的根本目的，也是公司作为营利性法人存在的基本原因。从经济角度看，享受资本利润是股东的终极性目的，利润分配请求权也是公司法明确规定的股东固有权利。因此，公司根本不分配利润或者长期不分配利润是违法的。但是，利润分配不仅仅涉及股东的利益，还会影响公司债权人等利益相关者，因此利润分配应当遵守一定的原则，一方面使股东取得投资回报，另一方面也要保障公司的持续发展，同时也要兼顾公司利益相关者不受到损害。依据我国《公司法》的规定，公司分配利润应当遵守以下两个基本原则：

（一）无盈不分原则

所谓无盈不分，是指如果公司没有取得盈利，就不得分配。依照公司法的规定，公司可用于分配的利润是可以作为股利分配的税后利润，也就是公司税后利润在弥补公司亏损、提留公积金之后的剩余部分。只有在有剩余时，公司才可以选择是否分配利润，否则不得分配。如果没有可分配利润而仍然进行分配，必将导致公司资产的减少、损害债权人的利益。

（二）同股同利原则

股权具有平等性，股东承担的风险与其出资额成正比，因此同类股权在利润分配时所分的利润数量和方式应当相同。《公司法》第35条规定，有限责任公司"股东按照实缴的出资比例分取红利"，第167条规定，"股份有限公司按照股东持有的股份比例分配"，均体现了同股同利原则。但同股同利原则并非绝对，当公司存在不同种类的股权（股份）时，利润的分配则可以存在差别。例如，公司存在分配公司盈余优先股时，利润应先分配给优先股，有剩余时普通股才能获得分配。此外，依照《公司法》第35、167条的规定，如果有限责任公司全体股东约定，或者股份有限公司章程规定，则可以不按照股东的出资比例或者持股比例分配利润。这样的规定体现了对股东自治的尊重。

二、利润分配的方式

根据分配表现形式的不同，利润分配主要包括四种方式：

（一）现金股利

以现金的形式分派的股利，称为现金股利。现金股利是最常见的一种分配方式。现金股利使股东直接获得现金收益，快捷简便，因而是公司最常选择的分配方式。

（二）财产股利

财产股利，是指以现金以外的资产作为股利进行分配。财产股利的发放，通常是以公司所持有的其他公司的股票、债券等有价证券，或本公司的产品、服务、商品库存及本公司拥有的其他财产等向股东分配。[1] 由于分割不易、价值难以确定等原因，财产股利通常很少被采用，现实中使用较多的是公司以所持有的其他公司的有价证券作为股利发放。

（三）股票股利

股票股利，是指以本公司股票作为红利分派给股东的分配方式，又称"送股"。股票红利实际上是将盈余转作资本，也就是可分配利润的资本化，股东在公司拥有的权益并不会发生变化。以股票方式发放红利，可以将现金留在公司，增加公司的资本，有利于公司的扩大经营。但同时增大了公司的股本，降低了每股的收益率，从而增加了业绩提高的压力。在我国目前的证券市场中，股票红利得到了多数投资者的欢迎。

（四）负债股利

负债股利，是指公司以债券或者应付票据代替现金作为股利分派给股东的分配方式。负债股利分配后，股东取得对公司的债权。负债股利实际上推迟了公司现金股利的支付，使股东取得现实的利润分配请求权，有利于缓解公司的

专题十九

---

[1] 邱海洋：《公司利润分配法律制度研究》，中国政法大学出版社2004年版，第6页。

短期资金压力。

上述四种分配方式中，现金红利、财产红利和负债红利是对公司资本或者财产的真正分配，股份红利则不是。在我国目前的公司实践中，上市公司利润分配的方式多为现金股利和股票股利两种方式，有限责任公司和其他股份有限公司的分配方式则多种多样，但总的来说还是以现金股利为主要分配方式。

三、利润分配的程序

（一）可分配利润的确定

公司利润分为税前利润与税后利润。公司利润的分配指的是对公司在缴纳所得税后的利润进行的分配，但税后利润不等于可分配利润。《公司法》第167条规定，公司分配当年税后利润时，应当提取利润的10%列入公司法定公积金；公司的法定公积金不足以弥补以前年度亏损的，在提取法定公积金之前，应当先用当年利润弥补亏损；公司从税后利润中提取法定公积金后，经股东会或者股东大会决议，还可以从税后利润中提取任意公积金。因此，可分配利润为公司税后利润弥补亏损、提留法定公积金后的剩余金额。

（二）决定利润分配方案

依照我国《公司法》第38、47、100、109条的规定，公司利润分配方案由董事会制订、股东会批准。董事会提出的利润分配方案一经股东会批准，即确定下来。关于具体的分配方案，由董事会在考量公司的经营状况、发展计划等因素后作出。如果公司经营状况良好，且短期内不需要较大数额的现金支出，则可以拟订较高的分配标准；否则可以拟订较低的分配标准，直至决定不分配利润。

（三）派发利润

利润分配方案决定后，公司应当依照该方案分配利润。非上市公司应当按照预定的时间和地点以约定的方式向股东直接支付股利，上市公司则通过证券交易所将现金股利或者股票股利划到股东的资金账户或者股票账户中。

四、违法分配的法律后果

公司分配利润，应当依照法律的规定、公司章程的约定进行，如果违反则构成违法分配。例如，依照公司法规定，只有当有可分配利润时，公司才可以进行分配。否则，该分配即为违法分配。违法分配使股东获得利益的同时，削弱了公司的偿债能力，影响到公司的正常运营和健康发展，从而可能损害到公司债权人等利益相关者的利益。违法分配可能导致的法律后果有：

（一）公司有权要求返还

公司只有权就依法确定的可分配利润进行分配，否则即为违法分配。《公司法》第 167 条第 4 款规定，"公司弥补亏损和提取公积金后所余税后利润"方可用于分配。如果股东会、股东大会或者董事会违反规定，在公司弥补亏损和提取法定公积金之前向股东分配利润的，股东必须将违反规定分配的利润退还公司。如果股东不予返还，则公司有权要求返还。此种返还，在性质上属于不当得利的返还。

（二）债权人有权行使撤销权

公司违法分配对债权人造成损害的，债权人有权依《合同法》第 74 条规定，请求人民法院撤销公司的违法分配行为。该法第 74 条规定："因债务人放弃其到期债权或者无偿转让财产，对债权人造成损害的，债权人可以请求人民法院撤销债务人的行为。债务人以明显不合理的低价转让财产，对债权人造成损害，并且受让人知道该情形的，债权人也可以请求人民法院撤销债务人的行为。撤销权的行使范围以债权人的债权为限。债权人行使撤销权的必要费用，由债务人负担。"因此，违法分配被人民法院撤销后，股东有义务向公司返还获得的分配。

（三）债权人有权行使代位权

违法分配后，股东未向公司返还获得的分配，公司也未按照《公司法》第 167 条的规定要求股东返还，则公司债权人有权依《合同法》第 73 条行使代位权。《合同法》第 73 条规定："因债务人怠于行使其到期债权，对债权人造成损害的，债权人可以向人民法院请求以自己的名义代位行使债务人的债权，但该债权专属于债务人自身的除外。代位权的行使范围以债权人的债权为限。债权人行使代位权的必要费用，由债务人负担。"

（四）董事应承担赔偿责任

公司的利润分配方案由董事会拟订，并最终由董事会执行，对于违法分配给公司造成损失的，董事应当承担赔偿责任。《公司法》第 150 条也明确规定："董事、监事、高级管理人员执行公司职务时违反法律、行政法规或者公司章程的规定，给公司造成损失的，应当承担赔偿责任。"

五、公积金制度

（一）公积金的含义

公积金是指公司依照法律或者章程的规定，从公司税后利润或者资本中提取的积累资金。公积金是公司的储备性资金，可在公司将来需要时而使用，对公司的生存和发展意义重大，各国公司法中多将从税后利润中提取法定公积金确定为一项强制性义务，我国公司法也作出了同样的规定。

（二）公积金的分类

1. 法定公积金。法定公积金是指依据法律的规定而提取的公积金，具体包括法定盈余公积金和资本公积金两种。

法定盈余公积金是指从公司税后利润中提取的公积金。《公司法》第 167 条第 1 款规定："公司分配当年税后利润时，应当提取利润的 10% 列入公司法定公积金。公司法定公积金累计额为公司注册资本的 50% 以上的，可以不再提取。"依照该条规定，公司必须提取法定盈余公积金，不得以股东会决议、公司章程予以取消或者削减。

资本公积金是指依照法律的规定，直接从公司的特定收入中提取而形成的公积金。资本公积金的主要来源包括：①公司以超过股票票面金额的发行价格发行股份所得的溢价款额；②处置公司资产所得收入；③资产重估价值与账面净值的差额；④接受捐赠。[1]

2. 任意公积金。任意公积金是指依据公司章程、股东会决议从公司税后利润中提取的公积金。任意公积金与法定盈余公积金同样来自于公司税后利润，但不具有强制性，因此是否提取、提取比例、数额、用途等均由公司自主决定。《公司法》第 167 条第 3 款规定："公司从税后利润中提取法定公积金后，经股东会或者股东大会决议，还可以从税后利润中提取任意公积金。"

（三）公积金的用途

依据《公司法》第 169 条的规定，公积金的用途主要有：

1. 弥补亏损。公司是营利性法人，但是否能获得盈利，取决于公司的经营管理、技术水平、市场环境等多个方面，因此随时存在亏损的可能。一旦发生亏损，公司的生产经营可能会受到很大影响。《公司法》第 167 条第 2 款、第

专题十九

---

〔1〕 赵旭东主编：《公司法学》，高等教育出版社 2006 年版，第 462 页。

169 条规定，公司的公积金可用于弥补公司的亏损，公司的法定公积金不足以弥补以前年度亏损的，在依法提取法定公积金之前，应当先用当年利润弥补亏损，但资本公积金不得用于弥补亏损。

2. 扩大公司生产经营。在公司规模从小到大的发展过程中，相伴随的是生产经营的不断扩大。而扩大生产规模就需要增加投资，投资的来源既可以是借贷、发行新股，也可以直接将公积金用于扩大生产经营。

3. 增加公司资本。公司可以通过增资程序将公积金转为股本而增加公司的资本，从而无需股东个人增加投入。对于有限责任公司，用公积金增加资本按照每个股东的出资比例增加其出资额；对于股份有限公司，既可以按照股东的持股比例派送新股，也可以在原有股份的基础上增加每股面值。《公司法》第 169 条第 2 款规定："法定公积金转为资本时，所留存的该项公积金不得少于转增前公司注册资本的 25%。"

【理论拓展】

公司利润分配中的中小股东保护

股东投资于公司，其目的是为了获得投资回报。对于中小股东，特别是不参与公司经营管理的中小股东而言，获取回报的唯一途径就是获得利润分配。对于大股东而言，则并非如此，其可以通过获得利润分配、通过在公司中担任职务获取高额薪酬以及借助控制公司的便利、通过关联交易获利等途径实现投资回报。因此，大股东可以不在乎利润的分配，甚至不希望分配利润而是将资金留存于公司，以供其任意支配。但是，如果公司（特别是有限责任公司和未上市的股份有限公司）不分配或者非常少地分配利润将意味着中小股东丧失了获得投资回报的唯一机会，其持有的股权将丧失价值，而且难以转让，这却不会影响大股东获得回报。因此，在公司利润分配中始终存在着大股东与中小股东的利益冲突、大股东对中小股东的压榨。

利润分配权是股东最基本的权利，如果这一权利无法实现，将严重打击中小股东投资的积极性。因此，必须在公司利润分配制度中专门设计特别制度，预防或者减轻大股东对中小股东的压榨，保护中小股东的利益。这些制度主要包括：

1. 规定概括条款，赋予大股东对中小股东的诚信义务，确保在大股东控制之下的公司在制订利润分配方案时，中小股东不受或者尽可能少受到压榨。

2. 增加特定条件下强制性分配的规定。即使在公司盈利状况良好的情形下，大股东也倾向于不分或者少分利润，法律应当对此作出限制，规定在一定条件下公司必须分配利润，且不得低于一定标准。

3. 增加中小股东退出公司的权利。现行《公司法》第75条的规定，公司连续五年不向股东分配利润，而公司该5年连续盈利，并且符合本法规定的分配利润条件的对股东会该项决议投反对票的股东可以请求有限责任公司按照合理的价格收购其股权。但这样的规定并不足以保护利润分配中中小股东的利益，首先是期间太长，其次是如果公司仅进行象征性的利润分配则不适用，从而并不能真正解决对中小股东利益的侵害问题。

【法律链接】

《公司法》第167～169条。

【思考案例】

案例1[1]　1994年华商通信技术发展总公司（以下简称华商通信总公司）、阳泉市双龙通讯技术有限责任公司（以下简称阳泉双龙公司）、阳泉市无线通信技术总公司（以下简称阳泉无线公司）共同出资成立阳泉华商通讯技术有限责任公司（以下简称阳泉华商公司）。公司章程规定：税后利润在弥补亏损、提取10%的公积金和5%公益金后按各股东出资比例分配股利。阳泉华商公司1997年以前未分配过红利。1997年2月3日，该公司董事会决议：更换董事长，增加注册资本；从1997年3月起每月税后利润的80%还华商通信总公司，余利按股东所占股份分配，1998年税后利润还阳泉双龙公司30万元，1999年税后利润还华商通信总公司、阳泉双龙公司余额。该会议纪要形成后，涉及本案各股东分配红利及偿还债务事宜均未履行。1999年1月，阳泉双龙公司与阳泉无线公司诉至阳泉市中级人民法院，请求按比例分配应得阳泉华商公司1998年度的红利。经法院查明：阳泉华商公司1998年以前的经营中，1995年度虽亏损82 104.56元，但以后各年度的利润足以弥补该年度的亏损。

问题：阳泉双龙公司于阳泉无线公司是否有权请求分配利润？

---

[1]　阳泉双龙公司、阳泉无线公司与华商通信总公司、阳泉华商公司等股利分红纠纷案，参见赵旭东主编：《〈公司法学〉配套教学案例分析》，高等教育出版社2009年版，第329页。

案例2[1]　1998 年 5 月 25 日，郭朝绪和吴一鸣签订公司章程，约定设立上海赛洋纺织科技有限责任公司，注册资本为 100 万元（吴一鸣出资 80 万元，郭朝绪出资 20 万元），吴一鸣担任公司执行董事，郭朝绪担任监事。同月 27 日，吴一鸣将自有现金 8 万元交付上海建信审计事务所用作验资款，建信所同时将借得 92 万元一并投入银行验资专户，吴一鸣当日支付借款利息 2760 元。同日，建信所验资报告确认：赛洋公司（筹）注册资本为人民币 100 万元，其中吴一鸣出资 80 万元，占注册资本的 80%；郭朝绪出资 20 万元，占注册资本的 20%；赛洋公司（筹）注册资本人民币 100 万元已经到位。嗣后，郭朝绪和吴一鸣遂携上述章程和验资报告等向嘉定分局申领赛洋公司执照。公司成立后，销售工作由郭朝绪负责，1998 年 7 月至同年 12 月，郭朝绪领取聘用工资每月 5800 元。截至 1998 年 12 月 31 日，吴一鸣共投入赛洋公司现金 1 328 125.62 元，郭朝绪个人没有投入资金。1999 年 8 月 31 日，郭朝绪持赛洋公司载明该公司 1998 年未分配利润为 3 307 411.58 元的资产负债表等材料，以赛洋公司、吴一鸣未按时向郭朝绪支付该公司红利为由，诉至上海市虹口区人民法院。经审计核实，赛洋公司 1998 年度可供分配利润为 1 160 759.69 元。审理中，郭朝绪和吴一鸣于 2000 年 1 月 12 日召开股东会议，决议为扩大再生产，利润暂不分配，郭朝绪表示不同意见。

问题：赛洋公司是否应向股东郭朝绪分配 1998 年度利润？

---

[1]　郭朝绪诉上海赛洋纺织科技有限责任公司、吴一鸣利润分配案，(2000) 沪二中经终字第 280 号。

图书在版编目（CIP）数据

公司法理论与实务 / 车辉主编． —北京：中国政法大学出版社，2009.9

ISBN 978-7-5620-3545-9

Ⅰ.公... Ⅱ.车... Ⅲ.公司法 - 中国 - 教材 Ⅳ.D922.291.91

中国版本图书馆CIP数据核字(2009)第145531号

出版发行	中国政法大学出版社
经　销	全国各地新华书店
承　印	固安华明印业有限公司

787×960　　16开本　　20印张　　320千字

2009年9月第1版　　2015年7月第3次印刷

ISBN 978-7-5620-3545-9/D•3505

定　价: 32.00元

社　址	北京市海淀区西土城路25号
电　话	(010)58908325（发行部）　58908285(总编室)　58908334(邮购部)
通信地址	北京100088信箱8034分箱　邮政编码 100088
电子信箱	zf5620@263.net
网　址	http://www.cuplpress.com　（网络实名：中国政法大学出版社）

本社法律顾问　北京地平线律师事务所